学校で教えない教科書 

面白いほどよくわかる
日本の宗教

神道、仏教、新宗教——暮らしに役立つ基礎知識

国際日本文化研究センター
名誉教授 山折哲雄 監修 田中治郎 著

日本文芸社

監修者の言葉――「日本人の心の世界」に分け入る最適の書

国際日本文化研究センター名誉教授　山折哲雄

一般には理解しにくいといわれる「日本人の宗教」の問題を、できるだけ分かりやすい形で叙述し、そのうえ読んでも面白いものにするのは、けっしてたやすい仕事ではない。そうするためには、宗教に関する基本的な知識と、宗教経験についての深い思索があらかじめ必要とされるからである。

本書の著者は、このようなジレンマを何とかのりこえようとして苦心惨憺している。知恵をしぼり、工夫を重ねている。その結果として、叙述がきわめて分かりやすい形になっているだけでなく、「日本人の宗教」を展望する全体の構成までが、明快な輪郭の下に提示されることになっている。

この種の入門書では、辞典的な項目をつらねるだけで全体の流れがはっきりしないものが少なくない。そうかと思うと、他方で、事件の流れだけを追ったような無味乾燥な通史的、概説的なものをよくみかける。そのためポイントがつかめず、読後の印象が散漫になることがある。

ところがそれらにたいして本書は、重要な辞典的な項目をちりばめながら、全体の流れを巧みに眼下におさめとろうとしている。同時に通史的な展望をもちながら、ポイントと急所がどこにあるかについても用心深いまなざしを注ごうとしている。そのことで全体の記述がリズム感のある流れになっているのである。

もう一つ、本書には大切な特色がみられることに注意を喚起しておきたい。それは、日本宗教に関する思想上重要な論点や事件について、結論を急がない慎重な態度をとっているということである。いくつかの解釈が可能であることを暗示するにとどめ、あとは読者の知的好奇心を刺激することに意を用いているといってもいい。

本書が、読者を日本宗教の旅にいざなう心にくい道案内になっているゆえんである。本書を座右におき、本書とともに「日本人の心の世界」に分け入っていく読者がますます増えていくことを心から願って、私の監修の言葉にかえさせていただく。

平成十七年五月

プロローグ——共存共栄をたいせつにしてきた日本の宗教

よく、日本人は無宗教だといわれる。確かに、十二月にはクリスマスを祝い、年末や年始には神社仏閣を参拝し、お彼岸やお盆にはお寺やお墓をお参りする。外国の人、とりわけ一神教の国で育った人たちにしてみれば、日本人はなんと節操のない国民なのだろうと思うかもしれない。

しかし、はたしてそれは事実なのだろうか。結婚式は教会や神社で行ない、葬式はお寺であげるなどという行為は、宗教音痴だと言われる素地はあっても、無宗教という批判は的をはずれているような気がする。なぜなら、私たち日本人は人間の力を超えたものを求めて、現に教会や神社仏閣を参拝に訪れているのだから。

宗教とは、人間の力を超えたものに対する畏怖であり、恭敬であり、依存であり、信仰であると定義するならば、日本人も十分宗教的な民族だといえる。教会を見ても、神社を見ても、お寺を見ても恭敬の念を起こして手を合わせるのが日本人の宗教のあり方なのだ。

もともと、日本人は山に神を感じ取り、川に神を実感し、海に神を見てきた。自然のあらゆるものに神なるものの存在を認め、八百万の神として敬ってきた多神教の民なのである。

仏教が伝来したとき、日本人は従来自分たちが持っていた宗教性に、「仏道」という言葉をヒントにして「神道」という名前をつけた。そして仏教を排斥することはしなかった。むしろ存分に受け入れ、自家薬籠中のものとした。以来、日本人は神道と仏教を共生させて独特の神仏習合の宗教を成立させてきた。この神道と仏教の蜜月は千三百年以上も続き、日本人の文化としてこの国に根づき、わが国民の精神を形成してきた。

明治期を迎え、この蜜月は人為をもって破壊された。国家神道が強要され、「神仏分離令」が発動されたのだ。全国で廃仏毀釈の嵐が吹き荒れ、寺院の経典や仏像などが焼き払われた。この出来事は、神道にも仏教にも多大な傷を負わせた。両宗教はいまだにそのトラウマを引きずっているように見える。

廃仏毀釈はおさまったものの、国家神道は軍国主義と歩調を合わせ、第二次世界大戦へと突き進むことになる。そして敗戦を迎えると、今度は国家神道が否定され、過去の反省から公教育における宗教教育の全面禁止が打ち出された。江戸時代までは庶民の生活の中に根づいていた宗教——、日本国民はそれを知る機会を逸してしまったのである。

同時に、戦後は科学とマルクス主義に対する信仰が大流行した。人々は科学で解明できないことはないと信じ、唯物論的な思考法を支持した。こうした機運は、宗教を迷信の領域に押し込めてますます国民との間の距離を大きくした。

このような歴史を通じて、現代の日本人は宗教音痴といわれるような体質を持つようになったのではないだろうか。意味を教えられず、風習だけが無意識に伝えられてきたのだから無理もない。風習だけを受け入れれば、クリスマスもお祭りもお盆も等価とならざるを得ない。

しかし、日本人は宗教を捨ててはいない。たとえ無意識ではあっても、人間の力を超えたものを拝み、家族の無事や自己実現、世界の平和や他人の幸せなどを祈っている。

実は、それが日本人の宗教なのだと思う。前述のように、日本人はすべての存在に神を見てきた。そして、外来の宗教も尊敬の念を持って受け入れてきた。この多神教的な性質が、宗教知識を剥奪されたいま、宗教的に無節操に映る態度となって現れているのだろう。

私たちは、そのような自分自身の気持ちと態度を否定するのではなく、それに正しい形を与えていかなければならないのではないか。日本人独特の宗教心をよく理解し、それに沿う宗教を育てていくべきなのだ。

自然や神、外来宗教などとの共存共栄をたいせつにしてきた日本の宗教は、混迷する世界の宗教事情に一条の光をともすかもしれない。本書がその一端を担えれば幸いである。

田中治郎

面白いほどよくわかる日本の宗教——目次

第8章◉お寺と仏像に関する基礎知識……251

第9章◉葬儀・法要、仏教行事の基礎知識……271

第3部 日本のキリスト教と新宗教がわかる……319

第11章◉キリスト教と新宗教の基礎知識……321

カバーイラスト＝斎木磯司
カバーデザイン＝若林繁裕
本文イラスト＝渋川泰彦／山下幸子／藤生豪
編集協力・DTP制作＝株式会社青丹社
写真提供＝毎日新聞社、朝日新聞社、国際フォト、フォトオリジナル、和田不二男、トライプランニング
写真協力＝伊勢神宮、熱田神宮 他
その他、各自治体観光課、各社寺などのご協力をいただきました。

第1部

日本の固有信仰・神道がわかる

●ヤーウェ、ゴッド、アッラーは同一の神であり、宇宙を創造した唯一絶対の超越神である。したがって、神と人間の間には計り知れない距離がある。それに対して、日本の神は唯一絶対の超越神ではない。山や岩、樹木、海や川など、日本人は森羅万象に神を見てきた。だからこそ「八百万(やおよろず)の神」なのである。

第1章◉神道の源流を探る

原始神道の神々

唯一神と八百万の神の違い

神道の神とはどんな存在か――カミとゴッドの違い

「神」という言葉はやっかいな言語である。日本におわします八百万の神々はもちろん神だが、キリスト教でいう「ゴッド」も神であり、イスラム教の「アッラー」も神である。そしてユダヤ教の「ヤーウェ」もまた神と呼ばれる。

多神教の八百万の神々と、一神教の神であるヤーウェやゴッド、アッラーは性格をまったく異にするが、日本語に翻訳するときに訳しようがなくて一様に「神」としてしまったらしい。

ユダヤ教徒との契約の神としてのヤーウェ

ではどう違うのだろう。まずヤーウェ、ゴッド、アッラーを見てみよう。これらの神は、名前は違うが、実は同一の神である。『旧約聖書』に出てくるヤーウェがもともとの神で、この宇宙のすべてを創造した唯一・絶対の神だ。

ヤーウェは**ユダヤ教**の神で、神の定めた律法を守るユダヤ教徒を神の国に救い取るという契約をしている。

ユダヤ教徒は、神とのこの契約によって奴隷状態にあったエジプトから脱出し、イスラエルの地に移住することができた。

イスラエルがローマの支配下にあった紀元前後ごろ、ユダヤ教徒であった**イエス・キリスト**が登場する。

当時、人々は絶対神の律法にがんじがらめに縛られていた。律法を守れないものは罪人である。イエスはそのような弱い人々の罪をあがない、十字架上で死んでいった。そして復活し、神の子として弱者をも救う神の愛を説いた。

一神教の神とは?

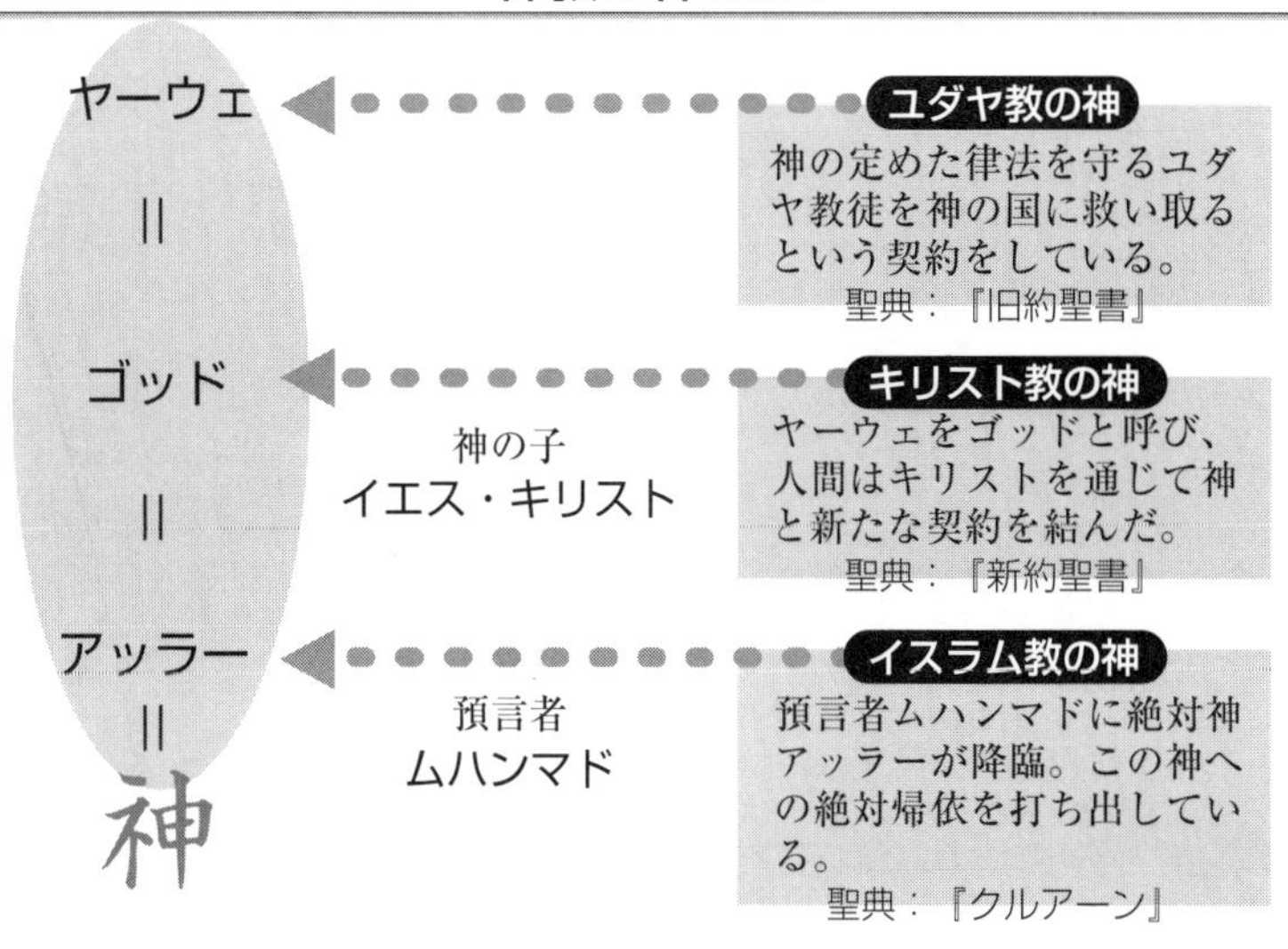

キリスト教ではこの神をゴッドと呼び、人間はキリストを通じて神との新たな契約を結んだとして聖典を作り、これを**『新約聖書』**と呼んだ。対して、従来のユダヤ教の聖典を**『旧約聖書』**という。だから、『旧約聖書』や『新約聖書』という言葉はキリスト教の側からいった表現で、ユダヤ教では用いない。

最後の預言者ムハンマドに現れたアッラー

イスラム教は、七世紀にかの絶対神がムハンマド（マホメット）に降臨して興った宗教である。その言葉を記した聖典を**『クルアーン』**（コーラン）という。

イスラム教ではこの神をアッラーと呼び、絶対帰依を打ち出している。

したがって、イエス・キリストもまた神の預言者の一人としかみなしていない。預言者として最後に神の言葉を託されたのがムハンマドなのだから、『クルアーン』に従うことこそ神の意志のもとに生きることになるとしている。

すべて可畏きものを迦微という

このように、ヤーウェ、ゴッド、アッラーは同一の神であり、宇宙を創造した唯一絶対の超越神である。したがって、神と人間の間には計り知れない距離がある。

それに対して、日本の神は唯一絶対の超越神ではない。繰り返し述べているように、日本人は森羅万象に神を見てきた。だからこそ「八百万の神」なのである。

そのような「神」の定義として、江戸中期の国学者、**本居宣長**が『古事記伝』（巻三）で示しているものが知られている。

> さておよそ迦微とは、古御典等に見えたる天地の諸の神たちを始めて、そを祀れる社に坐ます御霊をも申し、また人はさらにもいはず、鳥獣木草のたぐひ海山など、そのほか何にまれ、尋常ならず、すぐれたる徳のありて、可畏き物を迦微と云ふなり。

古典に出てくる天地の神々はもちろん、それらを祀る神社の御霊も神だし、人間だけではなく鳥や獣、草木のたぐいや海や山なども神の領域に入る。そのほか、なんであれ尋常でないもの、すぐれたもの、おそれおおいものを神というと言っている。

つまり、われわれの常識的な判断を逸脱する存在はすべて神とみなしてきたのだ。それには竜、樹霊、キツネなども含まれるという。神と人間との距離は極めて近いのである。

このような考え方は、常識的な判断を科学的と称し、それを逸脱する事象を非科学的として排除する現代の傾向に警鐘を発しているとはいえないだろうか。

自然そのものが神だった縄文時代の宗教

自然そのもの、自然を操作するものを神と考えた

縄文時代とは、およそ紀元前一万年前に始まり、紀元前四世紀ころまで続いて弥生時代と交代した長期にわたる時代である。縄文土器が作られた時代を指標とするのでこう呼ばれる。

多神教である日本の神

一神教

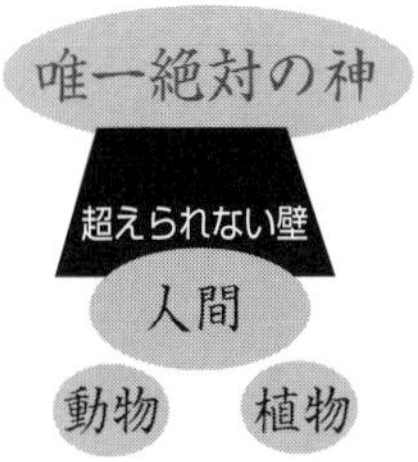

唯一絶対の神
超えられない壁
人間
動物　植物

絶対神を頂点とするヒエラルキー構造

・ヤーウェ、ゴッド、アッラーは同一神であり、宇宙を創造した唯一絶対の超越神。
・神と人間の間には計り知れない距離がある

多神教

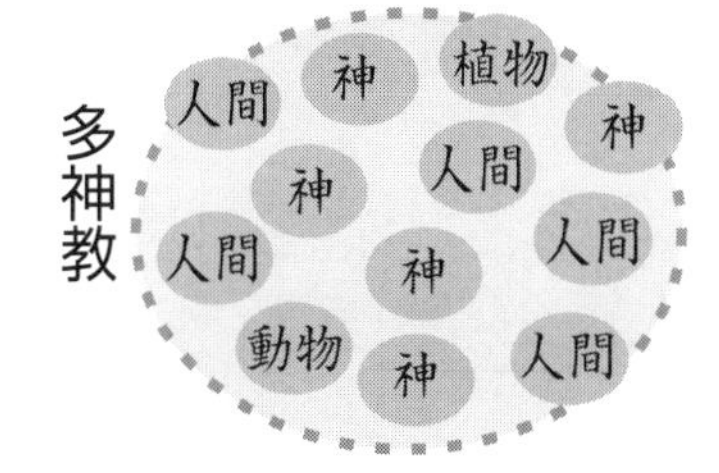

人と神、自然が隣り合って暮らす世界

・唯一絶対の超越神ではない
・天地の神々だけでなく、それらを祀る神社の御霊も、鳥や獣、草木や海や山など自然界までも神の領域に入る

本居宣長：『古事記』の研究を通じて多神教の世界を定義した

本居宣長の示す神の定義

さておよそ迦微とは、古御典等に見えたる天地の諸の神たちを始めて、そを祀れる社にまします御霊をも申し、また人はさらにもいはず、鳥獣本草のたぐひ海山など、そのほか何にまれ、尋常ならず、すぐれたる徳のありて、可畏き物を迦微と云ふなり。

『古事記伝』（巻三）

集落を形成して木の実を採集し、シカやイノシシ、キジなどの狩猟を行ない、また川や海などでの漁労によって生活していたと思われる。したがって、収穫のよしあしはすべて地形や気候などの自然に支配されていた。だから、縄文人にとって畢竟自然そのものが神となる。あるいは、自然を操作するものを神と考えた。

精霊信仰と死霊崇拝が行なわれていた

神に姿はなく、山や岩、樹木などに宿るとしてその不思議な力を恐れ敬った。それゆえ自然界のあらゆる事物は霊魂を持つと考えた。このような考え方を「**アニミズム**」（精霊信仰）という。

また、それらの事物には霊的な力や生命力が秘められており、縄文人はそれらの力を生活に取り込もうとした。このような自然観を「アニマティズム」あるいは「**マナイズム**」という。

さらに、人間も死ぬとその霊が生者に災いや福をもたらすと考え、死者の霊を祀った。これは「**死霊崇拝**」と呼ばれる。

縄文人はそれらの神を招き、また鎮めるために祭りや呪術を行なった。それは発掘された土偶や配石遺構などで知られる。

土偶は土製の人形で、ほとんどが女性像。労働力である子どもを増やし、豊作を象徴する出産に対する信仰の現れと思われる。

配石遺構はさまざまな石がいろいろな形に並べられたり組まれたりしたもので、集落が共同体として行なった祭りの跡と思われる。ただし、共同墓地という見方もある。

自然を敬い、自然に沿って暮らしていた縄文人の姿が思い描かれる。

祖霊としての日本の神々

祖霊は浄化された死霊

「**自然崇拝**」を古代日本人の信仰の横軸とすれば、縦軸は「**祖先崇拝**」である。

祖先崇拝とは、子孫が祖先の霊魂を祀り、その加護を願うことである。自然崇拝が外なる人間以外の

古代日本人の祖先崇拝

祖先崇拝
- 子孫が祖先の霊魂を祀り、その加護を願うこと
- 人間信仰であり、内に連なる血脈に対する信仰

死霊　**荒御霊**（あらみたま）
死穢（しえ）を伴っており、まだ荒々しく、子孫に災いをもたらす

↓ 浄化
死霊が浄化されて祖霊となるには33年から50年かかるという

祖霊　**和御霊**（にぎみたま）
死霊が一定期間が過ぎて浄化されたもの。柔和で徳を備える

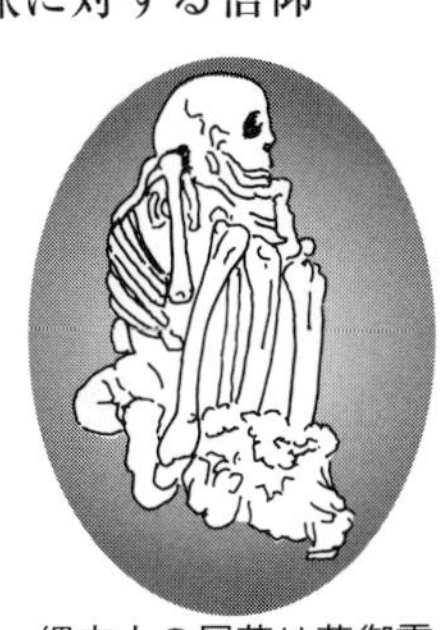
縄文人の屈葬は荒御霊に対する恐怖を物語るという説もある

あらゆる事物を信仰することであるのに対して、祖先崇拝は人間信仰であり、内に連なる血脈に対する信仰といえる。

人は死ぬと、前述のように「死霊」となる。死霊には個性があり、死穢（しえ）を伴っている。まだ荒々しく、子孫に災いをもたらす**荒御霊**（あらみたま）である。

死霊は子孫に祭られることにより、次第に個性がとれて、死穢が浄化されていく。そして一定期間が過ぎると、浄化された死霊は「祖霊」になるという。祖霊は柔和で徳を備えた**和御霊**（にぎみたま）である。

死霊が浄化されて祖霊になるまでには、三十三年から五十年の歳月が必要だといわれる。三十三回忌、あるいは五十回忌のゆえんである。

身辺にとどまる祖先神

古代の日本人の他界観の一つに、「山中他界（さんちゅうたかい）」という考え方があった。他界とは死後の世界のことである。

祖霊となった先祖の霊は、里近くの山の上に昇っていく。そして山にとどまり、子孫の暮らしを見守

祖霊を迎える「御霊祭り」

るようになる。この山が**山中他界**だ。

正月やお盆などの季節の節目には、祖霊が子孫のもとに帰るという信仰も生まれた。子孫はこれを迎えるためにごちそうを供え、「**御霊祭り**」を行なう。

これは日本民俗学の父といわれる柳田国男の「山上昇神説」という考え方であり、この祖霊がさらに浄化されると「祖先神」になるという。いわゆる「**氏神**」である。

したがって、原則的に氏神は各家々にいることになるが、代を重ねれば子孫は多くの家々に分かれる。そこで彼らは共通の氏神を持つことになり、その子孫たちが「**氏子**」と呼ばれるのである。

皇室や豪族も氏神を持つ。皇室の氏神は**天照大神**である。福岡の志賀海神社は安曇氏の氏神であり、宗像大社は宗像氏の氏神である。大分の宇佐八幡宮は宇佐氏の氏神であり、京都の賀茂神社は賀茂氏の氏神だ。そして中臣・藤原氏の氏神は、香取・鹿島・春日の神というように、各氏族がそれぞれ氏神を持っている。

前述の柳田国男は、祖先の霊が遠くに行かずに国土の内にとどまり、子孫を守るという考え方は日本独特のものだと指摘している。日本人は血縁の中に命の継承を意識してきたのだろうか。

農耕儀礼中心の原始神道の誕生

農耕儀礼中心に移行した弥生時代の信仰

紀元前四〇〇年ごろから紀元三〇〇年ごろまでの時代を弥生時代という。狩猟、採集を主とした生産手段から、稲作に転換した時期といわれる。農耕によって定住化が進み、豊凶作を左右する自然をますます神格化するようになった。

縄文時代との宗教的な違いをあげれば、アニミズム・アニマティズムから発展して、農耕儀礼中心の宗教にシフトしていった時代といえよう。

稲作に関する農耕儀礼は、豊作を祈念する**春の祭り**と収穫を感謝する**秋の祭り**が中心で、土地神に飲食物をささげて災害や凶作からの守護を願った。

この時代は稲作とともに大陸から青銅器や鉄器が伝えられ、鏡や銅剣、銅鉾、銅鐸などの宗教儀礼に用いられる道具が作られた。

中国の歴史書である『魏志倭人伝』によると、三世紀の日本では邪馬台国の女王卑弥呼が君臨し、三十余国を統治していたという。母系制社会を予想させられる。

弥生時代の自然信仰が受け継がれた古墳時代

三世紀末になると、各地の豪族が力を持ち、競って古墳を築くようになる。古墳時代の到来である。七世紀ころまで続く。

中でも畿内を本拠地とする大和政権の力は強大で、北海道・東北と沖縄を除く日本列島のほとんどを統一する。

大和政権は五世紀に全盛期を迎えるが、六世紀に入ると内外の問題点が噴出して動揺の兆しを見せ、七世紀後半には衰退していく。そして、そんな国家を支えるために「律令国家」という新しい国造りが進められる。

弥生時代の自然信仰は古墳時代に受け継がれ、大陸の影響を受けながら進展する。また、原始から語り継がれてきた神話が、大和政権の全国制覇と合わせて輪郭を与えられる。

そして歴史書『古事記』『日本書紀』が編纂され、大和朝廷が天つ国の子孫であるという古代神道が成立するのである。ここまでの日本の宗教を「**原始神道**」と呼ぶ。

原始神道の祭り

集団による祭りの宗教

原始神道もまた祭りを基本とする。稲の豊作を祈り、共同体として集団で行なわれる祭りだ。祭りは神道の基本的性格を形成していくことになる。

祭りとは神を招く儀式である。神は姿を持たない。そこで**依代**に降霊してもらう。

まず一定の聖域を設けて祭場とし、榊(さかき)などを立てた**神籬**(ひもろぎ)を依代とした。

そして、夜、神が降りると、土器(かわらけ)に盛った酒や米などの**神饌**(しんせん)を供え、衣類などの幣帛(へいはく)をささげる。そして神官が除災招福を祈る。

祭りのフィナーレは**共食**である。神饌を全員で飲み食いするのだ。これを「**直会**(なおらい)」という。

祭りが終わると神は帰る。だから、祭場は石で囲んだり縄を張ったりするだけで、神社のような特定の建物が建てられるようになったのは神社神道が発達してからのことである。

※自然への畏怖と恭敬――日本の四大祭り

日本の四大祭りは、「**正月**」、春の「**祈年**(としごい)」、夏の「**祖霊祭り**」、秋の「**新嘗**(にいなめ)」といわれる。

正月は歳神(としがみ)、あるいは歳徳神(としとくじん)を迎える祭りである。冬至が過ぎて太陽が復活すると、山から祖霊とともに歳神が降りてくる。草木の芽がいっせいに張るハレの季節、春がやってきたのだ。

トシゴイの祭りは五穀豊穣を祈って農作業の開始時期に行なわれる。毎年陰暦二月四日、大和政権を中心とする権力中枢では、山から降りてきた神に五穀と天皇と国の安泰を願った。トシゴイの「トシ」は歳神のことである。

夏の祖霊祭りは「お盆」だ。先祖の霊が山から降りて家に帰ってくる。26ページで述べたとおりだ。夏の祖霊祭りそのものは、仏教が日本に伝わる以前から行なわれていた古い風習だが、仏教が伝来して『仏説盂蘭盆経(うらぼんぎょう)』と習合し、「**お盆**」として仏教行事に転じていったのである。

そして秋の収穫期、**ニイナメ**の祭りが行なわれる。秋は「飽き食い(あぐい)」のアキであり、飽きるまで食べられる収穫を神に感謝するのだ。

こうして冬になる。冬は「殖ゆる(ふゆる)季節」だという。寒さの中にこもり、じっと生命が殖ゆるのを待つ。

このように、日本の祭りは四季の祭りであり、自然への畏怖と恭敬を表わす。四季や自然が神の営みなのである。人間は神とともに耐え、喜び、神とともに生きる。自然の征服を目指してきた一神教と、なんと大きな違いであろうか。

神を招く儀式――原始神道の祭り

神籬（ひもろぎ）（依代（よりしろ））

一定の聖域を設けて祭場とし、榊などを立てた神籬を依代とし、そこに神が降臨する

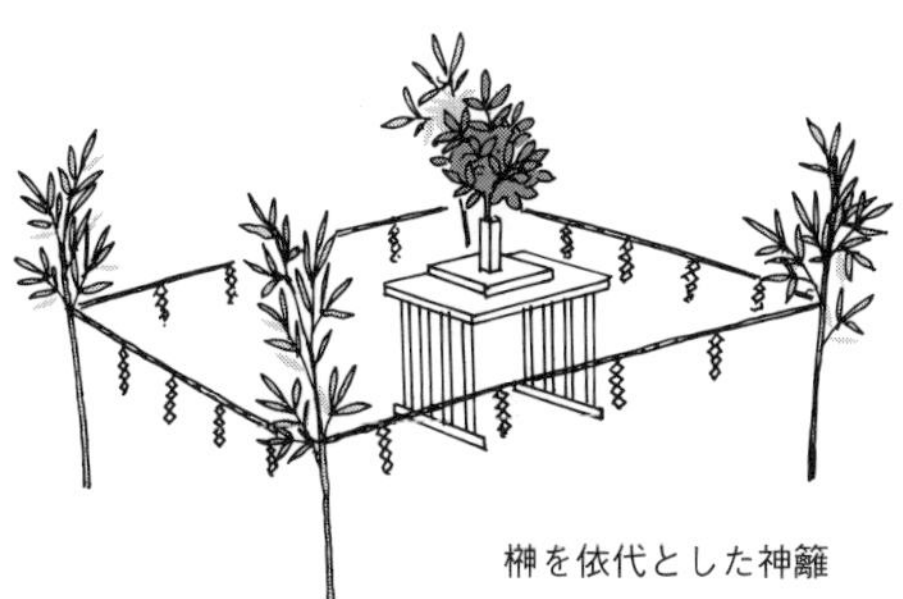

榊を依代とした神籬

神が降りると、土器（かわらけ）に盛った酒や米などの神饌（しんせん）を供え、衣類などの幣帛（へいはく）をささげ、神官が除災招福を祈る

直会（なおらい）

祭りのフィナーレは、神饌を全員で飲み食いする共食で終わる

神との共食である直会

日本の四大祭り

- **正　月**――歳神（としがみ）を迎える
- **祈年（としごい）（春）**――五穀豊穣を祈って農作業の開始時期に行なう
- **祖霊祭り（夏）**――夏の祖霊祭りは、仏教伝来によって仏教行事に転じた
- **新嘗（にいなめ）（秋）**――秋の収穫期に行なわれる。飽きるまで食べられる収穫を神に感謝する

「記紀神話」に現れる神々の系譜

古代国家と記紀神話の成立

天つ神と国つ神

原始神道には二つの世界観があった。いわば水平軸の世界観と垂直軸の世界観である。

神道では、この世を「葦原の中つ国」(中つ国)と呼んでいる。水平軸の世界観では、この中つ国を取り囲む大海原のはるかかなたに「常世の国」という神の世界があり、人は死ぬとこの国に行くと信じられていた。

ところが、やがて大和政権の進出が顕著になると、垂直軸の世界観が出てきて有力になる。

海のかなたにあった常世の国は地下に移され、「根の国」(黄泉の国)と呼ばれて死者の魂が赴く世界となった。

そしてもう一つ、中つ国の上に「高天原」という天の世界が想定された。ここは上級の「天つ神」と呼ばれる神々が住む世界である。それに対して、中つ国には「国つ神」という神々が住むとされた。いわば地上の神である。

大和政権は五世紀ころには日本列島のほとんどを統一し、六四五年の大化改新を経て律令制国家を形成した。それとともに、大和政権が受け伝えてきた高天原神話が他の氏族の神話を取り込み、一本化される方向で整理されていった。

何度も言うように、神道は先祖崇拝の宗教である。したがって、各氏族はそれぞれ自分の先祖を軸とする神話を持っていた。その中で、大和政権の持っていた神話が「高天原」の神話である。

大和政権による氏族神話の再編

八世紀初めになると、この高天原系の神話を中心にして他の氏族の神話をも取り込み、一つの神話と

原始神道の世界観の変遷

水平軸の世界観
（縄文・弥生時代）

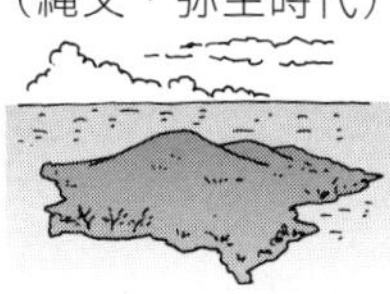

葦原の中つ国
大海原に取り囲まれた葦の茂る島国

常世の国
葦原の中つ国のはるか沖にあるという神の世界で、死者の赴くところ

垂直軸の世界観
（大和政権の時代）

高天原
「天つ神」と呼ばれる上級の神々が住む天上界

葦原の中つ国
「国つ神」という神々が住む地上世界

根の国
「黄泉の国」とも呼ばれる死者の魂が赴く世界（常世の国の変化したもの）

して整えられていった。大和政権の正統性が強調されたわけだ。こうして作られたのが『古事記』であり、『日本書紀』である。この二つを合わせて「**記紀神話**」と呼んでいる。

記紀神話によると、高天原を主宰するのは**アマテラスオオミカミ**（天照大神）という女神であり、天孫ニニギノミコト（天津日高日子番能瓊瓊杵尊）がその神勅を受けて中つ国に降臨し、その子孫である神武天皇以来オオキミ（天皇）がこの国を治めることになったという。天つ神が国つ神を支配統一したということになる。

これは大和政権と土着の氏族との関係を象徴しているわけだ。国つ神である土着の氏族を平定していった大和政権は、大和朝廷として君臨する根拠を形づくっていったのである。

天つ神を「**天神**」といい、国つ神を「**地祇**」という。合わせて「**天神地祇**」といい、略して「**神祇**」という。

原始神道は、こうして天神地祇を祀る「古代神道」に発展していく。

記紀神話に現れる代表神の素顔

造化三神と別天神

アメノミナカヌシノカミ（天之御中主神）

はるか昔、渾然一体となっていた天と地が分かれて天地が創造されたとき、その中心に最初に現れたのがアメノミナカヌシだ。文字どおり天の中心に位置し、日本神話に最初に登場する神である。

タカミムスビノカミ（高御産巣日神）

二番目に姿を現した神はタカミムスビだった。「産巣日」とは宇宙の生成を意味するという。高木神とも呼ばれる。

カミムスビノカミ（神産巣日神）

三番目に現れた神はカミムスビ。「産巣日」が共通していることからうかがわれるように、前のタカミムスビと男女一対の神と思われ、やはり宇宙の生成をつかさどった。

以上、アメノミナカヌシ、タカミムスビ、カミムスビの三神は、天地創造とその生成にかかわった神で、特に「造化三神」といわれている。

ウマシアシカビヒコジノカミ（宇麻志阿斯訶備比古遅神・可美葦牙彦舅尊）

四番目に現れたのは、ウマシアシカビヒコジ。葦の芽のようにすくすくと育った。造化三神が創造した生物に生命を与える役を担った。

アメノトコタチノカミ（天之常立神）

五番目に現れた神はアメノトコタチ。その名のとおり、天、つまり高天原を永遠に屹立させる役割を果たす。

造化三神を含めた以上の五神は、天地創造にかかわったとりわけ尊い神であるとして、「別天神」と呼ばれている。

神代七代の神々

別天神の次に、国の根元神であるクニノトコタチノカミ（国之常立神）、トヨグモヌノカミ（豊雲野神）が生まれた。その次に十神が生まれた。十神は男女一対となっており、最後に生まれたのがイザナギノミコトとイザナミノミコトである。

「記紀神話」の中の神々

別天神（ことあまつかみ） 天地創造にかかわった五神

造化三神（ぞうかのさんしん） 天地創造に直接かかわった三神

- 天之御中主神（アメノミナカヌシノカミ）― 世界が天地に分かれたとき、天の中心に最初に現れた、神話に最初に登場する神
- 高御産巣日神（タカミムスビノカミ）― 二番目に姿を現した神。「産巣日（むすび）」とは宇宙の生成を意味するという
- 神産巣日神（カミムスビノカミ）― 三番目に現れ、高御産巣日と一対の神と思われ、宇宙の生成をつかさどる

天地創造を補完した二神

- 宇麻志阿斯訶備比古遅神（ウマシアシカビヒコジノカミ）― 四番目に現れ、造化三神が創造した生物に生命を与える役を担った
- 天之常立神（アメノトコタチノカミ）― 五番目に現れ、その名のとおり、高天原を永遠に屹立させる役割を果たした

神代七代（かみよななよ）の神々

① 国之常立神（クニノトコタチノカミ）
② 豊雲野神（トヨグモヌノカミ）
③ 宇比地邇神（ウヒジニノカミ）・須比智邇神（スヒチニノカミ）＊
④ 角杙神（ツノグイノカミ）・活杙神（イクグイノカミ）＊
⑤ 意富斗能地神（オオトノジノカミ）・大斗乃弁神（オオトノベノカミ）＊
⑥ 於母陀流神（オモダルノカミ）・阿夜訶志古泥神（アヤカシコネノカミ）＊
⑦ 伊弉諾尊（イザナギノミコト）・伊弉冉尊（イザナミノミコト）＊

（＊は女神）

◀イザナギ、イザナミは天沼矛（あめのぬぼこ）のしずくから日本列島を生み出した

これら十神は対で一組と数えるから、クニノトコタチとトヨグモヌを入れて「神代七代」と呼んでいる。

以下、記紀神話に登場する諸神の素顔については、次章「日本の代表神社」の祭神のところでも概略を紹介することにする。

イザナギノミコト（伊弉諾尊）

イザナミノミコト（伊弉冉尊）

イザナギとイザナミは天浮橋から天沼矛を下ろしてかき回し、淤能碁呂島を造った。それから二神は交合し、「大八島の国」、つまり日本列島を生み出すことになる。

ヒルコノカミ（蛭子神）

二神の間に最初にできた子どもがヒルコだったが、この子は障害を持っていたので葦の葉の船に乗せられて流された。しかし摂津国西宮の夷三郎という人に拾われて育てられ、のちに戎として西宮神社に祭られるようになったという（異説もある）。

ホノカグツチノカミ（火之迦具土神）

二神は次々に数多くの神々を生み、最後にホノカグツチを生んだ。しかし、この神は火の神だったため、イザナミの陰部が焼けて死んでしまった。ホノカグツチはイザナギの怒りに触れ、斬首される。

イカズチノカミ（雷神）

イザナギは妻を忘れられず、死者が赴くという黄泉の国にイザナミを訪ねていった。しかし、そこでウジがわき、恐ろしい雷神であるイカズチノカミにとりつかれた妻を見て驚いて逃げ帰った。

ワタツミ三神（綿津見三神）

ツツノオ三神（筒之男三神）

黄泉の国から逃れたイザナギは、九州日向、橘の小門の阿波岐原の清流に入って禊ぎ祓いをした。水底、水中、水上と身を沈め、黄泉の国のよごれを落とすと、その三カ所にそれぞれ海を守るワタツミノカミとツツノオノミコトが三神ずつ現れた。

ミハシラノウズノミコ（三貴子）

イザナギが清流で左目を洗うとアマテラスオオミカミ（天照大神）が、右目を洗うとツクヨミノミコト（月読命）が、最後に鼻を洗うとタケハヤスサノヲノミコト（建速須佐之男命・素戔嗚尊）が生まれ

日本神話に登場する神々の系譜

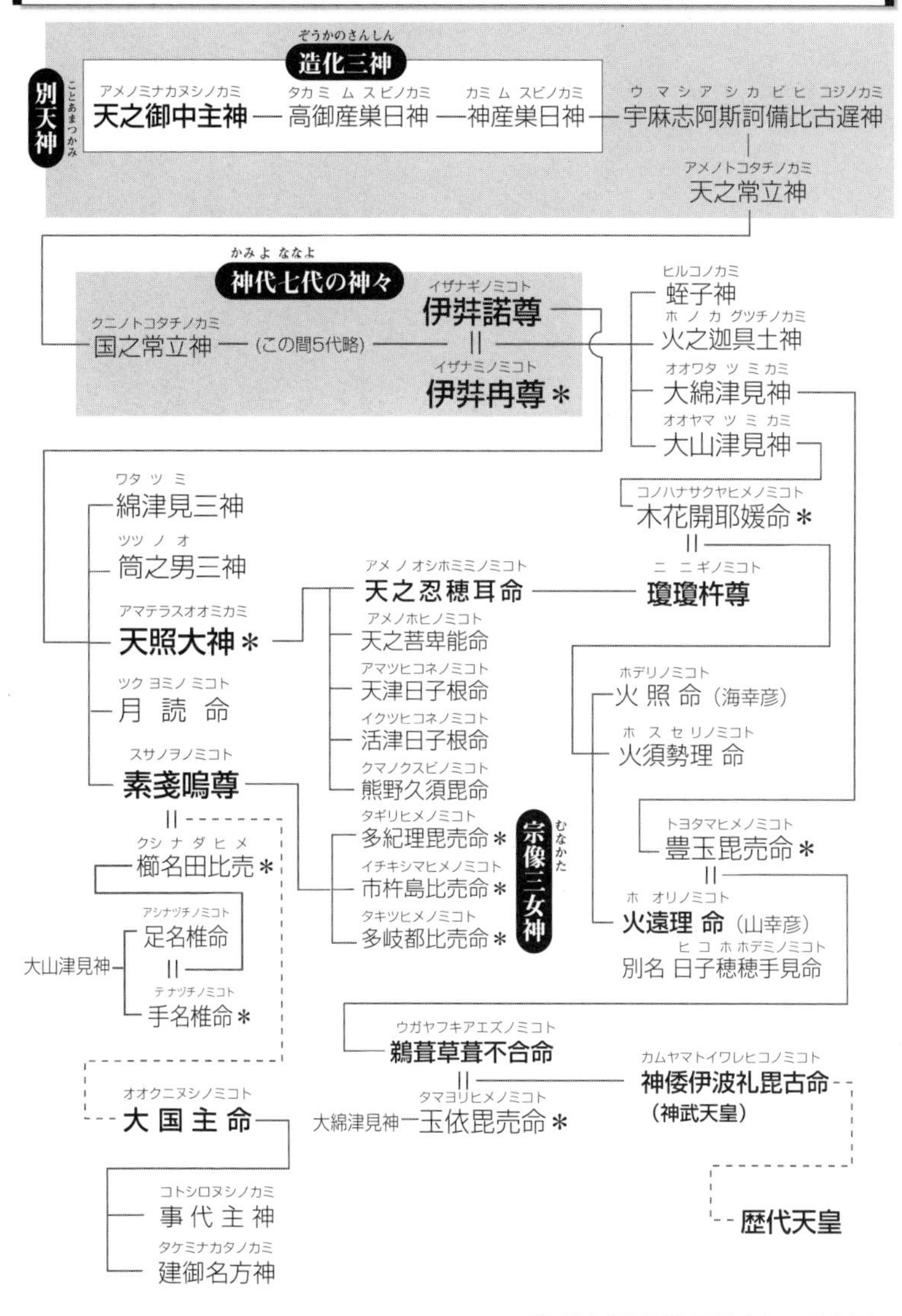

(神名は『古事記』に基づく、＊は女神)

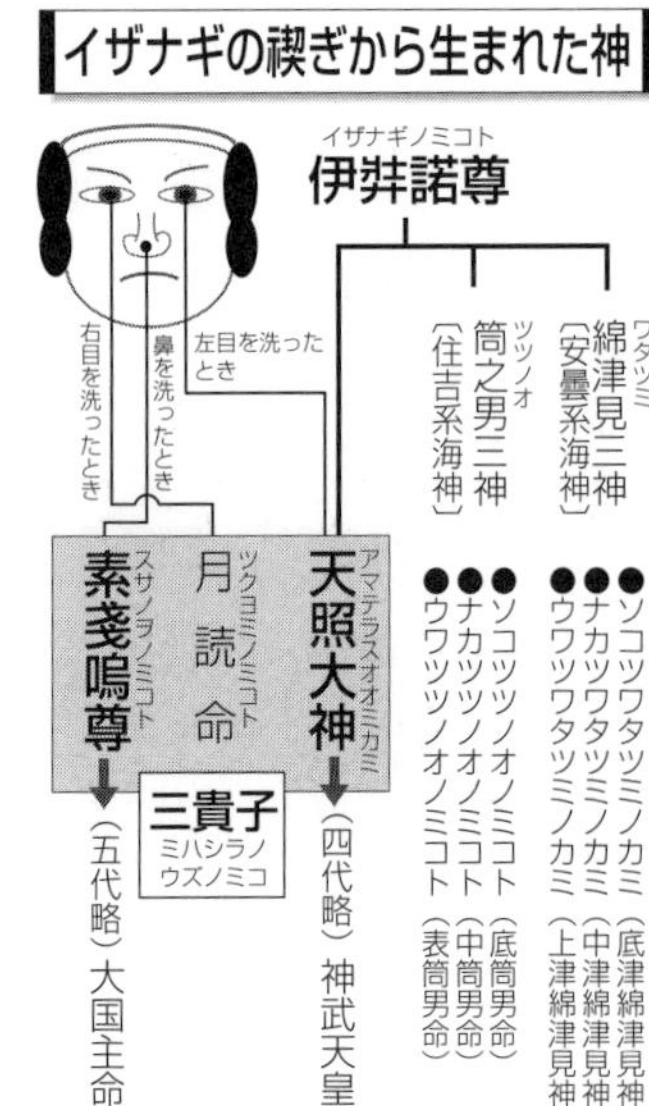

出た。イザナギは喜んでこの三人を「三貴子（みはしらのうずのみこ）」と呼び、アマテラスに高天原（たかまのはら）を、ツクヨミに夜の世界を、スサノヲに海原（うなばら）を治めるよう命じた。

アマテラスオオミカミ（天照大神）

高天原の主でのちに皇室の祖となる女神アマテラスは、多くの神々を従えて田畑を開き、養蚕や織物などを営んで平和に暮らすことになる。しかし、そこに災いをもたらしたのが弟のスサノヲだった。

スサノヲノミコト（素戔嗚尊）

海原を治めることを拒否して父に追放されたスサノヲは、姉のアマテラスにいとまごいをしようと高天原を訪ねるが、姉は弟の侵略の意図を疑い、互いの剣と玉を打ち砕いて正否を決める神事を行なった。これを「うけひ」（誓約）という。結果として、暴虐の神スサノヲは高天原も追放されるが、のちに八岐（やまた）の大蛇（おろち）を退治して名誉を挽回する。

宗像（むなかた）三神

うけひでアマテラスがスサノヲの剣をかみ砕くと、のちに宗像三神となるタギリヒメノミコト（多紀理毘売命）、イチキシマヒメノミコト（市杵島比売命）、タキツヒメノミコト（多岐都比売命）の三女神が生まれた。宗像神社の祭神である。

アマテラスの五人の子

うけひでスサノヲがアマテラスの勾玉（まがたま）を洗うと、マサカアカツカチハヤビアメノオシホミミノミコト（正勝吾勝勝速日天之忍穂耳命）、アメノホヒノミコト（天之菩卑能命）、アマツヒコネノミコト（天津日子根命）、イクツヒコネノミコト（活津日子根命）、クマノクスビノミコト（熊野久須毘命）の五神が生まれた。宗像三女神はスサノヲの子、五神はアマテラスの子とされた。

天の岩戸にかかわる神々

発端

スサノヲノミコト（素戔嗚尊）
高天原で乱暴狼藉
↓
アマテラスオオミカミ（天照大神）
スサノオの狼藉を悲しみ、天の岩戸に閉じこもり暗闇の世界が出現

対策

オモイカネノカミ（思兼神）
解決策を練る
↓
アメノコヤネノミコト（天児屋根命）
祝詞をあげる
↓
フトダマノミコト（布刀玉命）
玉串を立てて礼拝

解決

アメノウズメノミコト（天宇受売命）
裸で岩戸の前で踊り出す
↓
アメノタヂカラオノミコト（天手力男命）
岩戸を開きアマテラスを引き出す

天の岩戸にかかわる神

スサノヲの狼藉を悲しんだアマテラスが天の岩戸に閉じこもったため、世界は暗闇となって悪鬼がはびこった。そこで**オモイカネノカミ**（思兼神）が案を練り、**アメノコヤネノミコト**（天児屋根命）が祝詞をあげて、**フトダマノミコト**（布刀玉命）が玉串を立てて礼拝した。

アメノウズメノミコト（天宇受売命）が裸で踊り出したので神々が騒ぐと、アマテラスは少し岩戸を開いた。

そのとき、**アメノタヂカラオノミコト**（天手力男命）がアマテラスの手を取って引き出し、高天原も葦原の中つ国も光を取り戻した。

ツクヨミノミコト（月読命）

イザナギの右目から生まれた三貴子の一人で、月の世界を統治するツクヨミは、農耕、潮の干満など、太陽の神である姉のアマテラスとともに自然に恵みを与えている神である。

スサノヲノミコト（素戔嗚尊）

高天原を追放されたスサノヲは、葦原の中つ国の

出雲（島根県）へ降臨する。そして八岐の大蛇という怪物を退治し、アシナヅチ（足名椎）、テナヅチ（手名椎）という老夫婦の娘クシナダヒメノミコト（櫛名田比売命）を救って結婚する。

オオクニヌシノミコト（大国主命）

スサノヲの子とも孫ともいわれるオオクニヌシは、因幡の白ウサギを助けてヤガミヒメノミコト（八上比売命）をめとったが、八十神という異母兄たちの嫉妬に遭って単身スサノヲの住む根の堅州国（出雲国）に逃れた。

ここでもスサノヲの無理難題に悩まされるが、スサノヲの娘のスセリヒメノミコト（須勢利比売命）に助けられ、二人はスサノヲのもとを逃れて出雲で国造りに励んだ。こうして彼は大国の主となったのである。

ニニギノミコト（瓊瓊杵尊）

ニニギはアマテラスの命を受けて高天原から葦原の中つ国に降臨し、皇室の祖となった神（天孫降臨神）で、アマテラスの孫にあたる。彼はアマテラスから**三種の神器**（八尺瓊勾玉・八咫鏡・天叢雲剣）を授かって降臨し、オオヤマツミノカミ（大山津見神）の娘コノハナサクヤヒメノミコト（木花開耶媛命）と結婚する。

そして二人の間には神武天皇の祖父となる神が生まれ、皇室の土台を作ることになるのである。

コノハナサクヤヒメノミコト（木花開耶媛命）

天孫ニニギと結婚したコノハナサクヤヒメは、三人の子を産む。まずホデリノミコト（火照命＝海幸彦）、次がホスセリノミコト（火須勢理命）、そして三番目がホオリノミコト（火遠理命＝山幸彦）で、ホオリが神武天皇の祖父である。

オオヤマツミノカミ（大山津見神）

神武天皇の外曾祖父オオヤマツミは、各地の山を統括する神だ。彼はホオリの誕生を祝って天甜酒を造ったため酒解神と呼ばれ、娘のコノハナサクヤヒメは酒解子神といわれて酒造の守護神とされている。

コノハナサクヤヒメは父から日本一の秀峰富士山を譲られ、この山に鎮座して東日本一帯を守護することになったのである。

第2章◉

神社神道と日本の代表神社

神道の教義の基礎知識

豊かな自然と四季が産んだ神

※自然崇拝・祖先崇拝と混交した山の神

日本には四季がある。

春は花々が咲き乱れ、木々が芽吹いて生命を謳歌する。

夏は太陽が照りつけ、心を開放的にさせてくれる。

秋は天高く馬肥ゆる季節。穀物や果物の収穫の時期だ。

冬は雪が降り積もり、家族で暖を取りながら春を待つ。

そんな優しい四季の運行をもたらしてくれる神に感謝し、人々は祭りを行なってきた。

一方、自然は恐ろしい表情をも見せる。大地震が人々の生活の基盤を奪い、台風や大嵐が人命や財物を襲う。

洪水が村を一飲みし、日照りが飢饉（ききん）を引き起こす。人々はそのような災害をもたらす荒（すさ）ぶる神を恐れ、鎮魂の祭りを行なう。

日本人は、このように自然を敬い、感謝し、恐れ、あがめ奉ってきた。だから山や川を神と見、また海に神を見てきた。

山の神に関しては、自然崇拝と祖先崇拝が混交する。もともと、日本人は神の住む鎮守の森を大事にしてきた。そして、森をはぐくむ山自体を神と見、「**神奈備**（かんなび）」「**神体山**（しんたいざん）」などと呼んで尊んできた。

日本の全山を統括支配するのはオオヤマツミノカミ（大山津見神）だ。アシナヅチノミコト（足名椎命）やテナヅチノミコト（手名椎命）、イワナガヒメ（石長比売）やコノハナサクヤヒメノミコト（木之花開耶比売命）の父親である。

また、25ページでも述べたように、人は死ぬと死霊（しりょう）という**荒御霊**（あらみたま）となり、一定期間を経て祖霊という**和御霊**（にぎみたま）になる。そして山に住み、季節季節に里に下りてきて子孫に恩恵を与えるようになる。

春に下りてきて農耕を守護する山の神は、**田の神**となる。そして、収穫が終わった秋にはまた山に帰

豊かな自然の中の「山の神」

山の神

さのぼり
さおり

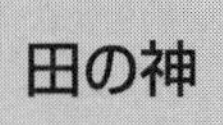

「山の神」は、自然崇拝と祖先崇拝が混交して成立した。日本人は森をはぐくむ山を神と見て、「神奈備（かんなび）」あるいは「神体山」などと呼んで尊んできた

◀典型的な神奈備型の山である三輪山（奈良県桜井市）

「さおり」や「さのぼり」の「さ」とは神のことをさす。

田植えの祭りで早乙女（さおとめ）が早苗（さなえ）を植えるのは、神になりかわった乙女が神から授かった苗を植えることを象徴している。

って山の神になるという。

里に下りてくることを「さおり」といい、山に帰ることを「さのぼり」という。「さ」とは神のことで、早乙女（さおとめ）や早苗（さなえ）などという言葉に生きている。

このように、自然神と祖先神が互いに山の神となって私たちを守ってくれているのだ。

※豊作をもたらす水神（すいじん）

水の神は水神さまである。水は農耕を左右するし、人の生命を維持するのになくてはならない。しかし、逆に荒れ狂ったときは洪水となり、容赦なく人命や財産を奪っていく。

だから、人々は川や井戸、湧水（ゆうすい）地（ち）などに神を見、水神を祭ってきた。

ナーガ（蛇）信仰といい、水神は竜や大蛇などの姿をとるといわれている。河童も「河の童」と書くから、水神の子とも考えられる。

水神は豊作をもたらしてくれる豊穣の神であり、人間でいえば多産の神だから、その母子神的な信仰から派生した説といわれる。

九州一の大河、筑後川の中流域にあたる福岡の久留米には、東京日本橋の水天宮の本社となる水天宮がある。ここが安産の神であることも、豊穣を約束してくれる水神のイメージと結びつく。

水神は日本各地の川や井戸に祭られている。

※豊漁や海難をもたらす海神

また、海は豊漁をもたらして人々に恵みを与え、あるいは逆に荒海となって人々を襲う。人々は古来から**海神**をあがめてきた。

海の神はオオワタツミノカミ（大綿津見神）だ。この名は「オオヤマツミ（大山津見）」と対をなしている。イザナギノミコト（伊弉諾尊）が黄泉の国から戻って禊ぎをしたときに水中から生まれた神であり、「海幸彦・山幸彦」の神話にも登場する。豊漁や海上通行の安全などを見守ってくれている。

※風の神や四季の神

そのほか、**風の神**であるシナツヒコノカミ（志那津彦神）や**木の神**であるククノチノカミ（久久能智神）、**野の神**であるカヤノヒメ（鹿屋野比売）、春をつかさどるサホヒメ（佐保比売）、夏のツツヒメ（筒比売）、秋のタツタヒメ（竜田比売）、冬のシロヒメ（白比売）など、日本人は多くの自然神を尊び、共存してきたのである。

重視された祖霊信仰

※祖先崇拝が基盤

次に、祖先崇拝を振り返ってみよう。日本は、弥生時代に農耕社会となった。農耕は地縁・血縁の協力なくしては成り立たない。しかも、開墾、灌漑、農作業など、手間暇のかかる田園経営は、代を継いで行わなければ達成できない。そのようなところから、自然に祖先に感謝し、また祖先の守護を仰ぐ風習ができあがっていったのではないだろうか。

前述のように、祖先崇拝は神道の縦軸である。東アジアから東南

「水神」と「海神」そして「四季の神」

水神

農耕を左右し、人の生命を維持するのになくてはならない水は、逆に荒れ狂ったときは洪水となり、容赦なく人命や財産を奪う。こうして人々は川や井戸、湧水地などに神を見、水神を祭った。

▼

豊作をもたらす豊穣の神としての水神から、母子神のイメージが派生し、多産の神・安産の神として人々の信仰を集めた。（→水天宮信仰）

▶水神

▶海神

海神

海は豊漁をもたらし恵みを与える。しかし荒海となって人々を襲うこともある。
大綿津見神（おおわたつみのかみ）が代表神だが、海幸彦として「記紀神話」にも登場する。

その他の神

- 風の神 ― シナツヒコノカミ（志那津彦神）
- 木の神 ― ククノチノカミ（久久能智神）
- 野の神 ― カヤノヒメ（鹿屋野比売）
- 四季の女神
  - 夏：ツツヒメ（筒比売）
  - 春：サホヒメ（佐保比売）
  - 秋：タツタヒメ（竜田比売）
  - 冬：シロヒメ（白比売）

アジアにかけてのモンスーン（季節風）地帯は稲作文化圏だ。ここでも祖先崇拝は見られるが、いずれも二義的な信仰だという。日本の神道だけが祖先崇拝を第一義的な信仰として中心に据えているのである。

四季の折々に墓参をし、節目節目に神社仏閣を参拝して手を合わせ、先祖に自分たちの守護を願いつつ身の潔斎をはかる日本人の祖先崇拝の風習は、一種の美観とモラルとして私たちの肌に染みついているような気がする。大事にすべき風習ではないだろうか。

※祖先の霊を神として敬う

神道では、亡くなった祖先霊を神として敬ってきた。神は「上」に通じるという説もある。つまり最高位の神なのである。

皇室では、アマテラスオオミカミ（天照大神）を祖先神の最高位に置く。

また、各「イエ」の祖先の霊は氏神の祭神と融合して祭られ、氏神さまとしてこれまた最高位に置かれてあがめられてきた。

仏教でいう仏法の守護神や天人のような存在とは違い、神道ではあくまで祖先神が最高位の神なのである。

※祖先の霊は往来する

神道では、祖先の霊が現世と他界を往来すると考える。子孫の祭りを受け、また子孫を守るためだ。稲を収穫し終えた正月や麦を収穫し終えたお盆の時期、または昼と夜の長さが同じになる春分の日や秋分の日、氏神さまの祭日などにあの世からこの世に来臨し、子孫の祭りを受ける。

古代において祭りは時を定めて行なわれていたわけではない。人々は折に触れて祭りを行ない、祖先の霊を迎えていた。

しかし、次第に氏神さまは神社に常住するようになり、鎌倉・室町時代以降は祖先の霊が神棚や仏壇に常在するようになった。

神棚では遠い祖先の霊を祭り、仏壇では近い祖先の霊を祭ると考えられたという。

だから「カミ」は遠い祖先を指し、「ホトケ」は近い祖先を指すというのである。

※祭りは祖先との交流

祭りとは、亡くなった祖先の霊

御魂祭り——祭りは祖先との交流

祖先神　神道における最高位の神　　氏神＝祖先神の集合体

御魂祭り　祖先神と生きている子孫の交流
祖先の霊に神饌を供し、祝詞や歌舞などを奏上する。こうして祭られることによって祖先神は降臨し、子孫に祝福を与えるとともに彼らを守護する。

山の神と里の神も祖先神の変形

▲秋から冬は山の神として山中に住む

▲春になると田の神となって里に下り、収穫が終わるとふたたび山に戻って山の神となる

と生きている子孫が交流する儀礼である。

祭りでは、祖先の霊に神饌を供し、言霊として祝詞をささげ、祈りや願いの言葉を奏上する。そして歌舞などをささげる。

祖先の霊は、祭られることによって降臨し、子孫に祝福を与え、守護する。正月やお盆など、季節の節目節目に祖先の霊が家に帰ってくると信じられている「御魂祭り」がその典型といえよう。

お盆に帰ってくるのは祖先の霊そのものであり、正月に帰ってくる歳神さまは祖先霊の変形である。

春になると山の神が里に下り、秋の収穫の時期まで田の神となって守護する。そして秋の収穫が終わるとまた山に帰って山の神となるが、これも歳神さまと同じ祖先の霊だ。

日本の各地でさまざまな祭りが行なわれ、祖先の霊もまたさまざまな姿をしてこの世に現れる。

大分県国東半島の鬼会の鬼や、秋田のなまはげ、鹿児島・甑島のトシドン、能登半島のアマメハギ、石垣島のマユンガナシなどがその例としてあげられる。

2 神道の禊ぎと祓い

重要な意味を持つ浄化

邪悪を洗い流す禊ぎと祓い

34ページでも述べたように、愛する妻イザナミに先立たれたイザナギは、亡き妻に会いに黄泉の国に行く。しかし、そこで見たものは、けがれた妻の姿であり、同時に自分の身もけがれてしまったことに気づいて悲嘆に暮れる。

イザナギは黄泉の国から逃げ帰り、日向の橘の小門の阿波岐原で身を清めた。これが「**禊ぎ**」である。禊ぎは「身そぎ」「水そぎ」に通じ、水でけがれを洗い流すことをいう。

それに対して、「**祓い**」は水に限らず、神に祈って罪やけがれ、災いなどを取り除き、生命力をよみがえらせることをいう。いわゆる「おはらい」のことで、「祓え」ともいう。当然、禊ぎも祓いの一種といえる。

イザナギがこの禊ぎ祓いをすると、アマテラスオオミカミ（天照大神）、ツクヨミノミコト（月読命）、スサノヲノミコト（素戔嗚尊）の三貴子が生まれた。それから綿津見三神や住吉の筒男三神をはじめ、多くの神々が誕生した。

いわば、日本の神々は禊ぎ祓いによって生まれたのである。こうして、禊ぎ祓いは必然的に心身を浄化する行法となっていった。

けがれを清め神と交流する

神は邪悪を嫌い、けがれを嫌悪する。人間も邪悪を遠ざけ、けがれを清めることで神と交流できる。だから禊ぎ祓いによって心身を浄化し、神々に罪やけがれ、災いを除いてもらうことを願うのである。

さまざまな祓いのツール

水による祓い

日本は水に恵まれた国である。少し前までは、井戸水や水道水をそのまま飲めた。外国で、ミネラ

水による祓い

「禊ぎ」とは水による祓い

水はあらゆるけがれを洗い清め、清浄にすると信じられ、祓いの中でももっとも重視された

▲古代では、神への奉仕を行なうとき、海や川に身を浸してけがれを落とした

▼神社の手水舎は古来の禊ぎの簡略化された形態

ルウォーターを有料で購入して使用するなどということが信じられないくらいだった。それが環境汚染により、すっかり変わってしまった。

それでも日本の年間平均降雨量は、約千八百ミリもある。世界平均が七百ミリだから、その倍以上である。その水は、いまでも山から河川を通って海へと流れ、国土を清めている。

このような自然環境が日本独特の水の文化を生み、水の浄化作用に対する信仰をはぐくんだ。

水はあらゆるけがれを洗い清め、清浄にすると信じられたのである。祓いの中でももっとも禊ぎが重視されるのは、日本人のこのような水に対する信仰があるからだろうと思われる。

神社の手水舎は禊ぎの名残り

神社に参拝したり祭りの奉仕を行なうものは、古来禊ぎをすることが原則だった。海や川、池に身を浸してけがれを落としたり、滝行をして心身を清めた。

現在は神社の社頭に手水舎があり、参拝者はここで手を洗い、口をすすぐが、これは古来の禊ぎの簡略化された形態である。

火による祓い

火もまた罪やけがれ、邪悪や不浄を焼き払うといわれる。したがって、火による祓いもさまざまな形で行なわれる。

火祭りでは、山梨の浅間神社、熊野那智大社、京都の鞍馬神社などが有名である。また、修験道では柴灯護摩が焚かれたり、火渡りなどの行が行なわれる。

大みそかから元旦にかけて各神社で行なわれる火祭りは、一年のけがれを除いて歳神さまを迎えようという行事である。また、小正月に行なわれるどんど焼きや左義長なども一種の火祭りである。この火で餅を焼いて食べると、無病息災・招福除災のご利益があるといわれる。

浄化力はあるがけがれやすい火

火は浄化力があるといわれる一方、けがれやすいともいわれる。イザナミが、ホノカグツチノカミ（火之迦具土神）という火の神を産んで陰部をやけどし、亡くなったという話にちなんでいるのだろうか。

確かに、火は人間にとってなくてはならないものだが、一歩方向を間違えると財産や生命を焼き尽くす恐ろしい存在と化す。

そこで、神祭りを行なうものはすべてのけがれに触れてはならないとして、「別火精進」をする風習がある。一般の人々や家族などといっしょの火は使わず、新しく作られた斎火で神饌を調理するのである。

不浄を浄化する塩による祓い

塩もまたけがれを清め、不浄を浄化するといわれる。

海はそれ自体が禊ぎの場であり、罪やけがれを祓い清める浄化作用を持つ。

そして、塩はそこから取れる神聖なものであり、また人間の生命になくてはならないものである。そのようなところから、日本人は塩に万物を祓い清める浄化力を見た。

神祭りの神饌には、塩が供えられる。また、塩によって祭場や祭具、神棚などが清められる。家や炉、釜や火、さらに川などをも清めるという。

相撲で塩をまくのも、葬式から帰ったときに玄関で清め塩をして家に入るのも、料亭の玄関などに盛塩をするのも、すべて塩による祓いの一形態である。

幣による祓いは心を清める

幣とは「御幣」を指し、神職が祓いをするときなどに持つ神祭用具である。白、または金銀や五色の紙を幣串に挟んだもので、「おんべ」とも呼ばれる。これを振って罪やけがれ、災厄を祓い清める

さまざまな禊ぎと祓い

火による祓い

邪悪や不浄を炎で焼き払う

火は強力な浄化力がある一方、けがれやすいともいわれる。また財産や生命を焼き尽くす恐ろしい存在でもある。

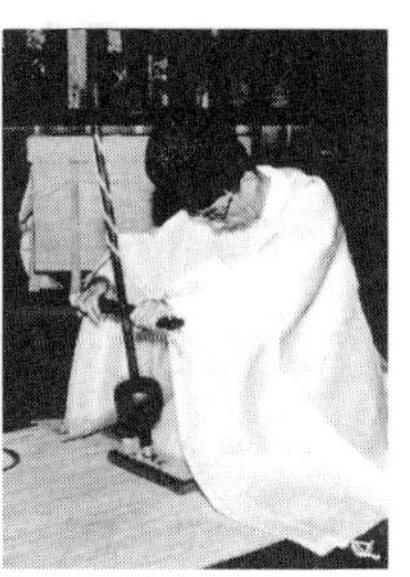

神饌（しんせん）の調理には強い火の浄化力が求められる。このため伊勢神宮では今も古式にのっとり火がおこされる

塩による祓い

海という禊ぎの場から取れる塩もまた強力な祓いのツール

神祭りの神饌には、塩を供える。また、塩によって祭場や祭具、神棚などを清め、家や炉、釜や火などをも清めるという。

相撲でまく塩、葬式から帰ったときの玄関での清め塩、料亭の玄関などの盛塩、すべて塩による祓いの一形態である。

葬儀から帰ったときの玄関での清め塩は、仏教思想ではなく、日本古来の祓いの思想に由来している

幣（ぬさ）による祓い

神職が御幣（ごへい）を振ることでけがれを清める

幣（ぬさ）による祓いは、だれでもが思い浮かべる現代の「おはらい」のもっとも一般的な方法といえる。

幣による祓いが「おはらい」という言葉とともに、現代ではもっとも一般化している

●禊ぎは身を清めること
●祓いは心を清めること
「禊ぎ」と「祓い」がセットになって心身が浄化される

のである。

「おはらい」といえば、だれでもこれを思い浮かべるのではないだろうか。その意味では、幣は祓いのもっとも一般的な方法といえる。

先ほど禊ぎは祓いの一種だといったが、より厳密にいえば、禊ぎは身を清めることを主とし、祓いは心を清めることを主とする。身のけがれを削ぎ、心の不浄を払うのである。したがって、「禊ぎ祓い」とセットになって心身が浄化されるといえよう。

魂を蘇生させる鎮魂祭

禊ぎ祓いは、人間の体や魂につく罪やけがれ、邪悪や不浄などを取り除くことだったが、その魂自体を蘇生させ、元気にするのが鎮魂である。

鎮魂は「**ミタマシズメ**」「**ミタマフリ**」とも呼ばれる。「ミタマシズメ」とは、人間の体から離れていこうとする魂を呼び戻し、体内に鎮めてしっかりと固定することをいう。

そして「ミタマフリ」とは、その魂を振り動かし、生命力を活発にすることをいう。その神事が「**鎮魂祭**」であり、太陽や人間の生命力が衰える冬至のころに行なわれてきた。

宮中では、古代から天皇が即位するときに行なわれる大嘗祭や、毎年秋に行なわれる新嘗祭の前夜に、天皇と皇后の御魂を鎮めるために行なわれてきた。

今日でも皇居内の綾綺殿で鎮魂祭が行なわれている。奈良の石上神宮、新潟の弥彦神社、島根の物部神社などの鎮魂祭もよく知られている。

祭りの神輿は魂ふりの儀式

鎮魂祭の儀式は、生命力や活力をよみがえらせるミタマフリが中心となる。

私たちが身近で見ることのできるミタマフリの儀式は、祭りのときの神輿振りであろう。

かけ声をかけながら上下左右に激しく振り動かされる神輿は、その中にいる神自身の霊を振る魂振りであり、こうすることによって神の霊威を高め、人間のさまざまな願いをかなえてくれるようになるということから勇壮なけんか神輿や暴れ神輿が行なわれるのである。

3 神社神道と日本の代表神社

神社は神の住まい

※社殿を造るところから始まった神社神道

祭りが盛んに行なわれるようになると、人々は神が一定の場所に常住してくれることを願うようになっていった。祭りのたびにいちいち仮設小屋を建て、樹木や岩石、人形などの依り代を用意することが次第に不可能になっていったという事情もあったのだと思う。

人々は社殿を造り、そこに鏡や岩石などのご神体を置き、神の常住を現実のものにしていった。この社殿が神社である。そして、神道は「神社神道」として発展していくことになる。

神社建築の最古の様式は、伊勢神宮本殿と出雲大社に見られるという。前者を「**神明造り**」、後者を「**大社造り**」と呼ぶ。（77ページの図参照）

神明造りは稲などをおさめる穀倉がもととなり、大社造りは豪族の住居に由来するといわれている。

列島を覆う八百万の神々

※神々はそれぞれのご神徳を持つ

ご神徳とは、神々の功徳や威徳をいう。八百万の神々は、それぞれ自分が専門とする領域のご神徳を持っている。だからこそ人々の多様な願いを聞き分け、担当の神が願いをかなえてくれるのである。

したがって、私たちは八百万の願いを聞いてもらえることになる。いや、実は八百万というのは「多数」を表わす比喩的な表現であり、実際に記紀神話に現れる神や民間信仰の神、海外から渡来した神などを合わせると千を超す神々がいるといわれる。私たちはそれだけのご神徳にあずかれるというわけだ。

自然にかかわるご神徳を持った神々については、43ページで大まかに紹介したが、ここではそのほかのご神徳を持った神々と、その神々の住む神社を概観してみよう。

五穀豊穣を祈る稲荷信仰 ―伏見稲荷―

「お稲荷さん」の愛称で呼ばれ、全国に八万あるといわれる神社のうち、三万二千社を占めるのが赤い鳥居でおなじみの稲荷神社だ。

その総本宮が京都の伏見稲荷大社で、五穀豊穣、商売繁盛をご神徳としている。佐賀の祐徳稲荷神社、茨城の笠間稲荷神社と合わせて日本三大稲荷と呼ばれている。

五穀豊穣を祈る稲荷信仰

「稲荷」は「稲生り」、五穀豊穣を祈る信仰である。
主祭神はウカノミタマノカミ（宇迦之御魂神）

主祭神のウカノミタマノカミはツクヨミノミコト（月読命）をもてなそうとして口からいろいろな食べ物を出し、「きたならしい」と言われて殺されてしまう。そのときウカノミタマの死体から五穀や牛馬、蚕などが生じ、五穀と養蚕の神となったという。

▲祭神ウカノミタマの別名ミケツカミの「ケツ」が、キツネの古名「ケツ」と結びついて、稲荷とキツネがセットとなった

◀全国稲荷神社の総本宮、京都の伏見稲荷大社

※稲荷の語源は「稲生り」

「稲荷」の起源と語源については、『山城国風土記』に、秦氏の先祖の伊侶具という金持ちの話が載っている。伊侶具が餅を的にして矢を放ったところ、餅は白鳥になって飛んでいき、止まった山上に稲が生じたという。話のこの部分は「伊禰奈利生ひき」と表現されている。

不思議に思った伊侶具はそこに神社を建て、「伊禰奈利（稲生り）」から取って「伊奈利」と名づけたという。

このように、「稲荷」は「稲生り」からきたもので、五穀豊穣をつかさどる神社である。

※主祭神はウカノミタマノカミ

主祭神はウカノミタマノカミ（宇迦之御魂神）で、『日本書紀』によると、ツクヨミノミコト（月読命）をもてなそうとして口からいろいろなものを出し、「きたならしい」と言われて殺されてしまった。そのとき体から五穀や牛馬、蚕などが生じ、五穀と養蚕の神となったという。

なお、お稲荷さんというとキツネが連想されるが、これにもウカノミタマが関係しているらしい。

ウカノミタマは別名をミケツカミ（御饌津神）といい、キツネの古名である「ケツ」と混同して同一視されるようになったというのだ。

また、愛知県豊川市の豊川稲荷や、その分社である東京赤坂の豊川稲荷は、仏教の守護神であるダキニ天を稲荷と同神として祭る。

ダキニ天は人を食う夜叉、または羅刹の一種で、中世には霊狐と同一の存在とみなされ、信仰された。

仏教との関連といえば、空海が朝廷から東寺を賜ったとき、稲を担いだ翁に出会ったが、これが稲荷大神だったという。だから、稲荷大神は真言宗東寺の鎮護神となっている。

▼**ご神徳**・五穀豊穣・商売繁盛

古代国家建設にかかわる八幡信仰 ―宇佐神宮―

八幡宮も数が多く、全国八万社のうち二万五千社以上祭られているという。その総本社が大分県宇佐市にある宇佐神宮で、通称宇佐八幡と呼ばれる。

国家鎮護、幕府守護、厄除開運、安産育児など幅広いご神徳がある。祭神は八幡大神（応神天皇）、比売大神、神功皇后の三柱。

※八幡大菩薩の号を贈られる

宇佐神宮は、古代国家建設に深くかかわっている。養老四年（七二〇）、隼人の乱が勃発し、朝廷はこれを鎮圧しようとして宇佐八幡に神託を仰いだ。すると八幡神は、「われ征きて降し伏すべし」と言ってみずから征討に赴いたという。

また、天平勝宝元年（七四九）、聖武天皇が国家のシンボルとして奈良の東大寺に大仏を建立するとき、宇佐八幡神は天皇と同じ金銅の鳳凰をつけた輿に乗って入京し、これを助けた。

さらに神護景雲三年（七六九）、道鏡は天皇の位をねらい、宇佐神宮からその旨託宣があったと宣言した。しかし、朝廷が和気清麻呂を宇佐神宮につかわし、神意を確認したところ、「無道の者掃除すべし」との託宣が下り、道鏡の野望はついえたという。

このような功労に感謝し、朝廷は天応元年（七八一）、宇佐八幡に「八幡大菩薩」の号を贈った。大菩薩は仏教の号である。神仏習合の流れを背景に、宇佐八幡は鎮護国家・仏教守護の神として位置づけられたのだ。

貞観二年（八六〇）、前年に神託を受けた奈良の大安寺の僧行教は、平安京の石清水の岡に宇佐神宮を勧請し、石清水八幡宮を建立した。

武神として武士の信仰を集める

武士が台頭する平安後期になると、八幡神は武神として信仰を集める。中でも源氏は八幡神を氏神とし、源義家が石清水八幡宮で元服して「八幡太郎義家」と呼ばれたことは有名である。

鎌倉幕府を開いた源頼朝は、鶴岡八幡宮を建立して幕府の守護神とした。

また、文永・弘安の役のときは、福岡の筥崎八幡宮が蒙古軍を退けるのに威力を発揮したとして、宇佐、石清水とともに三大八幡宮と呼ばれた。

▼ご神徳・国家鎮護・厄除開運・安産育児

学問の神さま、天神信仰 ―北野天満宮―

「天神さま」として親しまれている北野天満宮は、学問の神さまである菅原道真を祭神としている。学問の神さまというといかにも静謐なイメージだが、もともとは火雷天神として祭られた怨霊の神だった。

菅原道真の怨霊を鎮める神社

菅原道真は平安時代前期の学者だったが、当時勢力を伸ばしてきた藤原氏を抑えるため、宇多天皇に重用された。次の醍醐天皇にも重用され、左大臣藤原時平と並んで五十五歳のときに右大臣に任ぜられた。

しかし、これに反発した藤原氏は、道真が自分の娘婿にあたる醍醐天皇の弟を天皇にしようとしていると讒言し、大宰権帥として九州に左遷させてしまう。思わぬ冤罪を背負わされた道真は、悔し涙を飲みながら延喜三年（九〇三）に五十九歳の生涯を閉じるのだが、ほんとうの悲劇はそこからスター

八幡信仰と天神信仰

八幡信仰

八幡大神（応神天皇）を主神に、比売大神、神功皇后などを祭る

古代から大和朝廷と深いつながりのあった九州の宇佐八幡宮が本社。平安時代に源氏と結びついて武神としての性格を強め全国に広まる。

▲源氏の氏神として尊崇された鶴岡八幡（鎌倉市）

天神信仰

雷神信仰が菅原道真の霊と結びついて学問の神様となる

道真が天神として祭られると怨霊の働きが鎮まり、彼の学者としての才能が思い出され、学問の神として人々の尊崇を集めるようになった。

▲北野天満宮の本殿（京都市）

トする。

道真の怨霊は天皇と藤原一門に次から次と襲いかかり、人々を恐怖のどん底に陥れた。まず時平が三十九歳で死に、醍醐天皇の皇太子が二十一歳の若さで亡くなる。次に皇太孫もまた五歳で夭折する。

天変地異も相次ぎ、人々をおののかせた。干ばつに見舞われ、祈雨の対策を話し合っていた貴族たちを落雷が襲った。かろうじて助かった者の目には、雷雲に乗った道真の姿が見えたという。

醍醐天皇は恐怖におびえ、病に伏してしまう。さらに天皇位も朱雀天皇に譲って上皇となるが、五十九歳で命を落とすことになる。

その十二年後、一人の巫女に道真の神託が下りたという。それに従って祭られたのが火雷天神で、五年後に平安京の北野に移し、北野天満宮が建立されたのである。

詩歌・文筆、学問の神様

その後、時間の経過とともに怨霊の働きが鎮まっていくと、道真の本来持っていた学者としての才能や文学者としての本領、政治家としての手腕などが思い出され、やがて詩歌や文筆、学問の神とし

て祭られるようになった。そして各地へ勧請されていったのである。

左遷先の福岡には太宰府天満宮が、東京には湯島天神や亀戸天満宮が、大阪には大阪天満宮などが建立され、全国で一万もの天神が分祀された。

もともと、天神とは「国つ神」に対する「天つ神」の意味だったが、菅原道真の存在感は大きく、平安時代ごろから道真の神霊を祭った天満天神を指すようになったのである。

▼ご神徳・・学業成就・合格祈願

宗像三女神を祭る宗像信仰
―宗像大社と厳島神社―

宗像神を祭っている神社は全国に六千余りあるというが、その総本社が福岡県宗像市にある宗像大社だ。

祭神は、宗像市田島の辺津宮に祭られるイチキシマヒメノカミ（市杵島姫神）、大島の中津宮に祭られるタギツヒメノカミ（湍津姫神）、沖の島の沖津宮に祭られるタゴリヒメノカミ（田心姫神）の**宗像三女神**。三女神を総称して宗像大神ともいう。

記紀神話によれば、これらの三女神はアマテラスオオミカミ（天照大神）とスサノヲノミコト（素戔嗚尊）の「誓約」のとき、天の安河で産まれた。宗像大神は海路守護・交通安全・豊漁・治水守護・国家鎮護などをつかさどっている。

※海の正倉院と呼ばれる沖の島

地図上で、宗像市（辺津宮）、大島（中津宮）、沖ノ島（沖津宮）を線で結ぶと、その直線は朝鮮半島に向かう。古代から半島と大陸が日本に大きな影響を与えてきたことを考えると、この直線の重要性が想像できる。政治、経済、文化を運ぶ海上路だったのであろう。

昭和二十九年以来、十数年にわたって沖の島の発掘調査が行なわれてきた。その結果、島全体が古代祭祀遺跡だったことがわかった。四、五世紀から九世紀までの貴重な祭祀遺物が大量に発見され、沖の島は「海の正倉院」と呼ばれている。

※平家一門が帰依した厳島神社

日本三景の一つとして知られる安芸の宮島（厳島神社）は、推古天皇の御代に、この宗像三女神を

宗像信仰と諏訪信仰

宗像信仰

スサノオの生んだ宗像三女神を主神とする海上交通の神様

三人の女神を祭った宗像市にある辺津宮、大島にある中津宮、沖ノ島にある沖津宮の三社からなり、特に沖ノ島の沖津宮からは古代の祭祀遺跡が発掘され「海の正倉院」と呼ばれた。

▲沖ノ島

諏訪信仰

出雲の神だったタケミナカタノカミ（建御名方神）を祭る山国信濃の信仰

大国主命の子どもだったタケミナカタは、天つ神による国譲りに抵抗し、科野国の州羽海（諏訪湖）まで逃亡。ここで恭順の意を示し、この地に鎮座した。

▲諏訪大社本殿

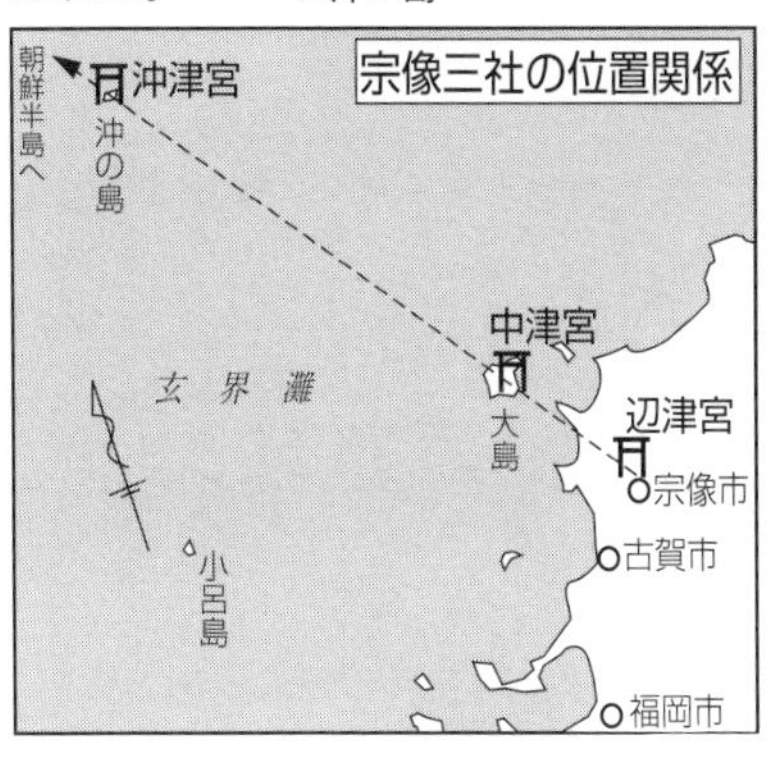

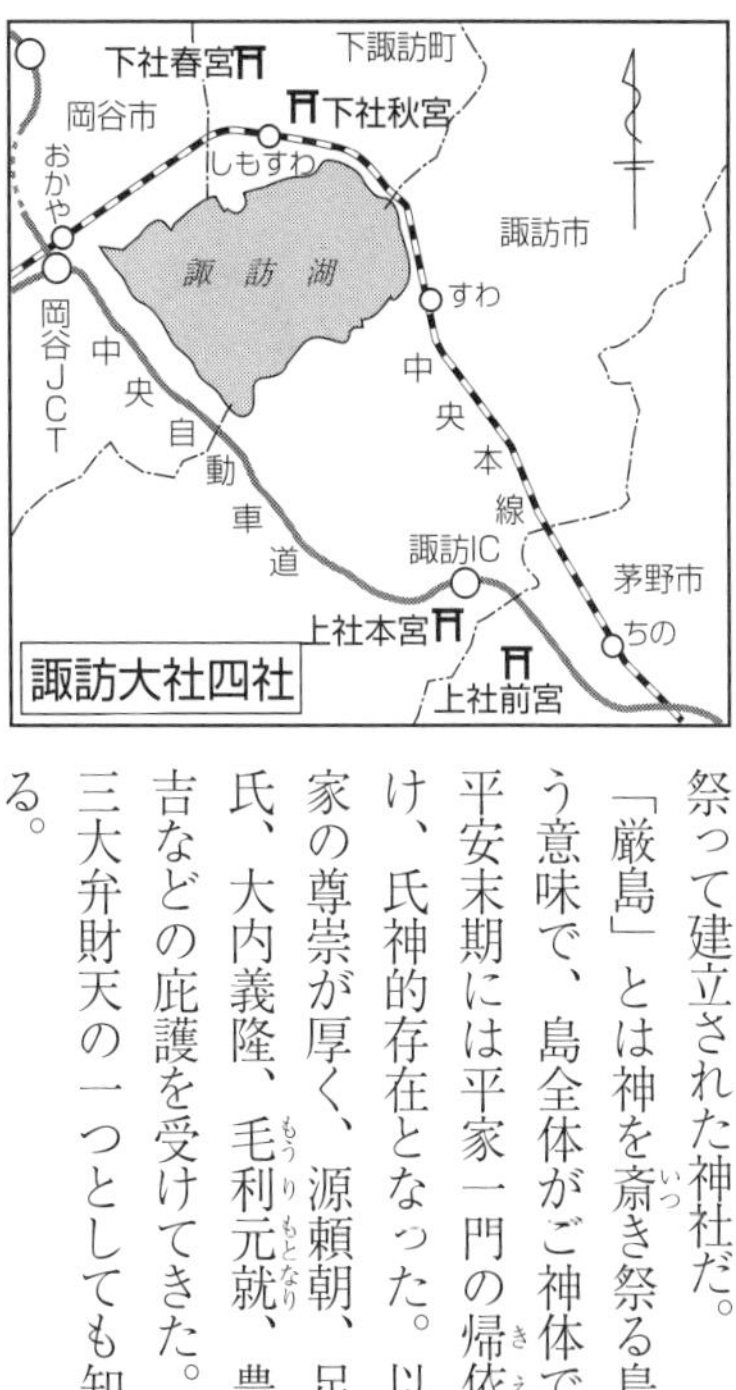

祭って建立された神社だ。

「厳島」とは神を斎き祭る島という意味で、島全体がご神体である。平安末期には平家一門の帰依を受け、氏神的存在となった。以後武家の尊崇が厚く、源頼朝、足利尊氏、大内義隆、毛利元就、豊臣秀吉などの庇護を受けてきた。日本三大弁財天の一つとしても知られる。

▼ご神徳・海路守護・交通安全・豊漁・治水守護・国家鎮護

建御名方神を祭る諏訪信仰 ―諏訪大社―

長野県の諏訪湖畔に鎮座する諏訪大社は、全国に五千ないし一万あるといわれる分祀社・合祀社・末社の総本社である。

諏訪湖の南には本宮と前宮から

なる「上社」が、北には春宮と秋宮からなる「下社」があり、この上下四社で諏訪大社を構成する。

上社本宮はタケミナカタノカミ（建御名方神）を祭り、前宮はその妃のヤサカトメノカミ（八坂刀売神）を祭る。

下社春宮と秋宮では、タケミナカタ、ヤサカトメの両神を祭るが、二月一日から七月三十一日までが春宮に、八月一日から翌年の一月三十一日までが秋宮に鎮座する。

八月の遷座祭は「お船祭り」と呼ばれ、祭神を乗せた船が諏訪湖を渡ってにぎやかに行なわれる。

※「国譲り神話」にかかわる諏訪大社

『古事記』によれば、タケミナカタはオオクニヌシノミコト（大国主命）の子どもで、コトシロヌシノカミ（事代主神）の弟とある。

天つ神の使者であるタケミカヅチノカミ（建御雷神）が国譲りを迫ってきたとき、父と兄はこれを受け入れたが、タケミナカタは力比べをして最後まで抵抗し、タケミカヅチに敗れる。

そして科野国の州羽海（諏訪湖）へ逃げるが、捕まって恭順の意を示し、この地に鎮座することになった。ヤサカトメはその妃である。

二神は諏訪湖の水の神であり、水をつかさどる神は農耕神でもある。

同時に、守屋山、八ヶ岳、霧ヶ峰の山の神でもあり、狩猟神の側面も持つ。

狩猟は武器を連想させ、武神としてのご神徳も併せ持つこととなって鎌倉時代には武士の信仰を集めた。それを契機に全国に広まったものと思われる。

▼ご神徳・農耕・狩猟・武運

大山咋神を祭る日吉・山王信仰 ―日吉大社―

日吉は「ひえ」とも読み、「日枝」とも書く。日枝は「比叡」に通じて、琵琶湖畔と京都にまたがる比叡山を神体山とするのが滋賀県の日吉大社である。全国に約三千八百ある日吉（日枝）神社の総本社だ。

大化改新を実行した中大兄皇子は天智天皇となり、大津宮に遷都した。その後平安時代を迎えたとき、桓武天皇は平安京（京都市）に遷都した。このとき都の鬼門（東北）を守護したのが日吉大社である。その後京の都を守り続けて

日吉・山王信仰

日枝山を神体山とする日吉大社。祭神はオオヤマクイノカミ

桓武天皇が平安京に遷都したとき、都の鬼門（東北）を守護したのが日吉大社。その後、都を守り続ける。祭神のオオヤマクイノカミは日枝山と琵琶湖を支配する自然神であろうといわれる。

伝教大師最澄が延暦寺を開き、「日枝山」は「比叡山」に

最澄は日枝山の地に比叡山延暦寺を創建。「日枝山」は「比叡山」となり、日吉大社は神仏習合の神となった。最澄が学んだ唐の天台山に山王祠があったため、日枝の神を山王の神とも称し、山王信仰を生んだという。

▲日吉大社の境内（滋賀県）

きた。

祭神はオオヤマクイノカミ（大山咋神）で、日枝山の自然神とされる。日枝山の「ヒエ」は「霊江」の意で、琵琶湖の霊格を指すから、オオヤマクイは山と湖を支配する神といえる。

※平安時代、神仏習合の神社

平安時代、天台宗の宗祖伝教大師最澄は日枝山にこもって修行をし、ここに比叡山延暦寺を建立した。「日枝山」を「比叡山」にしたわけで、ここから日吉大社は神仏習合の神となった。

最澄は唐の天台山国清寺で天台の学問を学んだが、この山に山王祠があったことから「日枝の神」を「山王の神」ともいうようになり、山王信仰を生んだという。

延暦寺と共存共栄することになった日吉大社は、平安末期ころになると実権を手にし、利害の絡んだ事が起こると日吉の神人（下級神職）と延暦寺の僧兵が神輿を担いで山を下り、朝廷に強訴した。これを「山王の神輿振り」という。

東京都千代田区永田町の日枝神社は、川越にあった日吉神社が鎌倉時代に鎮守として祭られ、江戸築城のときに太田道灌が江戸城の守護神として奉斎したものといわ

れている。江戸時代は徳川幕府を、明治以降は皇居を守護している。

▼ご神徳・・皇城鎮護・五穀豊穣・山と水の守護

山岳信仰の霊場―熊野信仰 ―熊野大社―

熊野大社は和歌山県の熊野三山を根本社とし、全国約三千の熊野神社の総本社として君臨する。

熊野三山とは、もとは熊野坐神社といわれた熊野本宮大社、新宮の熊野速玉大社、結宮の熊野那智大社の総称。本宮の祭神はケツミノミコノオオカミ（家都美御子大神）、新宮の祭神はハヤタマノオオカミ（速玉大神）、結宮の祭神はクマノフスミノオオカミ（熊野夫須美大神）で、奈良時代から山岳信仰の霊場として信仰を集めた。

蟻の熊野詣として庶民にも影響

平安時代になると、仏教と習合して修験道の霊場となり、「熊野権現」と呼ばれた。「権現」とは「仮の姿をとって現れた」という意味で、本宮は阿弥陀仏が、新宮は薬師如来が、結宮は千手観音が前述の日本の神の姿をとって仮に現れたものと考えられた。「本地垂迹」という思想である。

その結果、熊野三山は観音菩薩の浄土である補陀落浄土と結びつき、この浄土に渡るために熊野灘に身を投げる「補陀落渡海」が流行した。

歴代天皇の参拝も多く、庶民にも影響を与えて熊野詣がもてはやされ、その行列を作って歩くありさまは「蟻の熊野詣」といわれた。

▼ご神徳・・殖産興業・国土安穏

素戔嗚尊を祭る祇園天王信仰 ―八坂神社―

祇園祭りで有名な京都の八坂神社は、慶応四年（一八六八）以前までは「祇園社」「祇園感神院」などと呼ばれ、牛頭天王を祭った神社として広く庶民の信仰を集めてきた。

牛頭天王とは、仏教の守護神といわれ、インドの祇園精舎を守る神とも、新羅の牛頭山の神ともされるが、七世紀ごろからスサノヲノミコト（素戔嗚尊）と同一神と考えられるようになった。

『日本書紀』によると、スサノヲは朝鮮の「曽尸茂梨」に渡ったとある。曽尸茂梨とは韓国語で「牛頭」を意味するという。そのへんから来た伝承なのだろう。いずれにしても、渡来神の性格が強い。
　牛頭天王は、初めは八坂郡に恵みの雨をもたらす農耕神だったが、近くに平安京ができ、しかも疫病や災厄が蔓延するに従い、災いをもたらす行疫神とされた。しかし、行疫神は同時に疫病よけの神でもあるので、逆に御霊を鎮める神と考えられるようになった。

※祇園祭は日本三大祭りの一つ

　大阪の天神祭り、東京の神田祭り、京都の祇園祭りは日本三大祭りといわれているが、この三つの祭りはともに御霊を鎮めるための祭りである。天神さまは菅原道真、神田明神は平将門の御霊を鎮める神社だった。ちなみに、祇園祭りは清和天皇の御代（八六九年）、京都に疫病がはやって多くの人が死に、その御霊会として行なわれたのが起源とされる。
　愛知県津島市にある津島神社も、御霊を鎮め、災厄を逃れるご利益があることで知られる。津島神社でも、祇園祭りと同じ旧暦六月に天王祭（津島川祭り）を行なっているが、このときの神事に「神葭流し」がある。ヨシで作ったオミヨシさまにけがれをつけて流す厄

熊野信仰と祇園信仰

熊野信仰

熊野本宮大社と、新宮の熊野速玉大社、結宮の熊野那智大社の熊野三山からなる。

平安時代に修験道の霊場として神仏習合が進み、本宮は阿弥陀仏、新宮は薬師如来、結宮は千手観音が前述の日本の神の姿をとって仮に現れたものと考えられた。

▶ケツミノミコノオオカミを祭る熊野本宮大社

祇園信仰

仏教の守護神である牛頭天王を祭り、大陸から渡来した神への信仰という性格が強い。

祇園社の中でもっとも有名なのが京都の八坂神社。この神社の祭礼である祇園祭は平安時代前期に都で流行した疫病の犠牲者の御霊会として行なわれたのが起源とされる。

払いの神事だ。

この津島信仰も、中部・関東地方に広まった牛頭天王信仰の一つである。

明治維新後、約二千六百の祇園社系、約三千の津島社系の神社は、八坂神社、八雲神社、弥栄神社などと名前を変えた。

▼**ご神徳**・疫病よけ・厄よけ

海の安全と豊漁を祈る**住吉信仰**
—**住吉大社**—

大阪市住吉区にある住吉大社は、海の神である。第一本宮にはソコツツノオノミコト（底筒男命）、第二本宮にはナカツツノオノミコト（中筒男命）、第三本宮にはウワツツノオノミコト（表筒男命）、第四本宮には神功皇后が祭られている。

イザナギが黄泉の国から逃げ帰って身についたけがれを払うために禊ぎ祓いをしたとき、水底で洗うとソコツワタツミノカミ（底津綿津見神）とソコツツノオが、海中で洗うとナカツワタツミノカミ（中津綿津見神）とナカツツノオが、水面で洗うとウワツワタツミノカミ（上津綿津見神）とウワツツノオが生まれたという。

この綿津見三神と筒男三神は対の関係にあるわけだが、綿津見三神は安曇系、筒男三神は住吉系の神という違いがある。

※全国に二千百社の分社

住吉系の神社は全国に約二千百社あるといわれているが、その中核をなすのは摂津の住吉大社（大阪）、長門（山口）・筑前（福岡）・壱岐（長崎）の各住吉神社で、全国の神社はこの四社から勧請され、海の安全や豊漁を守っている。

第四社に祭られている神功皇后は、朝鮮半島に攻め入ったときに筒男三神が神力を現したことによるといわれる。

▼**ご神徳**・航海安全・豊漁・農耕・和歌の神

大物主神を祭る**金毘羅信仰**
—**金刀比羅宮**—

金刀比羅宮は、全国に約七百社ある金毘羅神社の総本社。四国の香川県にある。千三百段の石段があり、侠客清水次郎長の子分の森の石松が参拝した神社としても知られる。

祭神は、明治維新後にオオモノヌシノカミ（大物主神）と決めら

住吉信仰と金毘羅信仰

住吉信仰

海神である筒之男三神を祭る海上交通の守り神

大阪市住吉区にある住吉大社を総本宮とする海神信仰。住吉大社の第一本宮にはソコツツノオノミコト、第二本宮にはナカツツノオノミコト、第三本宮にはウワツツノオノミコト、第四本宮には神功皇后がそれぞれ祭られている。海上交通安全や豊漁の神として西日本を中心に全国に広まっている。

金毘羅信仰

インドのワニを神格化したクンビーラに由来する海神・金毘羅

香川県の金刀比羅宮を総本社とする神仏習合の海神信仰。祭神はオオモノヌシノカミだが、本来はインドの海神でワニを意味する「クンビーラ」である金毘羅。当初、瀬戸内の海上交通を担う塩飽諸島の人々に信仰され、それが江戸時代に全国の航海関係者に広まった。現代でも海運関係者の信仰を集める。

▲住吉大社本殿（大阪市住吉区）

◀金刀比羅宮は全国約700社ある金比羅神社の総本社（香川県琴平町）

れたが、本来は仏教用語の金毘羅である。サンスクリット語の「クンビーラ」を音写した言葉で、ワニの意味だ。水の王が海の神となり、海上の安全を守護するようになったわけだ。

灯台の役割を果たす象頭山

ここに仏教用語が登場するのは、もともと金刀比羅宮には象頭山松尾寺という真言宗の寺があり、この寺で金毘羅を祭っていたからだ。

神仏習合で信仰されていたが、明治維新の「神仏分離令」により、松尾寺が神道に服して寺院を廃寺にし、現在の金毘羅さまになったのである。

象頭山は瀬戸内海からよく目立ち、灯台のような役割を果たしていた。そのため特に塩飽諸島の人々から信仰され、室町時代に至って塩飽水軍が活躍するようになると、信仰は全国に広まって江戸時代にピークに達した。

▼ご神徳・航海安全・海難救済

七福神の一人を祭る恵比寿信仰 ―西宮神社・美保神社―

恵比寿神(えびすしん)は、もともとヒルコノミコト（蛭子命）かコトシロヌシノミコト（事代主命）とされている。ヒルコを祭るのが兵庫県西宮(にしのみや)市の西宮神社で、コトシロヌシを祭るのが島根県松江市美保関(みほのせき)の美保神社だ。

西宮神社は、地元では「えべっさん」の愛称で親しまれている漁業の守護神。エビスとは元来「夷」「戎」などと書かれ、異国から来た来訪神を意味する。日本神話のヒルコを起源とするという。

※ヒルコは来訪神とつながるイメージ

ヒルコはイザナギとイザナミの最初の子だったが、体に骨がないという障害を抱えていたために海に流される。そして竜宮へ行き、七、八歳になったときに骨ができて、竜王から漁労、回船、商売などをつかさどるように言われて帰国する。ここには来訪神とつながるイメージがある。なお、34ページでも触れたように、ヒルコは摂津国西宮(せっつのくににしのみや)の夷三郎(えびすさぶろう)に拾われ、育てられたという説もある。

こうして、漁業のみならず商売繁盛も請け負うことになった恵比寿さまは、海辺だけではなく全国に知られるようになり、やがては七福神の一人とされるようになった。

一方、美保関にある美保神社の祭神であるコトシロヌシは、オオクニヌシノミコト（大国主命）の子どもである。天孫降臨の折に使者の神々が「この国を天つ神に譲れ」と言ってきたとき、コトシロヌシは美保崎で魚釣りをしていたが、父親に国を譲るように進言したという。

この神話から美保関に神社が祭られ、釣りをしていたことが漁業の守護神となったのだろう。また、七福神の恵比寿さまが釣り竿を持っているのも、ここから生み出されたイメージかと思われる。美保神社は、ヒルコ系の西宮神社に次ぐ恵比寿信仰の本社である。

▼ご神徳・豊漁・海上安全・商売繁盛・福の神

神社の中の神社——伊勢神宮の神道

神の中の神、伊勢神宮

※神社を超えた神社

三重県伊勢市にある**伊勢神宮**は、皇室の宗廟である。「**神宮**」という社格は、伊勢神宮のみに与えられた特別なものだ。全国八万社といわれる神社の中で、頂点に立つといっていいだろう。

平安時代初期に定められた法律書に、『延喜式内社』というものがある。一般には『**延喜式**』の名で知られている。この『延喜式』の「神名帳」の項に出てくる神社の中で、伊勢神宮以外に「神宮」とつくのは**鹿島神宮と香取神宮**の二つだけだ。『延喜式』以降「神宮」を冠するようになった神社はいくつかあるが、鹿島・香取を含めて神祇制度的には神社にすぎない。伊勢神宮は別格なのである。

※百二十五社からなる伊勢神宮

この伊勢神宮は、一般に**内宮**と呼ばれる**皇大神宮**と、**外宮**と呼ばれる**豊受大神宮**からなる。内宮は宇治の五十鈴川の川上にあり、外宮はそこから約六キロメートル離れた伊勢の山田にある。

この両大神宮は御正宮とか御本宮と尊称され、内宮には十の別宮が、外宮には四つの別宮がある。さらに摂社、末社、所管社が百九あり、伊勢神宮は合計すると百二十五の神社で構成されていることになる。

内宮の成立神話

※皇祖天照大神を祭る内宮

内宮、すなわち皇大神宮では、皇祖である**アマテラスオオミカミ**（天照大神）を祭っている。

もともとアマテラスは、皇居の中に祭られてきた。その理由は、天孫降臨のとき、皇孫であるニニギノミコト（瓊瓊杵尊）が高天原を出発するとき、アマテラスから八尺瓊勾玉、八咫鏡、天叢雲剣

（草薙剣）の三種の神器を与えられ、「此の鏡は専ら我が御魂として、我が前を拝くごとく、いつき奉れ」（『古事記』）と言われたことに発する。このため、神武天皇以来歴代の天皇は、直接皇居に三種の神器を捧持し、皇祖アマテラスを祭ってきたのだ。

ところが、第十代の崇神天皇の五年、国内に疫病が発生し、大流行する。国民の半数ほどもが死亡し、翌年には流民が激増し、反乱も起こったという。

天皇は自分の徳をもってこの難局を乗り越えるのは無理と考え、天神地祇に向かって自分の罪を懺悔した。そしてその翌年、崇神天皇はいままでの三種の神器の祭り方に限界を感じ、剣と鏡を皇居から大和国笠縫邑に移して祭ることにした。

※斎宮倭姫の遷宮と磯宮の建立

このとき、天皇の代理として奉祀したのが皇女の豊鍬入姫である。天皇の名代として伊勢神宮に奉祀する皇女のことを「斎宮」というが、これがその起源である。

さて、それから時がたち、垂仁天皇の二十五年三月、倭姫が斎宮となって遷宮を試みた。笠縫邑を出発して菟田の筱幡（奈良県宇陀郡榛原町）、近江、美濃を通り、翌年伊勢国まで来たとき、アマテラスの教示があった。

「是の神風の伊勢国は、常世之浪重浪帰する国なり。傍国可怜国なり。是の国に居らむと欲ふ」

そこで倭姫は、五十鈴川の上に磯宮を建立してアマテラスおよび剣、鏡を奉斎した。これが内宮（皇大神宮）の起源である。

外宮の成立神話

※雄略天皇の時代に豊受大神宮を迎える

『止由気儀式帳』によると、アマテラスが五十鈴川に祭られてから四百八十二年たった雄略天皇二十二年、天皇は夢の中でアマテラスから、

「自分は高天原にいたときは求めていた宮殿で暮らすことができたが、いまは一カ所にいるのが苦しく、安らかに食事ができない。丹波国比治の真奈井原から豊受の大神を迎えてほしい」

と告げられた。

そこで天皇は、丹波国比治真奈

神社を超えた神社――伊勢神宮

伊勢神宮

皇室の宗廟
全国の神社
の頂点に立つ

合計
125の神社
からなる

- 内宮：皇大神宮＋10の別宮
- 外宮：豊受大神宮＋4つの別宮
- 摂社・末社・所管社が109社

内宮
皇大神宮

祭神
アマテラスオオミカミ（天照大神）

垂仁天皇25年に、八咫鏡と天叢雲剣を奉じて五十鈴川河畔の現在地に鎮座

外宮
豊受大神宮

祭神
トヨウケオオミカミ（豊受大神）

雄略天皇22年、丹波国比治の真奈井原にあった豊受大神を度会の山田ヶ原に迎えて現在地に鎮座

▲五十鈴川河畔の山懐に抱かれた内宮

▲豊受大神を祭る外宮

井原にあった**豊受の大神**を度会の山田ヶ原に迎えたという。これが豊受大神宮の起源である。

豊受の大神に関する記事は『丹後国風土記』逸文に見られる。

昔、丹波比治山の山頂に真奈井という泉があり、八人の天女が舞い降りてきて水浴をしていた。

これを和奈佐という老夫婦がのぞき見て、一人の天女の羽衣を隠した。天女は天に帰れなくなり、やむなく和奈佐の養女となった。

天女は万病に効く酒を造って老夫婦に尽くしたが、十数年後に家を追われてしまう。そこでしかたなく、竹野郡船木郷奈具の村に移り住んだ。これが竹野郡の奈具社のトヨウカノメノミコト（豊宇賀売命）であり、豊受の大神のことだとされる。

伊勢神宮の祭祀

※食事と祭りに関する神宮の祭祀

内宮の祭神がアマテラスで、外宮の祭神がアマテラスに食事を供するトヨウケであることを考えれば、伊勢神宮の主な祭りが食事に関係していることは予想がつきやすいだろう。

実際、外宮の御饌殿では一年三百六十五日、祭神に食事を供える「日別朝夕大御饌祭」が行なわれている。

供えるものは米・塩・魚類・海藻・野菜・果物だ。

これらは忌火屋殿で調理されるが、古代から伝わる火鑽り具で火を起こし、伝統にのっとって行なわれる。

※大祭でも御饌をささげる

神社では、一般に神を迎えるとき、送り出すとき、遷座したり開扉したりするときに、神職が「オー」と声を発する。この神聖な声を「警蹕」というが、外宮で御饌が運ばれるときにもこの声が発せられる。つまり、伊勢神宮では御饌を神そのものとして扱い、敬っているわけだ。

また、毎年十月十五日から二十五日までは、「神嘗祭」が行なわれる。その年の新穀を祭神にささげ、感謝するもっとも重要な祭りである。

このように、伊勢神宮では日々祭神に食事を供し、また大祭でも御饌をささげるというように、常に食事に関する祭りが行なわれているのである。

※二十年に一度の式年遷宮

食事以外の伊勢神宮の最大の祭祀といえば、「式年遷宮」である。内宮、外宮をはじめ、十四の別宮には、その隣に古殿地というまったく同じ面積の土地が瑞垣（神社の周囲の垣）に囲まれてある。ここに二十年ごとに新しいお社を造営し、祭神に移っていただくのだ。

このとき、祭神の装束から神宝、祭器具などに至るまですべてまったく同じものが新しく作り替えられる。

この儀式によって、神殿の老朽化が免れ、また神殿建築の伝統技術が継承されていく。同時に伊勢神宮の神域の人工空間が回転され、自然の維持にも役立っている。理想のエコロジーといえよう。

この制度は天武天皇が定め、持

伊勢神宮で行なわれている祭祀

伊勢神宮の祭祀は食事に関係している

外宮の創建は、雄略天皇の夢枕に立った内宮の祭神アマテラスが、丹波国から豊受大神を伊勢に招いて神饌の仕度をさせるよう告げたことに始まる

内宮（ないくう）と外宮（げくう）は食事の提供・被提供の関係にあった

外宮の御饌殿（みけでん）では、毎日祭神に食事を供える「日別朝夕大御饌祭（ひごとあさゆうおおみけさい）」が行なわれ、古代から伝わる方法で火を起こし、伝統にのっとって調理される。神宮では日々祭神に食事を供し、また大祭でも御饌をささげるというように、常に食事に関する祭りが行なわれている。

もっとも重要な祭り――神嘗祭（かんなめさい）

食事に関連する儀式の多い伊勢神宮でも、とりわけ重要なのが、毎年10月15日から25日まで行なわれる「神嘗祭」である。その年の新穀を祭神にささげる。

▲神に捧げる食事を調理する忌火屋殿（いんびやでん）

▼伊勢神宮の神嘗祭

太古より続く式年遷宮（せんぐう）

▲式年遷宮はいまも古代のしきたりを守って行なわれている。（平成5年10月）

内宮・外宮・14の別宮は、20年ごとに隣接する土地にまったく同じ社を造営する

祭神の装束から神宝、祭器具なども同じものに作り替えられる。この制度は天武天皇が定め、持統天皇の4年（690）に内宮が、その2年後に外宮が第1回の式年遷宮を行なってから、一時期を除いて、平成5年10月まで61回の式年遷宮が行なわれた。

統天皇の四年（六九〇）に内宮が、同六年に外宮が第一回の式年遷宮を行なっている。

それ以来、戦国時代の一時期を除いて、平成五年十月まで六十一回の式年遷宮が行なわれてきた。次回は平成二十五年（二〇一三）十月の予定である。

秘密の祭りとしての「心の御柱」

なお、二十年ごとに新しい御正殿が造られる際に、「心の御柱」というものが最初に立てられるという。

これは秘密の祭りとされ、用材のときから人目にさらされず、建築後も建物によって見えないようにされ、最終的に新宮の床下に立てられるという。

この柱は「忌柱」ともいわれ、だれも見ることも触ることもできない神そのものといわれる神聖な柱なのだ。

朝廷神から民衆の神へ

渡会氏による伊勢神道の成立

鎌倉時代末期から南北朝時代にかけて、北条氏の得宗専制政治の衰微とともに王政復古の勢力が強まっていった。

そのような歴史を背景に、伊勢神宮外宮の神職であった渡会氏によって興されたのが**伊勢神道**（度会神道）である。

伊勢神道は、日本の神々は仏教の仏たちが仮の姿をとって現れたものという「**本地垂迹思想**」に反発し、神道を儒教、仏教、道教よりも優位に位置づけて神国思想を鼓舞した。

その教典は「**神道五部書**」と呼ばれ、内宮に対する外宮の地位を高めて内外両宮を同等とした。

「大日本国は神国なり」と書き起こされる南朝の武将北畠親房の『神皇正統記』は、伊勢神道の影響のもとに書かれたといわれている。

南朝が敗北すると、伊勢神宮に対する室町幕府の圧力が強まった。そのため伊勢神道は伸張を阻まれたが、近世以降に生まれるさまざまな習合神道に大きな影響を与えた。

江戸時代の伊勢詣ブーム

古来、伊勢神宮には天皇以外の奉幣や参拝は禁じられていたが、伊勢神道の影響などで民衆の間に

伊勢神道と渡会氏の関係

伊勢神道

鎌倉末期から南北朝期にかけて、武家政権の低迷と王政復古という時代状況に呼応するように、伊勢神宮外宮の神職である渡会氏によって興された。

「本地垂迹思想」に反発し、神道を儒教、仏教、道教よりも優位に位置づけ神国思想を鼓舞。

「神道五部書」と呼ばれる教典を編纂し、外宮の地位を高めて内宮と同等にした。

北畠親房の『神皇正統記』は、伊勢神道の影響のもとに書かれたといわれている。

伊勢詣

江戸時代に入ると民衆の間に伊勢信仰と参宮の風習が広まった

御師の活動で、民衆に伊勢神宮信仰が急速に普及。各地に神宮の分祠である神明社が建てられる。

伊勢講が組織され、伊勢詣が流行。「おかげ参り」「抜け参り」などの集団参詣が周期的に発生。数百万という参拝客が全国から参集した。

▲宮川を渡り、伊勢参宮に向かう参拝客。日本全国から押し寄せた

も信仰が広まった。

同時に伊勢神宮の財政が逼迫したこともあり、御師という布教師が全国を勧進して歩いたため、伊勢神宮信仰の民衆化が促進された。各地には伊勢神宮の分祀宮である**神明社**が建てられ、伊勢講が組織された。

このような動きがやがて**伊勢詣**の流行へとつながり、「おかげ参り」「抜け参り」などと呼ばれる集団参詣が周期的に発生するようになった。

伊勢の神さまのおかげで日常の「ケ」の世界から抜け出し、解放された「ハレ」の参拝の日を迎えることができたという意味の呼び名だ。

江戸時代には数百万という参拝客が各地から参集したという。

5 神社のしくみと役割

神社の格づけとしての社格

※明治四年に復活した神社の社格

「社格」とは、神社の格づけ、ランキングのことだが、現在は存在しない。昭和二十年（一九四五）の敗戦によって、その翌年に廃止されたのだ。

明治四年（一八七一）、社格は太政官布告による「神社規則」で定められた。古代国家の祭祀を担ってきた神祇官制度が、およそ千年ぶりに復活したのである。天皇制の強化をはかり、国家神道を確立して国民を統合し、富国強兵を実現するための国策だった。

その社格とは次のようなものであった。

※官社と諸社・村社

まず**官社**が定められた。官社の中には神祇官が所管する**官幣大・中・小社**と、地方官が所管する**国幣大・中・小社**があった。官幣社には、国家的な功績が認められた人物を祭る**別格官弊社**も設立された。官社は宮内省から幣帛を奉られ、国弊社は国庫から幣帛を奉祀された。

一方、官社以外の神社は**諸社**といい、その中には府県社・**郷社**があったが、明治四年に「郷社定則」が定められ、一郷の首位の神社を郷社とし、その他を**村社**とした。府県社は道・府・県から幣帛を奉られ、郷社は府県または市から、村社は村から奉られた。

なお、村社にも入らないものを**無格社**としたが、これは社格がないという意味ではなく、無格社という一つの社格だという。

このもとをたどれば、平安時代初期の律令制のもとで定められた法制書、『延喜式』（65ページ参照）に行き着く。

※官幣社と国幣社の違い

『延喜式』の巻第九「神名帳・上」と巻第十「神名帳・下」には、三千百三十二座、二千八百六十一

神社の社格

明治4年の「神社規則」で神社の社格が復活。昭和21年の廃止まで存続した

- 官社
  - 官幣社 宮内省から幣帛を贈られる
    - 官幣大社 熱田神宮など62社
    - 官幣中社 北野天満宮など26社
    - 官幣小社 大国魂神社など5社
    - 別格官弊社 東照宮など28社 国家的功績が認められた人物を祭る
  - 国幣社 国庫から幣帛を贈られる
    - 国幣大社 大山祇神社など6社
    - 国幣中社 金刀比羅宮など47社
    - 国幣小社 津島神社など44社
- 諸社 地方官から幣帛を贈られる
  - 府県社 1,148社
  - 村社 44,934社
  - 郷社(ごうしゃ) 3,633社
  - 無格社 59,997社

※伊勢神宮は特別な神社として社格の制度外に置かれていた。左の神社数は制度廃止時のもの

社に上る官社が記されている。

朝廷から毎年神にささげられる幣帛を「例幣(れいへい)」といい、そのために派遣される勅使を「例幣使(れいへいし)」というが、これらの官社の中には、神祇官から例幣使の来る官幣社と、国庁から例幣使の来る国弊社があった。

神祇官とは中央官庁の役所であり、国庁とは現在の地方自治体の役所のことである。その官幣社と国弊社には、それぞれ大社と小社があったという。

なお、国家的な事変が起こったときに特別の祈願を行なう神社を名神社(みょうじんじゃ)といい、三百六座が載っている。

これら古代の神祇官制度をもとにして作られたのが明治の神社規則であり、第二次世界大戦後は「旧社格」という言い方で呼ばれている。

神宮と神社はどう違うか

「宮(みや)」と「社(やしろ)」と聞けば、ほとんどの人が同じものと思っているのではないだろうか。しかし、『延喜式』の「神名帳」を見ると、そこには格段の違いがあることがわかる。

「宮」がつくのは十一のみで、あとはすべて「社」である。

中でも伊勢神宮は別格で、伊勢神宮以外に「神宮」がつくのは鹿島神宮と香取神宮の二社だけしかない。

ほかに石上(いそのかみ)や熱田、平安や明治など、神宮と呼ばれる神社は多いが、神祇制度の上からいえば、前述のように、香取、鹿島を含めて

それらはあくまでも「神社」にすぎない。

社は神の来臨する聖域

十一の「宮」とは、伊勢神宮の皇大神宮（内宮）、豊受大神宮（外宮）、神宮の別宮である荒祭宮・瀧原宮・伊佐奈岐宮・月読宮・高宮の七宮、それから伊勢以外の、常陸の鹿島神宮と下総の香取神宮、筑前の八幡大菩薩筥崎宮と豊前の八幡大菩薩宇佐宮である。その他はすべて「社」なのだ。

ただし、社はもともと神の来臨する聖域を指し、宮はそこに設けられた祭りのときの仮屋をいった。しかし、いつしか仮屋だった宮が立場を逆転し、最高位の社格となったわけである。

地方の神社事情

地方に行くと、よく一の宮、二の宮……とか、総社などという地名や神社を見かける。これはどういうものなのだろうか。

古代において、大和勢力が天皇を中心とする中央集権国家を樹立するまでは、各国は国造などの地方豪族によって統治されていた。

しかし、六四五年の大化改新によって中央集権国家建設の糸口をつかんだ大和朝廷は、中央官吏を地方に派遣して直轄統治することを目指した。

朝廷は地方の単位だった「国」ごとに国府を定め、国司を派遣して徴税や軍事、治安維持にあたらせた。

律令制を目指す天皇中心の国家はこうして体制を整えていき、六七二年の壬申の乱を経て天武・持統朝でピークを迎える。そして大宝元年（七〇一）、「大宝律令」の制定によって律令国家体制は完成した。

一の宮、二の宮と総社

このような時代背景のもと、国司の仕事は宗教にも及んだ。新しく任命された国司は、その国の神社を順番に巡拝しなければならなかった。

その順番は国が定めたものではなく、それぞれの国で由緒があり、民の信仰が厚いと思われる順だったという。いわば自然の社格によったわけだ。

この巡拝の順番により、それぞれの地の一の宮、二の宮……が決まり、その名が冠せられたという。

神社と神社の関係

一の宮、二の宮とは

派遣された国の神社を国司が参拝する順序による

各地の歴史や事情によって決められた位置づけに基づいて、由緒ある神社から順に一の宮から六の宮まであてはめる。しかし、朝廷と関係の深い熱田神宮が尾張国では三の宮であるような例もある。

総社とは

国司が国内の神社を巡回する手間を省いて、一カ所に国内の神社を勧請したもの

国府に近い神社に国内の神社の分霊を勧請し総社とした。一の宮から六の宮までを一カ所にまとめるので総社のことを六所神社と称することも多い。

神社と神宮

10世紀初頭の『延喜式』で「宮」のつく神社はわずか11社という別格の存在だった。

●『延喜式』で「宮」のつく神社

皇大神宮（内宮）、豊受大神宮（外宮）、荒祭宮、瀧原宮、伊佐奈岐宮、月読宮、高宮（以上は伊勢神宮関係の神社）、香取神宮（下総）、鹿島神宮（常陸）、八幡大菩薩筥崎宮（筑前）、八幡大菩薩宇佐宮（豊前）

神社の本末関係

本社
- 摂社
  - 后神（主祭神の妻にあたる神）
  - 御子神（主祭神の子にあたる神）
  - 地主神（主祭神以前から祭られていた先住神）
- 末社：直接主祭神とは関係ないが、同じ敷地内に祭られている小祠などをいう。
- 分社：祭神の分霊を勧請して別の土地に祭った神社。宇佐八幡の祭神を勧請した石清水八幡など、祭神は本社と同じだが、必ずしも本社の支配は受けない。

だいたい六の宮まであった。

国司がすべての神社を奉祭し、祭祀の事務を執り行なうのは容易なことではない。そこで、やがて国の神社を一カ所に集めて勧請することになった。これが「総社」である。

※本社と摂社・末社・分社

ほかにも、神社には本社、摂社、末社、分社などの別がある。本社とは、いままでも述べてきたように、各祭神を祭る総本社である。その総本社の支配下にあり、祭神と関連の深い神を祭るのが摂社であり、末社である。

しかし、昔から摂社と末社の区別は不明瞭だった。そこで明治に入ってから一応の基準が示されるようになった。すなわち、総本社

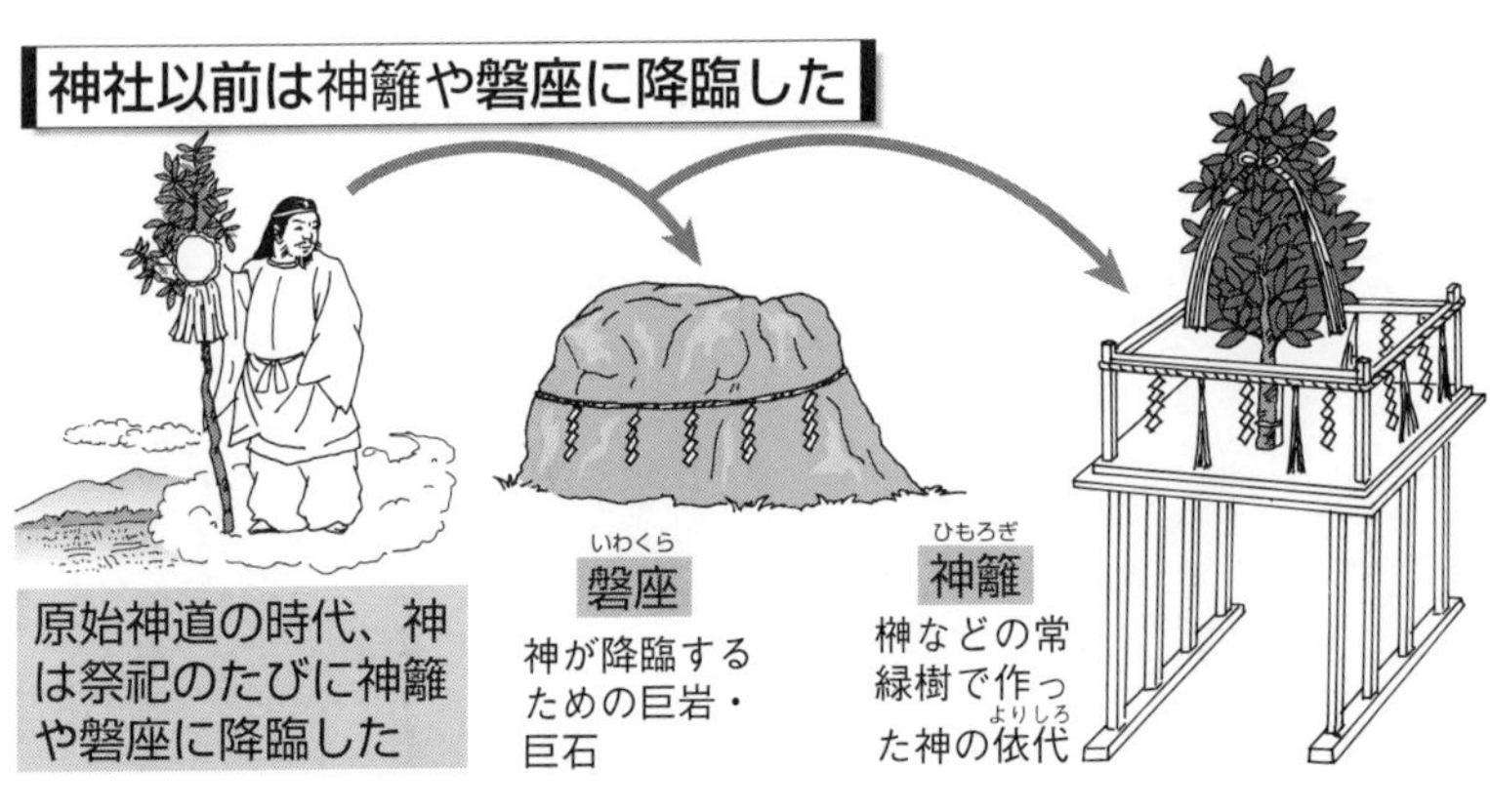

の后神、御子神、荒御魂、社地の地主神、その他由緒ある神を祭っているのが摂社、それ以外が末社だという。

なお、本社の祭神を敬い、その分霊を勧請して別の土地に祭ることがある。宇佐八幡の祭神を勧請して石清水八幡を祭るような例だ。これが分社である。分社の場合、祭神は本社と同じだが、必ずしも本社の支配は受けない。

神社の建築様式のいろいろ

※神社以前は神籬や磐座だった

自然神、祖先神の信仰に始まる原始神道は、やがて記紀神話を得て天神地祇を信仰する古代神道へと発展する。そして仏教が伝来すると、荘厳な寺院建築に触発されて神社が造られるようになり、神社神道が開花する。

もともと神は一カ所に定住するものではなく、共同体の祭祀によって、常緑樹で作った**神籬**や巨大な自然石である**磐座**に降臨するものだった。

しかし、古代神道の時代になると、前述のように、天皇は三種の神器を皇居に祭るようになる。皇居が一つの聖地になったわけだ。

だが、この歴史も崇神天皇のときに塗り替えられる。皇居とは別の大和の笠縫邑にアマテラスと鏡、剣を祭り、皇居と神社を分離させたのである。

『古事記』では、同朝期に天つ社と国つ社が定められたとあるから、このへんが神社の起源なのであろう。

神社の建築様式のいろいろ

大社造り

神明造り

住吉造り

流れ造り

大鳥造り

八幡造り

春日造り

日吉造り

権現（八棟）造り

祇園造り

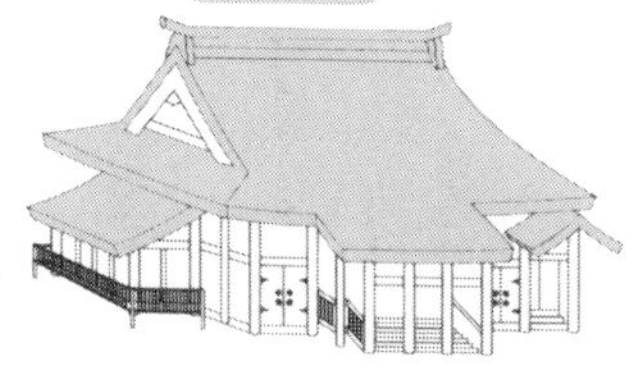

ただし、これも前述のように仮の社だった。それが「宮」や「社」に整えられ、現在に近い荘厳な建物になったのは、仏教建築の伝来を待ってのことと思われる。

※神明造りと大社造りの系統

前に伊勢神宮を代表とする「宮」は十一を数えるにすぎず、ほかは「社」だと言ったが、その社の代表は出雲大社であり、特に「**大社**」と呼ばれている。

神社の建築様式を見ても、この伊勢神宮と出雲大社が基礎をなしていることがわかる。

伊勢神宮は「**神明造り**」といわれ、内宮・外宮とも檜造りの素木の円柱掘建式の建物である。68ページでも述べたように、式年遷宮といって二十年ごとに建て替えられ、御正殿には秘伝の心の御柱が建てられる。

その特徴は、正面が神殿の屋根と平行な面に設置される「**平入り**」という構造にある。

一方、出雲大社は六十年ごとに造営される。こちらも「心の御柱」が特徴とされるが、伊勢神宮とは違い、文字どおり建物の中心となる柱を意味する。

出雲大社の様式は「**大社造り**」と呼ばれ、神殿の屋根の三角形をなす面が正面となる「**妻入り**」という構造になっている。

大別すればこの神明造りと大社造りの二系統となるが、その系譜を踏みながら、**流れ造り**、**春日造り**、**住吉造り**等々、さまざまな様式が見られる。

※神を守護し魔除けを担う狛犬

なお、神社ではよく一対の「狛犬」が社頭や社殿の前に据えられているのを見かけるが、これは神を守護し、また魔除けを担うものである。

「高麗犬」「胡麻犬」などとも書かれ、朝鮮半島を経由して入ってきた外来の存在であることをうかがわせる。

狛犬は獅子（ライオン）に似ているが、これは古代エジプトなどで、王宮や神殿、墓地等の入り口に魔除けとして設けられた人面獅子身のスフィンクスに由来しているといわれている。

それがシルクロードを経てインドに伝わり、中国に入って唐獅子となり、朝鮮から日本に伝わったという。

※宇宙のすべてを包含する「阿吽」の一対

ただし、平安時代ころには、社頭や社殿の左側に口を開いた獅子が安置され、右側には口を閉じた一角獣の狛犬が併置されていたという。口を開いたものを「阿形」といい、閉じたものを「吽形」という。寺院の仁王像と同じで、「阿吽」で宇宙のすべてを包含する意味を持つ。

その獅子と狛犬がいつしか混同され、社頭や社殿前の一対はほとんど狛犬と呼ばれているのが実情である。

鳥居の形式と構造

※俗と神の領域の境を示す鳥居

鳥居とは、俗なる人間の領域と神聖なる神の領域の境に立て、神域を示す一種の門である。

左右に二本の柱を立て、上に笠木という横木を渡し、その下に柱を連結する貫を入れたもの。一般には神社の参道入り口に立っているが、神社がなくても神域であれば立てられていることがある。

その起源についてはよくわかっていない。インドのストゥーパ（塔）を囲む門を**トラーナ**といい、形も音も似ているところからそれがもとになっているという説もあるし、中国の華表や牌楼、朝鮮半島の紅箭門などが似ているので起源だなどともいわれるが、いずれもはっきりした根拠はない。

※常世の長鳴き鳥の止まり木説もある

わが国発信の起源説では、記紀神話でアマテラスが天の岩戸に隠れたとき、常世の長鳴き鳥を岩戸の前の木に止まらせて鳴かせたので、その木がもとになったとか、あるいは鳥居には扉がついておらず、開放的なので「通り入り」という言葉からきたなどという説もあるが、やはりはっきりしたことはよくわからない。

形式は、「**神明系**」と「**明神系**」に大別される。

「神明系」の特徴は、縦柱、横木とも直線的なところにあり、一方の「明神系」の特徴は、曲線的でかつ笠木の下に島木という二本の横木を結ぶ短い縦木を持つところにある。

神明系には伊勢鳥居（神明鳥居）、黒木鳥居、靖国鳥居、内宮源鳥居、鹿島鳥居、宗忠鳥居などがある。

明神系には八幡鳥居、春日鳥居、山王鳥居、台輪鳥居（稲荷鳥居）、中山鳥居、明神鳥居などがある。稲荷鳥居は朱塗りで知られる。

材質は、木製、石製、銅製、陶製、コンクリート製などさまざまである。

鳥居の形式と構造

明神系

明神鳥居

山王鳥居

春日鳥居

稲荷鳥居

八幡鳥居

神明系

神明鳥居

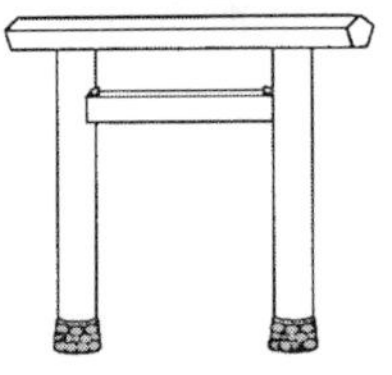

黒木鳥居

鹿島鳥居

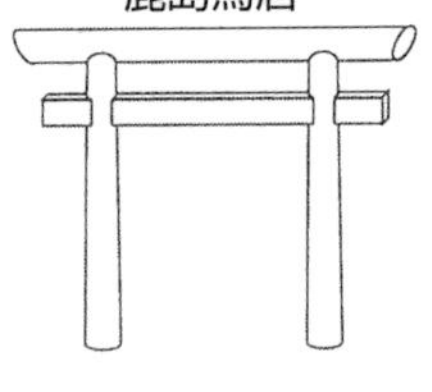

靖国鳥居

鳥居の構造

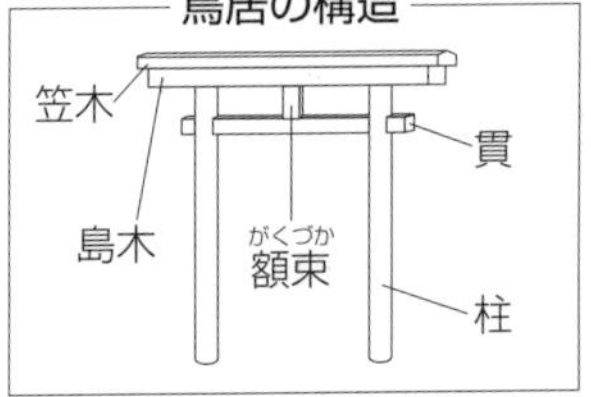

第3章 ◉ 祭りと祝詞(のりと)の基礎知識

人と神が出会う「祭り」の基礎知識

神を饗応する祭りの意味

祭りの原義は神をマツこと？

祭りは神を「マツ」ことであり、また神に「ツカエマツリ」「タテマツル」ことが語源だという。神を待ち、仕え奉り、奉る人は、まず俗世と一線を画して斎館や精進屋などに「斎籠り」し、物忌みと禊ぎ祓いをして心身を清浄にする。

それから家庭の火とは峻別された聖なる火、つまり「別火」で調理された神と同じ食事を取る。こうして清浄となった人が、神に神饌を供える儀式を「祭り」という。

今日の祭りはすべて伊勢神宮の祭祀を原型にしているといわれ、国家や皇室、国民や地域共同体など、集団の安全と平和を祈って行なわれる。なによりも祭りによって国や共同体の政策や農事を決めることが根幹にあり、これを「マツリゴト」と呼んだ。

神を迎え祭る斎主は、物忌みと禊ぎ祓いによって「斎まわり清まわり」という清浄な状態になる。するといよいよ神を迎える儀式が始まる。

神饌を供え、神と共食する神祭り

神霊の常在する神社では「オー」と警蹕を唱え、神殿の扉を開いて神霊にお出まし願う「開扉の儀」が行なわれる。神霊に降臨していただく祭場では、神籬を立て、警蹕を唱えて「降神の儀」が行なわれる。ここまでが祭りの第一段階、「神迎え」の儀式である。巷間で行なわれる祭りの「宵祭り」に相当するといわれている。

次が祭りの本体ともいうべき「神の饗応」である。神に対し、日常（ケ）とは違う非日常（ハレ）の神饌を供えて饗応するのだ。その代表は稲米であり、それから作った御飯、神酒、餅を供える。

神の饗応である祭りの進行

神迎え（宵祭り）
- **開扉の儀**　警蹕を唱え、神殿の扉を開いて神霊を招く
- **降神の儀**　神籬を立て、警蹕を唱えて神霊を降臨させる

神の饗応（本祭り）
- **神饌で饗応**　米飯、神酒、餅を神饌として供え、神とともに食する
- **神楽を奉納**　神の衣服である幣帛を献じ、神楽を奉納する
- **祝詞奏上**　神祭りの由来や主旨を述べ、祭神の神話やご神徳をたたえて願い事を祈願

神送り（後祭り）
- **閉扉の儀**　神殿の扉を閉めて神霊をお送りする
- **昇神の儀**　警蹕を唱えて神霊を送る

副食として魚介・海藻類、野菜・根菜類、果物・木の実類、また、特に獣肉類を供えるところもある。火を通した神饌を「熟饌」、生のものを「生饌」といい、今日では生饌を供えるのが一般的である。

このあとは神の衣服である**幣帛**を献じ、神にささげる音楽と舞、すなわち**神楽**を奉納するが、なんといっても饗応の本番は神饌を供えることであり、それをいっしょにいただく**神人共食、神人交霊**の儀式が重要である。

※祝詞を奏上し、神を送る

このとき、斎主は祝詞を奏上する。神祭りの由来や主旨を述べ、祭神の神話やご神徳をたたえて願い事を祈願するのだ。

祝詞は万葉仮名ともいわれる「宣命書き」で書かれている。斎主は榊の小枝に紙垂を結んだ玉串を奉じ、拝礼して祈願をする。

ここまでが祭りの本体である「**神の饗応**」であり、巷間の祭りの「**本祭り**」に該当する。

このあとは、「**神送り**」の儀式に移る。神社では

警蹕を唱え、神殿の扉を閉めて神霊をお送りする「閉扉の儀」が、祭場では警蹕を唱えて神霊を送る「昇神の儀」が行なわれる。巷間の祭りでいう「後祭り」である。

移動する神々のための神輿

神輿のルーツは「隼人の乱」

八百万の神々は神籬に降臨したし、一定時期以降は神社に常住する存在だった。ところが、それがいつしか、神輿という乗り物に乗り、神社を出て御旅所に渡御したり、氏子の領域を巡行するようになる。これを「神幸祭」（神輿渡御祭）という。

その起源は、奈良時代の元正天皇の御代、養老四年に起こった「隼人の乱」にあるという。同年二月、九州南部の大隅・日向に住む隼人族は、大隅国守を殺害してクーデターを起こした。朝廷は万葉歌人としても名高い大伴旅人を征隼人持節大将軍に任命し、一万を超す軍隊を派兵した。

このとき、朝廷は宇佐八幡宮に勅使を派遣し、国家鎮護と隼人討伐を祈願した。当時、いまの大分県宇佐市小倉山ではなく、近くの小山田に鎮座していた八幡神は、この願いに応えた。

「われ征きて降し伏すべし」

みずから神軍を率いて隼人討伐に赴くと託宣を下したのである。

朝廷は豊前国司宇努首男人に命じ、八幡神の神霊が乗る神輿を作らせた。『八幡宇佐宮御託宣集』によれば、「豊前国司に仰せつけられ、始めて神輿を作らしむ」とある。

こうして隼人討伐は成功した。宇佐八幡神は、神亀二年（七二五）、官社に列せられて現在の小倉山（菱形山）に祭られることとなったのである。

神輿の原型は八幡神勧請の鳳輦

宇佐八幡神は、さらに動くことになる。聖武天皇は奈良に東大寺を建て、毘盧舎那仏（奈良の大仏）を建立して国の象徴とし、中央集権国家の建設にあたる。

天平勝宝元年（七四九）、宇佐八幡神はこれを助

神輿の原型は宇佐八幡の「鳳輦」

日本の神は鎮守の森に囲まれた神社に常住していた

神は神輿という乗り物で、神社を出て、氏子の領域を巡行するようになる

奈良時代、九州の宇佐八幡神は東大寺大仏造営を助けるため「鳳輦（ほうれん）」に乗って奈良の都へと渡御した

けるため、屋根に金色の鳳凰が輝く天皇の乗り物、すなわち「鳳輦」に乗って奈良の都へと渡御した。

これは、すでに八幡神が皇室の祖先である応神天皇の神霊として信仰されていたということを意味する。そして八幡神は、皇室と東大寺の大仏を守護する手向山八幡宮（たむけやまはちまんぐう）として奈良の都に勧請（かんじょう）された。この鳳輦こそが千三百年の歳月を経ていまに伝わる神輿の原型なのである。

それまで、日本の神々は「鎮守の神」「産土（うぶすな）の神」として神社という一カ所に常住していたが、神輿の出現によって移動が可能になった。

現に宇佐八幡神は日向（ひゅうが）・大隅に遠征し、奈良では手向山八幡宮として祭られた。また、京都では石清水八幡宮（いわしみずはちまんぐう）として、鎌倉では鶴岡八幡宮（つるがおかはちまんぐう）として祭られ、時の政権の守護神としての役目を果たしてきたのである。神輿は、こうして神々が移動するようになるための大きな契機を作ったのだ。

王朝型神幸祭（しんこうさい）と日吉型渡御祭（とぎょさい）

平安時代になると、近江の日吉大社（ひよしたいしゃ）や京都の祇園（ぎおん）

神輿は神々を移動するためのもの

神輿の祭り

王朝型神幸祭　鳳輦型の神輿に神霊を奉じて粛々と渡御する

◀鳳輦型の神輿

日吉型渡御祭

神輿を激しく振り立てることによって神の霊威を高め、豊作や大漁を願う

▶神田明神の神輿

社、今宮神社や北野天満宮などでも神輿が作られていった。鳳輦をもとにして、これに魔除けの巴紋や神紋を飾り、ミニチュアの神社のように鳥居や玉垣、高欄などがつけられた。

こうして、主に奈良・京都を中心にして神輿が一般化されていったのである。

神輿の祭りは、大きく分けて二つのパターンに別れていった。一つは天皇の行幸を模し、鳳輦型の神輿に神霊を奉じて渡御する「**王朝型神幸祭**」である。京都の石清水八幡宮や、東京の日枝神社の神幸祭などにその例が見られる。

二つ目は神輿を激しく振り立て、神輿振りを強調する「**日吉型渡御祭**」で、神輿を激しく振り動かすことによって神の霊威を高め、豊作や大漁を願うものである。

前にも触れたが、平安中期になると、比叡山の山法師や日吉山王の神人たちは、自分たちの利害にかかわる事が生じると七基の山王神輿を振り立てて山を下り、朝廷に強訴した。これを「山王の神輿振り」といった。

今日の連合渡御、荒れ神輿や暴れ神輿、けんか神輿などはこれから派生している。

東京の神田明神、富岡八幡宮、鳥越神社、大国魂神社などの神輿振り、あるいは新潟県糸魚川のけんか祭り、兵庫県姫路市妻鹿のけんか祭りなどは有名である。

2 神と人との対話——祝詞の基礎知識

祝詞は神と人との対話

※祝詞は神の言葉か人間の言葉か

わが国では、古代から言葉には精霊が宿っていると考えられてきた。これを「言霊」という。

日本最古の歌集である『万葉集』にも、

「言霊の助くる国」
「言霊の幸ふ国」

という表現が出てくる。わが国は言葉によって守り助けられている国であり、言葉によって幸福がもたらされている国だというのだ。

われわれの先祖は、言語が人間の精神活動を集約するものであり、また支配するものであることを感じ取っていたと思われる。そしてそこに精霊を見、呪力を感受していたのだ。

したがって、神と人間との会話も当然言葉をとおして行なわれる。祭りにおけるこの会話を「祝詞」ということができるだろう。

※本居宣長と折口信夫の祝詞説

というのは、本居宣長と折口信夫の次のような二種の定義があるからだ。

江戸時代の国学者本居宣長は、

「祝詞とは宣説言の省略で、神に申し上げる言葉」

であるとしている。つまり、人間の側から神にもろもろの祈願をし、言葉でそれを伝えるということを言っているのだろう。

それに対して、大正から昭和にかけて活躍した民俗学者の折口信夫は、祝詞とは「のりとごと」の略だとする。

つまり、神の神聖な言葉は一定の宣る場所（宣り処）を必要とし、

「宣り処における口誦文がのりとごとであった」

祝詞は神と人との対話

祝詞の起源

本居宣長の説
「のりときごと」すなわち
人間から神に祈願し、申し上げる言葉

折口信夫の説
「のりとごと」すなわち
神が人間に発する命令の言葉

祝詞の形式

- 奏上体：人間が神に奏上する言葉 ▼ 「白す」「申す」で終わる
- 宣下体：神から人間に宣り下される言葉 ▼ 「宣る」で終わる

と言い、「祝詞は元来、神の発する命令の言葉であり、もしくは天皇が神の資格で命令する言葉が祝詞である」

としている。この説によると、神から人間に向かって発せられるのが祝詞ということになる。

つまり、祝詞には「神から人間へ」と、「人間から神へ」という双方向のコミュニケーションの性格があることになる。

祝詞には「宣る」で終わる「宣下体」という古い文体と、「白す」「申す」で終わる「奏上体」という二種の文体がある。したがって、初めは神から人間に宣り下される言葉を意味したが、のちに神前で人間（斎主）が神に奏上する言葉をいうようになったと考えられる。

祝詞の起源は「天の岩戸開き」の奏上

祝詞の起源は、記紀神話でアマテラスオオミカミ（天照大神）がスサノヲノミコト（素戔嗚尊）の暴虐を悲しみ、天の岩戸に閉じこもったときにさかのぼるといわれている。

『古事記』によると、アマテラスを呼び出して真っ暗闇になってしまった天地に光を取り戻すため、アメノコヤネノミコト（天児屋根命）が大声で「布刀詔戸言」を奏上したとあり、『日本書紀』には、「太諄辞」とある。

「祝詞」という文字が初めて登場するのは、天智天皇九年（六七〇）三月の条で、「中臣金連宣祝詞」とあるという。六四五年が大化改新だから、新政府のマツリゴトの要としてこのころ成立したのかもしれない。

中臣氏の祭祀による「大祓詞」

祝詞が体系化されたのは、醍醐天皇（九〇一～九二三年）のときにまとめられた法律書である『延喜式』（65ページ参照）によってである。

『延喜式』五十巻のうち、「巻第八」（神祇八）に「延喜式祝詞」として二十七編の祝詞が記載されている。

また、「御殿・御門等の祭には、斎部氏祝詞をまをし、以外の諸祭には、中臣氏祝詞をまをせ」とあり、斎部氏と中臣氏が祭祀を取り仕切っていた様子がうかがえる。

中でも注目されるのは、六月と十二月の晦日に宮中や神社で奏上される「大祓詞」である。大祓は国家全体の罪やけがれを祓い清める祭祀であり、一般の祭祀で個別のお祓いとして行なわれる「修祓」とは一線を画される。

内容は、まず天孫降臨から書き出されている。皇御孫之命（瓊瓊杵尊）が皇祖の命によって豊葦原瑞穂の国に降臨したこと。その国土の国民が犯した罪過は天つ罪、国つ罪となること。それらの罪を消すために祝詞を唱えること、などが記されている。

この祝詞を読んだのが中臣氏だったため、大祓詞は「中臣祓詞」「中臣祭文」とも呼ばれている。国家行事としての大祓は、中世の戦乱後一時中断したが、それを除けば現在まで各地の神社で盛んに行なわれている。

次ページに掲げる「延喜式祝詞」二十七編の一覧からも、古代朝廷がいかに祭と一体化していたかがわかるだろう。

「延喜式祝詞」二十七編一覧

延喜式祝詞・壱（祝詞）

祝詞	日
祈年祭	二月四日
春日祭	二月上申日・十一月上申日
廣瀬大忌祭	四月四日・六月四日
龍田風神祭	四月四日・六月四日
平野祭	四月上申日・十一月上申日
久度古関	四月上申日・十一月上申日
六月月次（十二月は此に准へ）	六月十一日・十二月十一日

延喜式祝詞・弐

祝詞	日
大殿祭	六月十二日・十二月十二日
御門祭	六月十二日・十二月十二日
六月晦大祓（十二月は此に准へ）	六月十一日・十二月十一日
東文忌寸部献横刀時の呪（西文部は此に准へ）	六月晦日・十二月晦日
鎮火祭	六月吉日・十二月吉日
道饗祭	六月吉日・十二月吉日
大嘗祭	十一月中卯日
御魂を斎戸に鎮むる祭（中宮・春宮の斎戸祭も亦同じくせよ）	十二月吉日

延喜式祝詞・参（伊勢大神宮）

祝詞	日
二月祈年	二月朝使到る日
六月十二月月次祭	六月十七日・十二月十七日
豊受宮	二月朝使到る日、六月十六日・十二月十六日
四月神衣祭（九月は此に准へ）	四月十四日・九月十四日
六月月次祭（十二月は此に准へ）	六月十七日・十二月十七日
九月神嘗祭	九月十七日
豊受宮同祭	九月十六日
同神嘗祭	九月十七日
斎内親王を入れ奉る時	（臨時）
大神宮を遷し奉る祝詞（豊受宮は此に准へ）	（臨時）

延喜式祝詞・四

祝詞	日
崇神を遷し却る祭	（臨時）
唐に使を遣はす時幣を奉る	（臨時）
出雲国造神賀詞（出雲の国造は穂日命の後なり）	（臨時）
付	中臣寿詞

「寿詞」「賀詞」などというのは、特に祝意の強いものを指す。

暮らしに役立つ祝詞の実例

※祝詞のいろいろ

「大祓詞」のように天下万民の罪やけがれを祓い清めるという公共性の強い祝詞もあるが、われわれの生活に密着したなじみの深い祝詞もある。ここにいくつかのものを紹介しよう。

地鎮祭の祝詞

家屋を新築するにあたり、オオトコヌシノカミ（大地主神）を鎮めるために行なう。

> 暴き風洪き水の災いなく、地震火具土の曲事無く、堅磐に常磐に護り矜み幸え給え……

〔地鎮祭の祝詞〕

家屋を新築するときには、「手斧始め」や「上棟式」などが行なわれるが、もっとも重視されるのは「地鎮祭」（ところしずめまつり）だろう。これはオオトコヌシノカミ（大地主神）を鎮めるための祝詞である。

忌竹に神縄引き回し神籬刺し立て、此の地内を伊豆の磐境と祓い清めて、掛け巻くも畏き大地主神埴山姫神産土神の御前に白さく、〈自分の名前〉是の処を千代の住処と選び定めて新室建てむと麁草刈り退け斎鋤斎鍬取り持ちて、石切り平均し土曳き平均して奉る宇豆の幣帛を、安す幣帛の足る幣帛と皇神等の御心も平けく聞こし食して、此の新墾家地の底つ磐根の極み掘り居る礎の弥堅らに衝き立つ柱の動く事なく、下つ綱根は這う虫の禍い無く暴き風洪き水の災いなく、地震火具土の曲事無く、堅磐に常磐に護り矜み幸え給えと畏み畏み白す。

地鎮祭の斎場

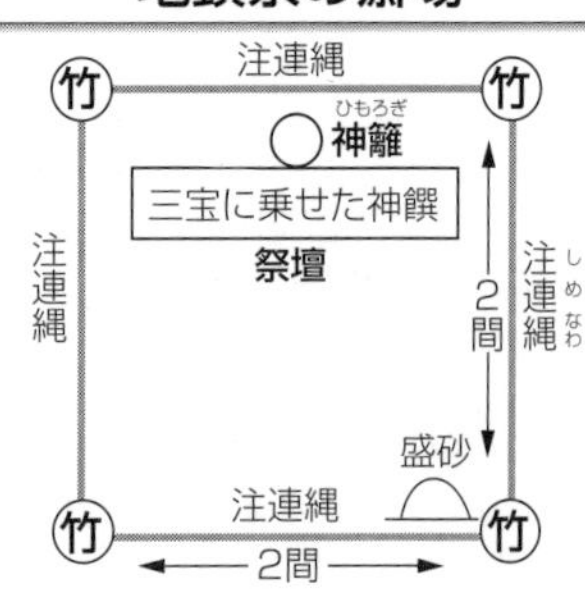

大意は、

「四隅に建てた男竹に注連縄を引き回し、神籬を刺し立ててこの土地を祓い清め、尊い大地主神さまの前で申し上げます。私はここの場所を永遠の住みかと定め、新居を建てようと草を刈り、精進潔斎した鋤鍬を取って石を切りならし、土を引きならして幣帛を奉ります。

神さまたちの心も平安だとお聞きしており、この土地家の建つ基礎は堅くて動くことなく、地をはう虫が災いを招くこともなく、暴風や洪水の災いもなく、地震や火による災いもなく、しっかりと永遠に守って幸せに暮らせますようにと、謹んで申し上げます」

ということである。

〔結婚式の祝詞〕

結婚式は「結婚祭」ともいわれ、祝詞にも数種あるようだが、その中の一つを紹介しよう。

言巻くも畏き〈神名〉大神の御前に白さく、八十か日はあれど、今日の○月○日を生く日の足る日の吉き日の吉き辰と選び定めて、神代の古昔神、伊弉諾伊弉冉二柱大神の掟給える神業として、此の××市○○町□□番地に住める〈某〉、△△市□□町××番地○○主の女〈某〉の君を愛しき嫡妻として、●●市□□主夫婦の媒介により、婚の礼事取り行なうとして、持斎回り持清回りて御前に参り出で捧げ奉る礼代の幣帛は、御食御酒は甕の戸高知り甕の腹満ちて並べ、山野の物は甘菜辛菜、青海原の物は鰭の広物鰭の狭物奥つ藻菜辺つ藻菜、水堅汐に至る迄、横山の如く置き高成して拝み奉る状を平けく安らけく甘らに所し食給いて今日より始めて夫婦の契りは巌如す弥堅らかに、咲く花の如く移ろう事無く、拷縄の長く久しく千代の契約を結び堅めて、夫婦道熟らに六緒琴の調べの睦魂合いて、置く霜の真白髪に至る迄左右の違い無く先後の謬り無く、寿命長く家の名穢さず祖の名落とさず、赤き清き正しき誠心持ちて相背かじ、相違わじと互に契り合わせ、家内穏やかに父母始め長老を敬い兄弟と心を一つに力を協せ、親族の交わり美わしく、僕婢どもを恤みて、子孫の八十続き茂し、八桑枝の如く家門は、朝日の豊坂登りに弥高に弥広に照明り立ち栄えしめ給えと、祈り白す事の状を相諾ない相助け給いて、常磐に堅磐に弥常永に譲り恵み幸い給えと鶉なす這回おり慎み畏み畏み白す。

大意は次のとおり。

「言葉にするのも恐れ多い大神さまの前で申し上げます。今日この時を吉日と選び定めて、神代の昔にイザナギノミコトとイザナミノミコトが行なった神業を模し、この××市○○町□□番地の某が、△△市□□町××番地の○○の娘を妻として迎え、●●市の□□の仲人で結婚の儀を執り行なうとして、潔斎して神前に出、次のようなささげものをいたします。

食べ物と御神酒は瓶に満ち、山野で採れた甘い菜、からい菜、海のものはさまざまな魚や海藻類、水や塩に至るまで、山のように置いて拝む様子をご覧の

結婚式の祝詞

夫婦円満・一族繁栄を祈念し、さまざまなめでたい言葉で神に結婚を奏上する。

今日より始めて夫婦の契りは巌如す弥堅らかに、咲く花の如く移ろう事無く、拷縄の長く久しく千代の契約を結び堅めて、夫婦道熟らに……置く霜の真白髪に至る迄……

うえお召し上がりください。
　今日からこの夫婦は、巌のように堅い契りを結び、咲く花のように移ろうことなく、楮で作った縄のように長く久しく永遠の契りを結び固めます。夫婦の道を円熟に六弦琴の調べのように心を睦み合わせて、霜のような白髪になるまで前後左右違わず誤りなく、長生きして家の名をけがさず、親の名を落とすことなく、赤き清き正しき真心をもってお互いに違背せず、家の中は穏やかに、父母はじめ長老を敬い、兄弟と心を一つにして協力し合います。

▲神前結婚式

　親族と親しく交際し、召使いには哀れみをもって、子々孫々まで繁栄し、家は仙境の何千年も経た桑の大木のように続き、高く広く照る朝日のごとく栄えさせてくださいとお祈りします。その様子をご覧になり、永遠に恵みを与えて幸せにしてくださいと恐れ謹んで申し上げます」

〔初宮参りの祝詞〕

　わが子の誕生を祝い、健やかな成長を願う初宮参りのときは、次のような祝詞を唱える。

　掛巻も畏き〈氏神さまの名前〉産土大神の御前に〈祝詞をあげる神職の名前〉恐々も白さく、氏子〈子どもの名前〉い、高く貴き大恩頼を戴奉りて〈生年月日〉安けく穏に生れ出でまして、今日の生日の足日に初て御前に参詣で奉らせ、御祭仕奉る状を平けく安けく聞食して、此の御守に宇豆の神霊を憑せ給ひ、命真幸く功績しき児と成長らしめ、夜の守り日の守りに恵み幸へ給へと、恐々も白す。

　大意は、
「恐れ多い産土神さまのみ前に謹んで申し上げます。この氏子は何年何月何日に安穏に誕生し、今日の満ち足りた日に初めて神さまの御前にお参りいたします。どうか神さまをお祭りする様子をご覧になり、お力をいただいて幸せでりっぱな子どもに成長しますよう、日夜お守りくださることをお祈り申し上げます」ということ。

初宮参りの祝詞

高く貴き大恩頼を戴奉りて○月○日安けく穏に生れ出でまして、今日の生日の足日に初て御前に参詣で奉らせ、御祭仕奉る状を平けく安けく聞食して、此の御守に宇豆の神霊を憑せ給ひ、命真幸く功績しき児と成長らしめ、夜の守り日の守りに恵み幸へ給へ……

新しい命の誕生を報告し、その健やかな成長とご加護を氏神様にお願いする。

〔厄年の祝詞〕

数えで男性の二十五歳、四十二歳、六十一歳、女性の十九歳、三十三歳、三十七歳を厄年といい、厄難に遭う恐れが多いといわれている。

特に男性の四十二歳と女性の三十三歳は大厄と呼ばれ、忌み慎むべきとされる。その前後の年齢も「前厄」「後厄」といわれ、同様に扱われる。

厄年には、年の初めに神社に詣でて次のような祈願をしてもらう。

掛巻も畏き〈神社の名前〉の大神、祓戸大神たちの大前に、〈神職の名前〉恐み恐みも白さく、大神の御氏子〈自分の名前〉い、今年〈自分の年齢〉歳の厄年に当りぬるを、斎わり清わり祓え除けむと為て、式の儘に解除の事仕奉るを、大神等の御心に、平けく安けく聞食して、進る宇豆の幣帛を安幣帛の足幣帛と相珍なひ見行し座して、諸の病、又種々の禍事は、形代の背に打負せて、遠く祓ひ給ひ除け給ふを、祓戸の大神等の相受持ちて、根国底国へ遥けく遠く、神逐ひに逐ひ給ひて、〈自分の名前〉が身にも家にも、喪なく事なく守り恵み給ひて、其産業を緩む事なく、勤み務めて、家門を起こさしめ給ひて、子孫の八十続に至迄、五十橿八桑枝の如く立栄へしめ給へと、恐み恐みも白す。

厄年の祝詞

厄年には年の始めに神社に詣でて、諸々の災厄を祓うために厄除けの祈願をしてもらう。

今年○歳の厄年に当りぬるを……大神等の御心に平けく安けく聞食して…… 諸 の病、又種々の禍事は、形代の背に打負せて、遠く祓ひ給ひ除け給ふを、……身にも家にも、喪なく事なく守り恵み給ひて……

大意は、

「恐れ多い神さまたちのみ前に謹んで申し上げます。氏子である私は、今年厄年にあたりますので、精進潔斎して祓い清めようと、厄払いの神事を行ないますので、お聞き届けいただけますようお供え物をたくさん奉ります。

それをご覧いただき、どうか病気や災禍は形代に背負わせ、遠くにお祓いくださいませ。神さまのお力で、遠く根の国・底の国まで追いやってくださいませ。

また、自分の身にも家にもなにごともないようにお守りくださいませ。

お恵みをいただき、仕事も油断せずに努め励み、子々孫々まで繁栄させてくださいと、謹んで申し上げます」

ということである。

〔神葬祭の祝詞〕

神道の葬儀を「神葬祭」という。一般的な式順を述べれば、臨終の告知とともに死者の全身を拭き清める。これを「枕直しの儀」という。次に産土神に報告する。これは「帰幽奏上」といわれる。そして入棺、これを「斂棺式」という。次いで「還霊祭」といい、斎主（神主）による修祓・供饌が行なわれる。そして出棺式である「発葬祭」、告別式にあたる「斎場祭」と続く。斎場祭は「葬場祭」ともいい、ここで祝詞が唱えられる。

……汝命や先頃より身労つきて臥し坐せば親族寄り集いて愁え歎かい、速かに苦瀬を救う由もかなと夜昼知らず労づき護るも、何時か医の験ありて快き麗しさ儀い見むと天地の神に乞い祈み奉る間に、熱傷坐して倏めさす事の如く此の世を離して幽冥に罷り坐しぬは、阿波れ波加無きかも悔しきかも惜しきかも……。

「……先ごろ身命尽きて横たわり、親族が寄り集まって悲しみ嘆いている。速やかに苦しみから助けたいと昼夜を分かたず看病し、医者の力で好転してほしいと天地の神さまにお願いしている間に、この世を離れて幽界に行ってしまうとは、哀れであり、はかなく、悔しくて惜しい……」と悼んでいる内容。

このあと、埋葬式である「埋葬祭」、そして「帰家祭」となる。

神葬祭の祝詞

故人の死を悼み悲しむ内容で、告別式にあたる斎場祭で奏上する。

速かに苦瀬を救う由もかなと夜昼知らず労づき護るも、何時か医の験ありて快き麗しさ儀い見むと天地の神に乞い祈み奉る間に、熱傷坐して倏めさす事の如く此の世を離して幽冥に罷り坐しぬ……

〔祓詞〕

朝夕神棚を参拝する際に唱えるもっとも簡素な祓いの言葉。二拝二拍手一拝して唱える。

祓ひ給へ　清め給へ　幸はへ給へ
祓ひ給へ　清め給へ　幸はへ給へ
祓ひ給へ　清め給へ　幸はへ給へ

「祓ひ給へ」とは、さまざまな罪けがれを祓い除き、災厄に遭わないようにしてくださいという祈りである。「清め給へ」とは、自分のけがれや不浄を取り除き、心身を清めて生命力を強化してくださいという祈りである。

そして「幸はへ給へ」とは、自分を幸福にしてくださいという願いである。素朴だが、もっとも基本となる祈願といえる。

祓ひ給へ
清め給へ
幸はへ給へ

〔家内安全の祝詞〕

毎日、家の代表が神棚に唱えるものである。

八十日日は有れども、今日の生日の足日に、掛巻も畏き、天照大神、〈自分が祭る神さまの名前〉大神等の大前に、〈自分の名前〉恐み恐みも白さく、予てより大神の神徳を、崇め尊び仕え奉らくを、見行し給ひて、大神の高き貴き御恩頼を以て、恤み給ひ、慈しみ給ひて、家内の親族は、各も各も、清き赤き真心に誘ひ導き給ひて、日に異に勤しみ励む生業を弥進めに進め給ひて、過ち犯しけむ罪咎有らむをば、見直し聞直し坐して、諸々の禍事有らしめず、子孫の八十連属に至るまで、家門高く立栄えしめ給へと、恐み恐みも白す。

「今日の満ち足りた日に、恐れ多い神さまのみ前に謹んで申し上げます。いつも神さまのご神徳を崇め尊び、貴いお恵みをいただいております。家族親族がみんな正しい心をもって毎日自分の仕事に邁進できますように、もし悪いことが起こったら、神さまの力で直していただき、子々孫々に至るまで家が栄え、繁盛しますように謹んでお願い申し上げます」という内容の祈願である。

神棚の祭り方

神棚(かみだな)は南向きか東向きに祭る

神棚は、神社でいただいたお神札(ふだ)を祭る家の中の神聖な場所である。棚がなくても、家の中できれいに掃除をしたところにお神札が祭ってあれば、そこが神棚ということができる。

神棚を祭るときは南向きか東向きに祭り、神殿の左右に榊(さかき)を活(い)ける。神殿の中央には注連縄(しめなわ)を張る。その前には祭器具を置き、米・塩・水・御神酒(おみき)を毎日供える。

祭器具には一対の榊立て、御神酒を入れる一対の瓶子(へいし)（蓋つきの器）、平瓮(ひらか)あるいは土器(かわらけ)と呼ばれる米や塩を盛る器、水を入れる水器、灯明をともす一対の神灯などがある。

お神札の納め方は、横に並べるときは中央に神宮大麻(たいま)、向かって右に氏神さま、左に尊崇する神社のお神札を納める。

重ねて祭るときは、いちばん手前に神宮大麻、次に氏神さま、そして尊崇する神社のお神札の順に納める。神宮大麻とは、アマテラスオオミカミを祭る伊勢神宮のお神札である。

毎朝、朝食前に祈念する

神棚を毎日お祭りすることを「日供祭(にっくさい)」というが、普通は毎朝朝食前に、一家の主人や代表者が顔を洗い、口をすすいで、洗米あるいは炊いた米と塩、水を供える。そして榊立ての水を取り替え、神灯を灯してお祭りする。

神社参拝のときと同じように、二拝二拍手一拝し、前出の祓詞(はらいことば)や家内安全の祝詞を唱えるのが望ましいが、状況によっては省略してもやむをえないだろう。ただし、必ず神恩に感謝し、家族の安泰と幸福を祈念することを欠かしてはならない。

家庭での神の祭り――神棚

神棚の祭り方

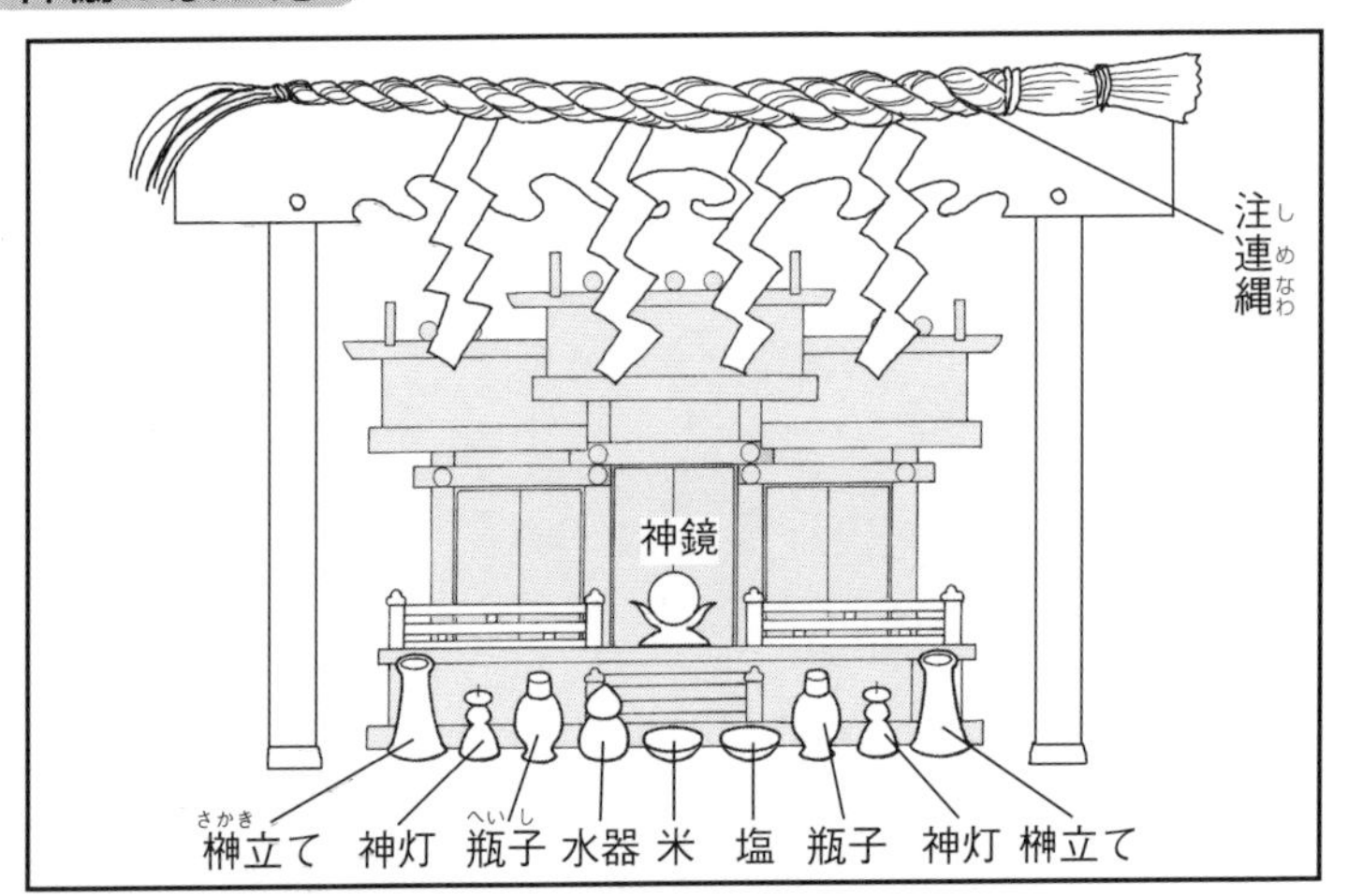

神棚への神札の納め方

①横に並べるとき
中央に伊勢神宮
向かって右に氏神さま
左に他の信仰する神社

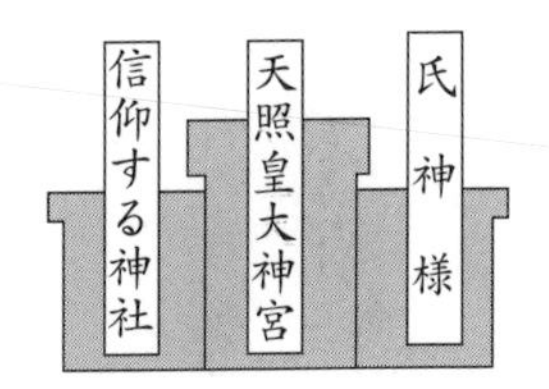

②重ねて祭るとき
手前に伊勢神宮
次に氏神さま
後ろに他の信仰する
神社のお札を重ねる

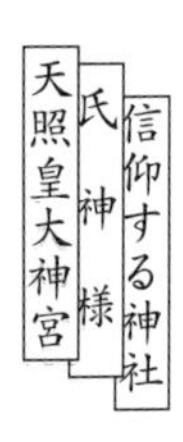

神棚を祭るマナー

- 神棚は南向きか東向きに
- 仏壇と同じ部屋に祭る場合は向かい合わせにならないように
- 棚がなくても、きれいに掃除をしたところにお神札を祭れば、そこが神棚となる

日供祭の方法

時間	毎朝朝食前
主宰者	一家の主人や代表者
準備	顔を洗い、口をすすぐ 米、塩、水を供える 榊立ての水を取り替える 神灯を灯す
祈念	二拝二拍手一拝 祓詞や家内安全の祝詞を唱える 必須［神恩への感謝 家族の安泰と幸福の祈念

第2部

釈迦の教えと仏教がわかる

●すべてのものは縁起によって相依相関、相互依存的に成り立っているのだから、固定的、絶対的なものなどはなく、空である——釈迦の思想はインドのみならず、中国・チベット・日本などすべての大乗仏教に影響を与え、そこから新しい思想がまた生み出されていくことになる。

第4章

釈迦の教えと仏教の基礎知識

釈迦の修行と仏教の発展

仏教のふるさとインド

※「ブッダ」とは目覚めた人の意味

日本がちょうど弥生（やよい）時代を迎えたころ、インドに一人の貴い王子が生まれた。シャークヤ族（釈迦族）という小さな部族の長の子で、名を**ガウタマ・シッダールタ**という。のちに悟りを開き、ブッダ（仏陀）となるその人である。故中村元博士の説によると、シッダールタの誕生は紀元前四六三年と推定されるという。

日本と同様、インドも社会の激動期だったが、すでに稲作文化は定着し、商業が発達して都市国家が成立する進んだ時代を迎えていた。弥生時代の日本とは、文化進度には雲泥の開きがあった。

ブッダとは、「**目覚めた人**」という意味のサンスクリット語（インドの古語）である。シッダールタは、「真理」に目覚めたのだ。宇宙の真理、社会の真理、そして人間の真理に目覚めてブッダとなったのである。そして彼は、「シャークヤ族の聖者」という意味で、「シャークヤ・ムニ」（釈迦牟尼（しゃかむに））と呼ばれた。

したがって、ブッダとはシッダールタ一人ではない。真理に目覚めれば、だれでもがブッダになれるのだ。仏教がブッダの教えであるとともに、生きとし生けるものがブッダになるための教えであるといわれるゆえんである。

※人間の苦悩を見つめた釈迦

シャークヤ国は、現在のネパール領タラーイ盆地にあった小国である。釈迦の父はその国の長で**シュッドーダナ王**といい、母は隣国のコーリヤ国の王族の娘で**マーヤー夫人（ぶにん）**と呼ばれていた。王と夫人はカピラヴァストゥの城（カピラ城）で暮らしていた。

釈迦（ガウタマ・シッダールタ）の誕生

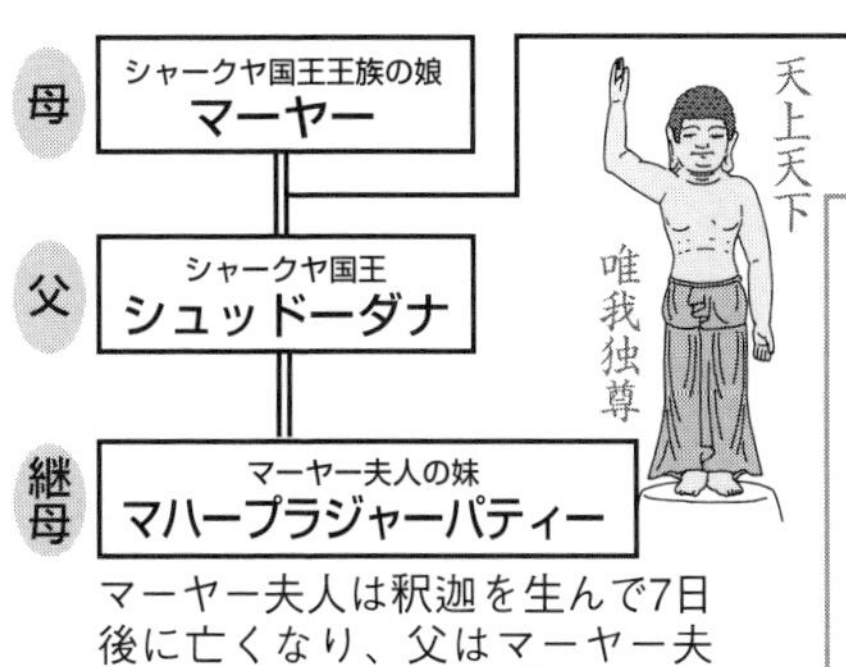

ガウタマ・シッダールタ
（紀元前463年～前383）

マーヤー夫人は釈迦を生んで7日後に亡くなり、父はマーヤー夫人の妹であるマハープラジャーパティーを後添えとした

誕生伝説

◎マーヤー夫人は兜率天（とそつてん）から舞い降りてきた白象が自分の右脇に入った夢を見て懐胎
◎釈迦は、ルンビニーという林園で母の右脇から生まれた
◎生まれるとすぐ七歩あゆんで、右手で天を左手で地を指し「天上天下唯我独尊」と言った

釈迦の結婚

シッダールタ
ヤショーダラー
ーラーフラ（妨げの意）
のちに釈迦の十大弟子になる

のちに真理に目覚めてブッダとなったシッダールタは「シャークヤ族の聖者」を意味する「シャークヤ・ムニ」（釈迦牟尼）と呼ばれる

釈迦の誕生は伝説に彩られている。まず、マーヤー夫人は霊夢を見て釈迦を身ごもったという。六本の牙のある白象（びゃくぞう）が、兜率天（とそつてん）という天界から舞い降りてきて夫人の右脇に入った夢だ。そして釈迦は、ルンビニーという林園でマーヤー夫人の右脇から生まれたと伝えられる。生まれるとすぐに立ち上がって七歩あゆみ、右手で天を指し、左手で地を指して、「天上天下唯我独尊（てんじょうてんげゆいがどくそん）」と言ったという有名なエピソードが残されている。

喜びも束の間、マーヤー夫人は産後の肥立（ひだ）ちが悪く、出産七日後に亡くなってしまった。そこで父のシュッドーダナ王はマーヤー夫人の妹であるマハープラジャーパティーを後添えにもらい、シッダールタの養育にあたらせた。

あふれるほどの愛情に包まれて育ったわりには、シッダールタはもの思いにふけりやすい性格だったようだ。早くに母を亡くしたせいもあったのだろうか、暗く沈うつな表情をすることが多かった。心配したシュッドーダナ王は、マハープラジャーパティーと相談して、シッダールタにヤショーダラーという美しい娘をめとらせた。

二人の間には、ラーフラという子どもも生まれた。シッダールタが十六歳のときだったという。ラーフラとは「妨げ」という意味だ。シッダールタは、わが子への愛情が自分の行く手を阻むと直感したのだろう。その思いがそのまま子どもの名前になってしまった。のちに、ラーフラも出家して釈迦の十大弟子の一人に名を連ねる。

出家のきっかけとなった「四門出遊（しもんしゅつゆう）」

シッダールタが出家するきっかけは、「四門出遊」と呼ばれるエピソードで表わされる。

ある日、城の東門から行幸に出た王子は、途中老人と出会って老いの苦しみを知る。別の日、今度は南門から城を出て病人と出会い、また西門で死者を見てそれぞれ病苦と死苦を知る。最後に北門から出たときに一人の出家修行者と出会い、その威風堂々とした姿を見て出家を決意する。夜になって愛馬カンタカにまたがり、ひそかに城を抜け出たのは、シッダールタが二十九歳のときだった。

シッダールタは、はじめ高名な二人の仙人に師事したが、ほどなくして二人の境地を超越してしまった。そこでウルビルヴァーという村の近くのプラーグボーディ山（前正覚山（ぜんしょうがくせん））に登った。この山には五人の修行者が苦行に励んでおり、シッダールタはこのあと六年にわたって彼らとともに苦行を続けることになる。

シッダールタの苦行は過酷なものだった。特に断食はすさまじく、一日に穀類を一粒しか取らずに瞑想にふけるという日が何日も続いた。五人の苦行仲間は、何度もシッダールタが死んでしまったと思ったという。

菩提樹（ぼだいじゅ）の下で悟りを開く

しかし、苦行に入って六年が過ぎたある日、シッダールタは結局この苦行を捨てる。苦行によって悟りに至ることはできないことを実感したのだ。彼はプラーグボーディ山を下り、ナイランジャナー河（尼連禅河（にれんぜんが））で身を清めてからスジャーターという村娘の供養する乳がゆを口にした。この様子を物陰か

釈迦の四門出遊

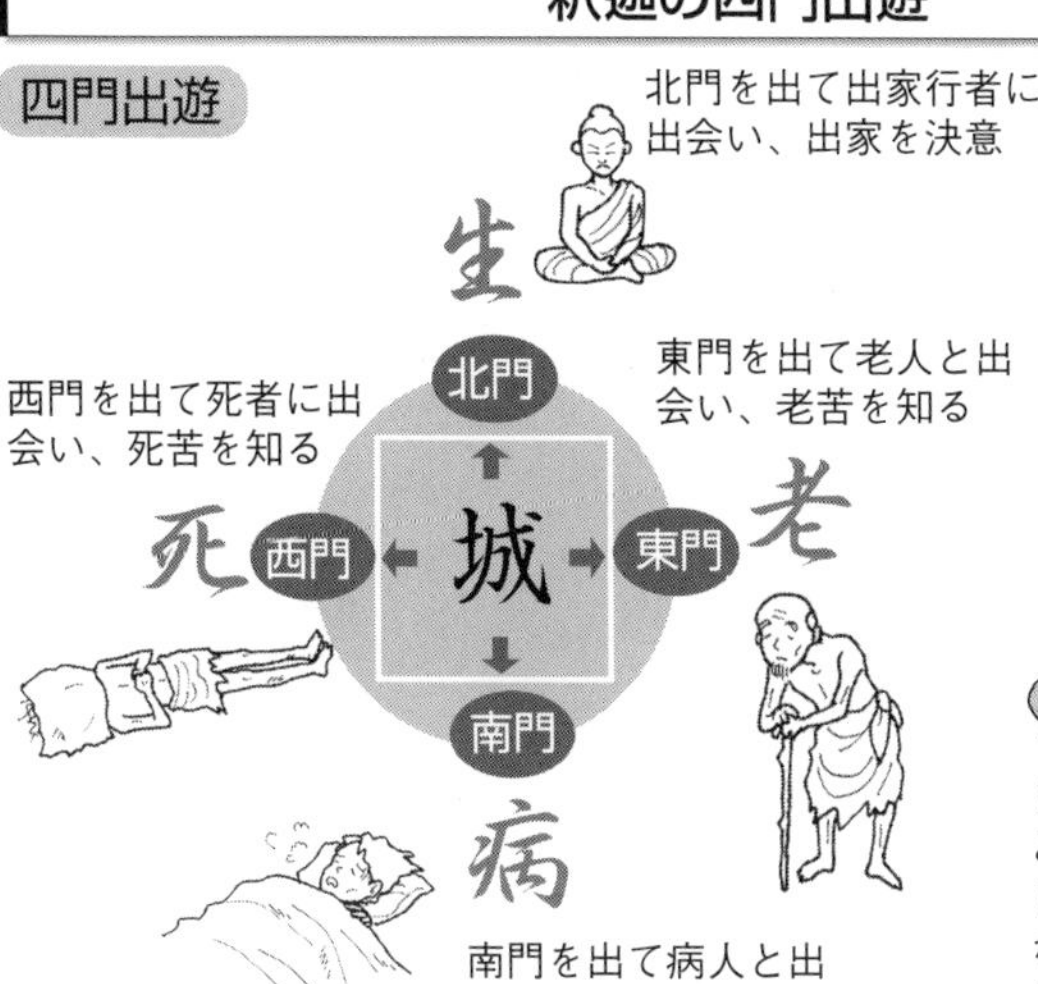

6年の苦行でも悟りに至ることはできないことを実感した釈迦は山を下りる。これが「出山釈迦」だ。悟りを開くのはそれから間もなくである

ら見ていた五人の苦行仲間は、シッダールタを苦行を捨てた堕落者とみなし、憤慨して山に戻っていった。シッダールタは、近くのアシヴァッタ（菩提樹）という大木の根元に行き、坐禅を組んだ。そして瞑想に入り、人間の真実、宇宙の真理に思いをはせた。

それから七日目、東の空に明けの明星が輝いたとき、シッダールタはついに万物の真理について悟りを開き、ブッダとなった。時にシッダールタ三十五歳、十二月八日のことだった。この日は「成道会（じょうどうえ）」と呼ばれ、今でも各寺院でお祝いされている。

すべては移ろいゆく。怠りなく努めよ

釈迦の衆生（しゅじょう）救済

釈迦はかつて師事した二人の仙人に法（真理）を説こうと思ったが、神通力によって二人ともすでにこの世の人ではないことがわかった。そこで釈迦はヴァーラーナシー郊外のサールナート（鹿野苑（ろくやおん））に向かい、六年間苦行をともにしてきた五人の修行者を訪ねた。五人は釈迦が一歩ずつ近づいてくるとそ

の威厳に圧倒され、最初の説法（初転法輪）を聴聞、初めての弟子となった。やがて十大弟子といわれるようになる弟子たちをはじめ、優秀な弟子たちが次々と加わり、教団は大きくなっていった。

釈迦の思想は、当時急激な経済の発展期にあったこの国の人々の倫理観に合致していた。特に、執着の放擲と慈悲の施与による苦からの解脱という考えは、新市民層の支持を得ていった。

マガダ国のビンビサーラ王も釈迦に帰依し、仏教初の寺院である竹林精舎を寄進した。コーサラ国のスッダッタ長者は祇園精舎を寄進、続いてコーサラ国のプラセーナジット（波斯匿）王も帰依し、仏教はマガダ国とコーサラ国という二大国を足がかりに、やがて全インドに進出する機会を得たことになる。

八十歳の釈迦、最後の旅に出る

釈迦は故郷のシャークヤ国にも帰り、人々を教化した。同族のものたちも次々と出家し、幼い釈迦の実子のラーフラも弟子となった。父シュッドーダナ王の死後は、養母のマハープラジャーパティー、妻のヤショーダラーも出家し、尼僧教団を形成した。

八十歳になった釈迦は、マガダ国の首都ラージャグリハ（王舎城）の霊鷲山をたち、故郷のある北へと旅立った。この旅が釈迦の最後の旅となる。

ヴァイシャーリーでは、有名なアームラパーリー（菴羅婆利）という遊女の帰依を受けた。彼女は自分の林園を寄進し、みずからも出家して尼僧となった。

やがて雨期がやって来ると、釈迦は弟子たちに各地に分散して修行に入るように指示し、自分はアーナンダ（阿難）と数人の弟子たちとともにヴァイシャーリー郊外のヴェーヌ村に入った。ここで釈迦が激しい腹痛に襲われたとき、痛みに耐えながら言った。

「アーナンダよ、私は年老いた。古い車が皮でつながれてやっと動いているようなものだ。アーナンダよ、私は今まですべての教えを包み隠さず説いてきた。私が死んでも、おまえたちはみずからを島とし、みずからをよりどころとして、また法を島とし、他をよりどころとせず、努め励みなさい」

サンスクリット語で、島を「ディーパ」といい、

釈迦布教の足跡

ブッダガヤ

菩提樹の下で7日間坐禅を組み、悟りを開く

鹿野苑

ヴァーラーナシー郊外のサールナート（鹿野苑）に、6年間苦行をともにした5人の修行者を訪問

十大弟子

鹿野苑での「初転法輪」を契機に弟子は増大し、特に優れた10人は「十大弟子」と呼ばれた

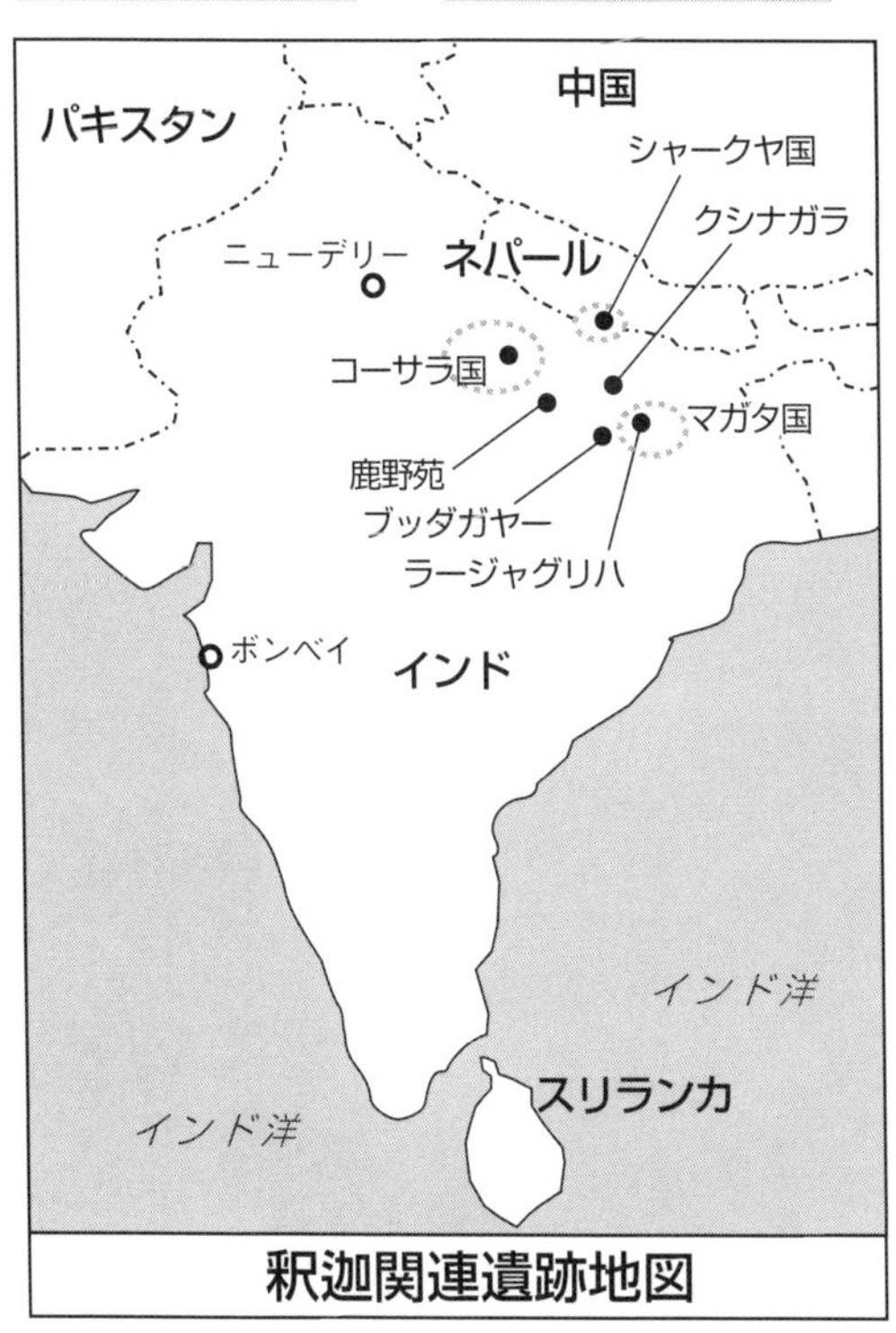

釈迦関連遺跡地図

竹林精舎の寄進

マガダ国のビンビサーラ王も釈迦に帰依し、仏教初の寺院である竹林精舎を寄進

祇園精舎の寄進

コーサラ国のスダッタ長者が祇園精舎を寄進する。同国のプラセーナジット（波斯匿）王も帰依

マガダ国とコーサラ国からインド全土へ

マガダ国とコーサラ国を足場にインド全土で教勢を拡大

シャークヤ国での教化

釈迦の実子のラーフラ、養母のマハープラジャーパティー、妻のヤショーダラーも出家

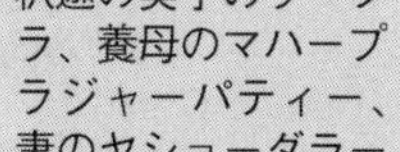

最後の旅へ

マガダ国を立ち、最後の旅に出てクシナガラの沙羅双樹のもとで入滅

「灯」とも訳される。したがって、この教えは「**自灯明・法灯明**」と呼ばれて人口に膾炙している。

※沙羅双樹の下での涅槃

釈迦の一行はヴァイシャーリーを出発し、パーヴァー村に到着した。この村で、一行は鍛冶屋のチュンダに食事に招かれた。この食事をとったあと、釈迦の容態が一変する。激しい下痢に襲われたのだ。

そのあと一行はクシナガラに行き、釈迦は二本のサーラ樹（沙羅双樹）の間に右脇を下にして横たわった。そして弟子たちに見守られながら静かに息を引き取った。釈迦の最後の言葉は次のものだった。

「修行僧たちよ、すべては移ろいゆく。怠りなく努め励めよ」

釈迦は精神だけではなく、肉体も完全な涅槃に入ったのである。「**涅槃**」とは、サンスクリット語の「ニルヴァーナ」、あるいはパーリ語の「ニッバーナ」の音写語で、「火を吹き消した状態」を意味する。煩悩の火を吹き消した状態が精神の涅槃であり、そのうえで生命の火も吹き消した状態を完全な涅槃という意味で「**般涅槃**」という。釈迦は、ついに般涅槃に入ったのだ。紀元前三八三年ごろのことである。

仏教の新たなる発展

※教えの継承

釈迦の入滅後、その遺体は八つの部族に分骨され、それぞれ仏塔（ストゥーパ）が建てられ、人々の信仰の対象となっていく。ちなみに、ストゥーパは「卒塔婆」「塔婆」の語源である。

釈迦が亡くなったあと、教団のリーダーである**マハーカーシャパ**（摩訶迦葉）は、師の教えが散逸することを恐れ、「**阿羅漢**」という悟りの段階に達した高弟たちをマガダ国のラージャグリハ（王舎城）にある七葉窟に集めて師の教えを確認・編纂することにした。この編纂会議を「**第一結集**」という。

このとき、「多聞第一」といわれた**アーナンダ**が釈迦の教え（経）を復唱し、「持律第一」といわれた**ウパーリ**（優波離）が釈迦の定めた規則（律）を復唱した。そして、残りの阿羅漢たちがこれを追認する

教えの継承を目指した第一結集

第一結集（だいいちけつじゅう）　釈迦の没後、教団のリーダーであるマハーカーシャパ（摩訶迦葉）が、悟りに達した高弟（阿羅漢）を集めて、師の教えを確認・編纂するためにマガダ国にある七葉窟で開いた会議

結集の統括者
マハーカーシャパ（摩訶迦葉）

アーナンダ（阿難）
「多聞第一」
釈迦の教え（経）を復唱

ウパーリ（優波離）
「持律第一」
釈迦の定めた規則（律）を復唱

阿羅漢
経と律を定め、思想を体系化

三蔵　三蔵が整理されたことで仏教は飛躍的にインドに広まる

形で経と律が定められた。のちに僧たちによって仏教の思想内容が系統的に体系化され、これを「論」と呼ぶようになる。

この「経」「律」「論」を合わせて「三蔵」というが、こうして三蔵が整理されたことで、仏教は飛躍的にインド全体に広まっていくことになる。

※進歩派と保守派に分裂

釈迦が亡くなって百年ほどの歳月がたったころ、ヴァイシャーリーで第二回目の結集が開かれた。このときは、特に金銭の布施に関して、これを是とする**進歩派**と否とする**保守派**が激しく対立した。進歩派は「**大衆部**（だいしゅぶ）」、保守派は「**上座部**（じょうざぶ）」と名乗って教団は二分した。これを「**根本分裂**（こんぽんぶんれつ）」という。

なぜなら、分裂はこれにとどまらず、分裂が分裂を呼んでおよそ二十もの部派に分かれるからだ。後者の分裂を「**枝末分裂**（しまつぶんれつ）」という。その後このような状態が数百年続くが、この時代を「**部派仏教**（ぶはぶっきょう）」の時代と呼んでいる。

普通、分裂は衰弱を連想させるが、仏教の場合は

違った。それぞれの部派が王侯貴族や商人などの帰依を受けて勢力を伸ばしていったため、仏教全体としてはインド全体を席巻するほどに広まっていったのだ。

経済的に潤った各部派は、象牙の塔にこもって精緻で難解な仏教哲学の構築に没頭する。これらの教学を「**アビダルマ**」と呼んでいるが、この傾向は仏教と庶民の間を引き離すことにつながる。

のちに、部派仏教各派を「**小乗仏教**」と呼んで反発し、衆生救済を旗印にする「**大乗仏教**」が興る素地はここにあった。

アショーカ王の仏教政治

部派仏教が華やかだった紀元前三世紀、全インドを初めて統一した**アショーカ王**（阿育王）が登場する。マウリヤ王朝の三代目で、若いときは凶暴だったが、カリンガ戦争という凄惨な戦いで性格が一変し、仏教の熱心な信者になったという。

王は仏道に基づく政治を行ない、仏教を盤石のものにする。「摩崖法勅」や「石柱法勅」を刻んで国民に政治理念を知らせ、また八つに分骨されて祀られていた仏舎利塔から釈迦の遺骨を掘り出し、全国に八万四千もの仏塔（ストゥーパ）を建てて遺骨を祀り直した。人々はいままでの八千四百倍の聖地で仏塔を参拝できるようになったのである。

さらに、アショーカ王は海外伝道に力を入れた。北はアフガニスタンからネパール、南はスリランカやカンボジアまで仏教を広めた。特にアショーカ王の息子のマヒンダがスリランカに伝えた上座部仏教は、東南アジア各国に伝わって現在に至っている。

すべての人を乗せて彼岸に渡る大乗仏教

部派仏教の比丘（僧）たちは、衆生を救うことを忘れて自分の悟りのみを追究した。これを「**自利**」という。紀元前後ごろ、このような風潮に反発する勢力が生まれた。彼らは、釈迦の教えの要諦は「**利他**」にあると解釈した。他を利すること、すなわち衆生済度である。彼らは、衆生を悟りに導くことに生涯をかけた釈迦の原点に返るべきだと主張して部派仏教を批判した。

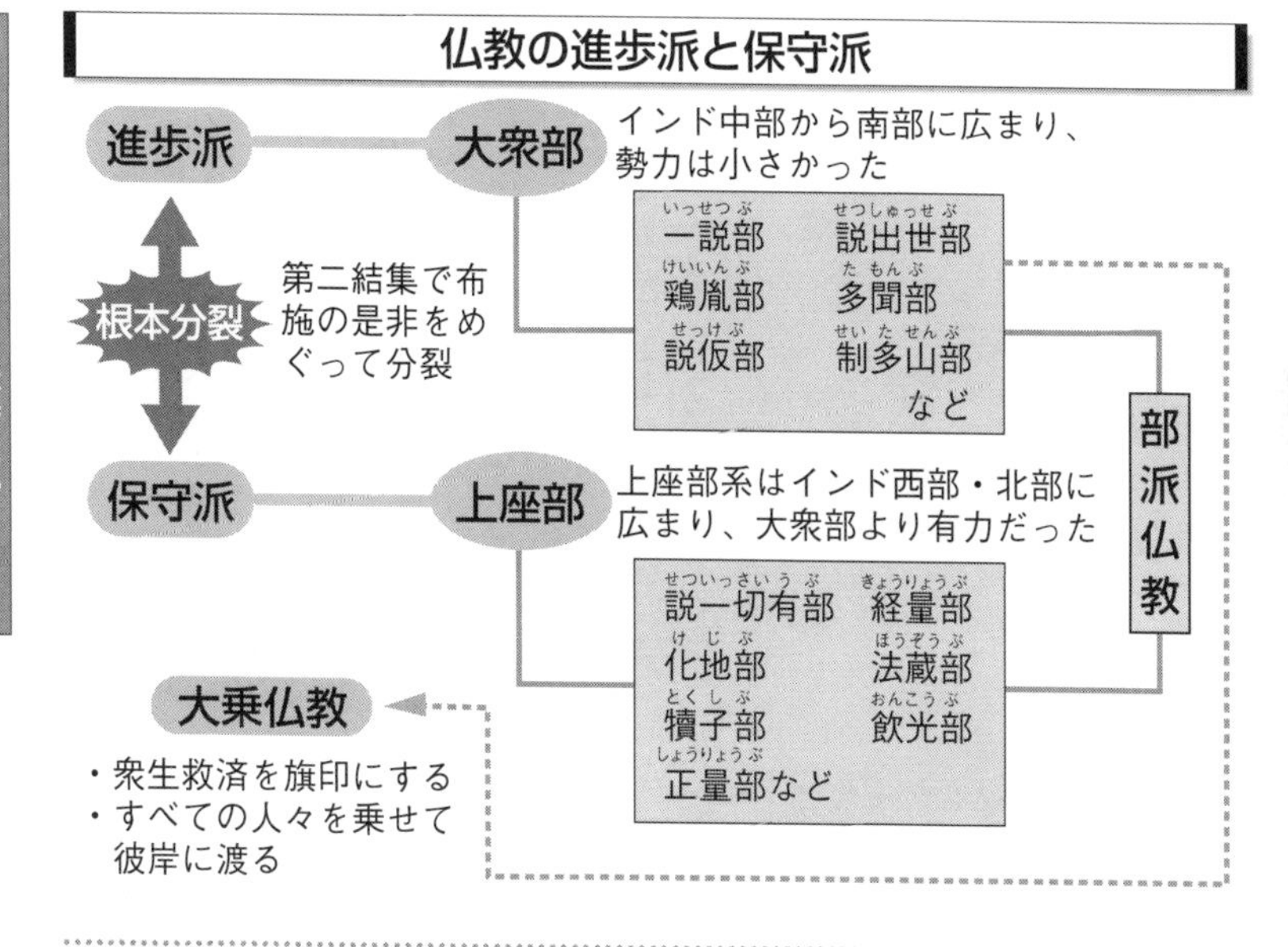

自利を求める部派仏教徒は、自分だけが乗れる小さな船を造って彼岸をめざす小乗仏教であり、それに対して自分たちがめざす仏教は、すべての人々を乗せてともに彼岸に渡る大乗仏教であるというのが彼らの主張だった。これが大乗仏教という一大宗教改革運動である。

大乗仏教は「菩薩（ぼさつ）」の生き方を理想とする

大乗仏教徒はなによりも利他を尊んだ。悟りという自利も、結局は利他の修行がなければ得られないとした。このようにして悟りを求めるものを「菩薩（ぼさつ）」という。大乗仏教は、菩薩を理想の生き方とする「菩薩の仏教」ということができる。

大乗仏教徒は釈迦の原点に立ち返り、山林や岩窟（がんくつ）で瞑想の修行を続けた。そして瞑想の中で真理を観察した。その結果指し示された真理を、「大乗仏教経典」として次々に書き著した。これらは庶民の支持を受け、急速に普及していった。

大乗仏教は、インドでは十三世紀ごろまで続く。そして紀元一世紀には西域（さいいき）を経て中国に伝えられ、やがて朝鮮半島を経て日本にも上陸し、歴史の表舞台を形成していく。

密教の開花とインド仏教の終焉

ヒンドゥー教との習合で生まれた密教

四世紀になると、ヒンドゥー教を国教としたグプタ王朝が成立する。その結果、仏教は限りなくヒンドゥー教に接近していく。そして密教につながっていくのだが、これらの時代を**後期大乗仏教**と位置づけている。

インドの大衆宗教である**ヒンドゥー教**は、神道(しんとう)と似ていて多神教であり、ご利益を求める。ご利益を求めるときには「ダーラニー」(陀羅尼(だらに))や「マントラ」(真言(しんごん))などという呪文を唱えるが、仏教もこうした行法を積極的に取り入れていくことになる。そして**密教**となっていくのである。

「即身成仏(そくしんじょうぶつ)」が密教の最大の特徴

グプタ王朝からパーラ王朝に代わる七世紀ころには、ヒンドゥー化した仏教、すなわち密教が花開く。しかし、ヒンドゥー教に埋没した密教は、十三世紀初めにイスラム教勢力の侵攻を受けて滅んでしまう。あとは中国に伝持され、日本で大成されるという数奇の運命をたどることになるのである。

密教の教えの最大の特徴は、「**即身成仏**」にある。この身このままで仏になれるというのである。それまでの仏教は、あらゆるものに仏性(ぶっしょう)があるとはいっても、仏になるためには天文学的な期間生まれ変わりを繰り返して修行を積まなければならないとされていた。これでは庶民の心は遠のいていく。

仮の教え顕教(けんぎょう)と真実の教え密教

そんな中で、密教は現世を肯定し、即身成仏を高らかにうたって人々の支持を得ていった。人々は再び仏教に引きつけられていったのである。七世紀から八世紀にかけて、密教では根本聖典である『**大日経**(だいにちきょう)』と『**金剛頂経**(こんごうちょうきょう)』が相次いで作られ、思想が理論づけられた。

密教では、従来の仏教の教えは釈迦が難解な教理

ヒンドゥー教と習合し、密教が生まれる

ヒンドゥー教と仏教

後期大乗仏教の変容

4世紀のグプタ王朝でヒンドゥー教が国教となり、仏教の教義はヒンドゥー教に接近する

……………………

グプタ王朝からパーラ王朝に代わる7世紀ころ、ヒンドゥー化した仏教、すなわち密教が花開く

ヒンドゥー教
神道と似た多神教。
ご利益を求める

影響

仏　教
ヒンドゥーのダーラニーやマントラなどの呪文を取り入れる

＝

密教化

密教と顕教

顕教
- 従来の仏教の教えで、あくまで仮の教え
- 釈迦が難解な教理を平易に翻訳して衆生に示したもの

密教
- 仏教の教えは、本来言語化不能な秘密に属するもの。すなわち**「密教」**
- 密教の根本は大日如来の教えで、その教えは「三密加持」の行でしか理解できない
- 「三密加持」の行で心にマンダラ（曼荼羅）を思い描き、仏と一体になる。この瞬間がすなわち「即身成仏」である
- 『大日経』と『金剛頂経』を根本聖典とする

▲曼荼羅とは諸仏・諸菩薩・諸尊などを仏教の世界観に従って配置した図絵。胎蔵界曼荼羅と金剛界曼荼羅がある。上の写真は金剛界曼荼羅図

を平易に翻訳して衆生に示した仮の教えだとして、「顕教」と呼んだ。それに対して、ほんとうの教えは言語化不能な秘密に属するものだとしてこれを「密教」といったのである。

大日如来の教えを理解するための三密加持

密教は大日如来の教えだ。大日如来は宇宙の事象に仮託して法を説いているが、その教えはあまりにも深遠で難解なので、特別な行をしなければ理解できないという。その行は「三密加持」といい、身・口・意の三密によって行なわれる。手（身）で印を結び、口でマントラ（真言）やダーラニー（陀羅尼）を唱え、心にマンダラ（曼荼羅）を思い描いて仏と一体になることをめざすのだ。これを「入我我入」といい、この瞬間に行者は成仏する。これを即身成仏というのである。

仏教の世界観を表わす曼荼羅

曼荼羅とは三世十方の諸仏・諸菩薩・諸尊などを仏教の世界観に従って配置した図絵で、『大日経』に基づいて描かれたものを胎蔵界曼荼羅または胎蔵曼荼羅といい、『金剛頂経』に基づいて描かれたものを金剛界曼荼羅という。胎蔵界曼荼羅は真理の世界を表わし、金剛界曼荼羅は真理の世界に向かう修行の階梯と仏の位に達した境地が示されているという。

インド仏教にとどめを刺したイスラム勢力

おおいに隆盛した密教だが、ヒンドゥー教とともにタントリズムの洗礼を受けることになる。

「タントラ」とはヒンドゥー教シヴァ派の一派の文献名を表わす言葉で、男女の交わりで宇宙と一体になれるという考えを持つ。これが大流行して、密教はタントリズムの中に解体され、ヒンドゥー教と融合していくことになる。同時に、八世紀初めからイスラム教の勢力がインドに侵入し、寺院や仏像の破壊などが始まった。特に十三世紀には大きな侵略があり、寺院は徹底的に破壊され、僧も大量虐殺された。

こうして、インド最大の寺院だったヴィクラマシラー寺が破壊されたことをもって、インド仏教は終焉したとされる。

2 仏教の日本伝来のルートをさぐる

西域から中国へ伝わった仏教

※南伝仏教と北伝仏教

前述したように、アショーカ王の息子のマヒンダは、上座部仏教をスリランカに伝えた。この上座部仏教が、ミャンマー（ビルマ）、カンボジア、タイなど東南アジア諸国の国教となる。

しかし、インドの仏教が必ずしもスリランカ経由で東南アジアに伝えられたということではない。各国には直接、インドから大乗仏教やヒンドゥー教などが伝えられ、隆盛もしたが、各国の政治的な課題で時の権力が上座部仏教を国教として選び取ったというのが歴史的な事実のようだ。東南アジアの上座部仏教は、いまでもかつての姿を保ちつつ伝承されている。

大乗仏教からは小乗仏教と蔑称された上座部仏教だが、今は上座部仏教とか南伝仏教と呼ばれて信仰されており、大乗仏教との対立関係はない。

一方、目を北に転じると、仏教は西北インドからヒンドゥークシュ山脈やカラコルム山脈を越え、シルクロードを通って中国に至る国々に定着していく。大乗仏教を主流とした仏教で、こちらは北伝仏教と呼ばれている。

シルクロードの表舞台は中央アジア。中国では西域と呼んでいた。ガンダーラ、バーミヤン、カシュガル、ホータン、クチャ、トルファン、敦煌などの国々で、そこでは仏教が盛んに信仰されていた。

この西域を経由して、仏教は中国に伝わっていった。紀元一世紀、後漢の明帝の時代だといわれている。このころ、漢にも衰退の兆しが見えており、国教的な扱いを受けていた儒教もまた人々から離れていっていた。したがって、中国も儒教に代わる新しい思想や文化を必要としていた。そこに仏教が受け入れられる素地があったのであろう。

五胡十六国時代に深化した仏教思想

言語体系のまったく異なるインドの経典が中国語に訳されることについては、西域の僧たちが言葉には尽くせない努力をして取り次いでくれた。多くの西域の僧たちがインドから経典を持って中国を訪れ、翻訳に尽力したのだ。また、多くの中国人も西域およびインドを訪れ、仏教を学んだ。

中国人は、発想の異質なインド思想を解釈するにあたって、中国に古来からあった思想を持ってきて解釈しようとした。例えば「空」を理解するのに、古来からあった老荘思想の「無」の概念を借りて解釈した。

このような解釈法を「**格義仏教**」というが、仏教を自家薬籠中のものにするため、中国人はさまざまな試みを行なったのである。

後漢の時代は、インドから経典を移入し、翻訳することに全力を使った時代だった。そしてそれに続く三国時代（二二〇～二八〇年）は、戒律関係の仏典が数多く翻訳された。

三国時代を統一したのは晋だったが、晋はたちまちのうちに分裂してしまった。そして五胡十六国時代（三〇四～四三九年）という混乱の時世に突入する。この混乱の時代に中国と西域・インドとの東西交流が盛んに行なわれ、仏教は思想深化の時を迎える。

西域からは**仏図澄**や**鳩摩羅什**（クマーラジーヴァ）などがやって来て、中国仏教に決定的な影響を与えた。中国からは**法顕**がインドに渡り、貴重な仏典を数多く請来した。中国禅宗の祖とされる**菩提達摩**（達磨とも表記される）がインドから中国にやって来たのも、この時代のことである。

隋と唐時代に開花した中国仏教思想

このあとの隋と唐という時代に、中国仏教は大輪の花を咲かせる。隋代には**天台大師智顗**が『法華経』を中心にして膨大な経典の秩序立てを行なった。同じころ、**曇鸞**は口称念仏を提唱し、**中国浄土教**の基礎を築いた。

そして唐代に入ると、華々しい仏教者の活躍が待

釈迦入滅後の仏教の伝播

アジア東部の仏教伝播地図

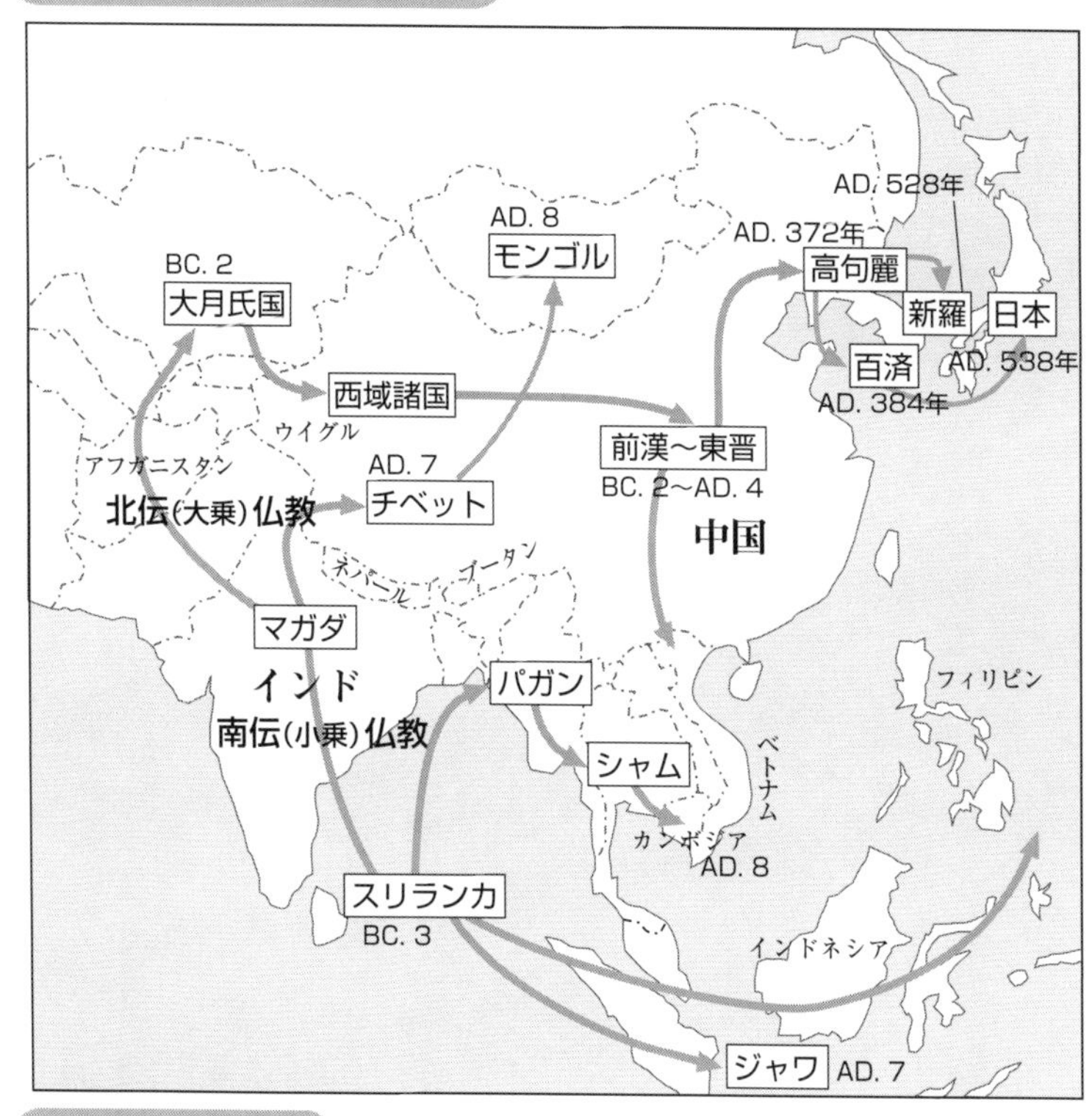

中国の仏教受容

インド経典の中国語への翻訳
西域の僧たちがインドから経典を持って中国を訪れ、翻訳に尽力した

発想の異質なインド思想の解釈
中国に古来からあった思想を持ってきて解釈しようとした

〔インド〕

仏教思想の根幹

置き換え →

〔中国〕

老荘思想の概念

っている。日本との交流が盛んになるのもこの時代である。

玄奘三蔵は陸路単身インドに渡り、六百五十七部にも及ぶサンスクリット語の仏典を中国にもたらした。その弟子の慈恩大師窺基は、師が持ち帰った唯識思想をもとにして**法相宗**を開いた。このころ日本から留学していた道昭は、この教えを故国に伝えて日本法相宗の初祖となった。

この唯識思想の影響を受けて**華厳宗**が誕生する。また、このころ、道宣によって南山律宗、四分律宗が開かれた。

唐時代にインドから密教も伝来

この唐時代に密教も伝来する。インド出身の善無畏とその弟子の一行は『大日経』を翻訳し、やはりインド出身の金剛智とその弟子の不空が『金剛頂経』を翻訳した。両経は密教の根本聖典である。

この二つの教えが**恵果**によって統一して学ばれ、日本から留学して恵果の弟子となった**弘法大師空海**によって体系化された。密教は空海によって仏教の檜舞台に上ったのである。

中国仏教最盛期の到来となった七世紀

浄土教は、曇鸞の影響を受けた道綽が継承し、中国浄土教を大成した**善導**にバトンタッチする。

達摩から継承した**中国禅宗**も、北宗禅を立てた神秀と南宗禅を立てた**慧能**が出てピークを迎える。唐代こそ、中国仏教がもっとも隆盛を極めた特筆すべき時代だった。

この時代（七世紀前半）、仏教はインドと中国の両方からチベットに伝わる。最終的にチベット人はインド仏教を選び、独特のチベット仏教として発展し、のちに中国を統一する蒙古（元）にも大きな影響を与える。

唐以後も命脈を保った中国仏教

唐のあとの中国は、外圧とのせめぎ合いだった。まず約七十年に及ぶ五代十国時代（九〇七〜九七九年）が到来し、遼が中国東北地方を占領する。次に宋が中国を統一するが、満州の女真族が立てた金が南下

中国の仏教受容史、早わかり図

① 誕生・伝訳の時代〈前漢～西晋〉 (BC. 202～AD. 316年)

西方交通ルートの開通
前漢の張騫（ちょうけん）の命をかけた旅によって開かれた

→ **仏教伝来**
後漢、明帝の時代

→ **インド僧・西域僧が続々と来朝**
経典の伝来と翻訳の時代

② 研究・建設の時代〈東晋～南北朝〉 (317～589年)

中国が積極的に仏教を摂取、急発展を遂げる時代

→ **激しい東西交流**
・仏図澄（ぶっとちょう）、鳩摩羅什（くまらじゅう）、菩提達摩等の中国入り
・法顕等中国僧の西域・インド訪問

→ **仏教弾圧と復興の繰り返し**
破壊されないための雲崗石窟、竜門石窟を建設

↓ **敦煌莫高窟（ばっこうくつ）に影響**

③ 成熟、繁栄の時代〈隋・唐〉 (589～907年)

中国仏教の全盛期
経典の請来…玄奘三蔵のインド留学と帰国後の経典翻訳

→ **経典の解釈の時代へ**
天台大師智顗が膨大な経典を理論的に整理

→ **宗派の成立**
天台宗、三論宗・成実宗・法相宗・律宗・華厳宗・密教・浄土教・禅宗などが成立

④ 継承・浸透の時代〈五大十国～明〉 (907～1644年)

他民族支配の時代
元などの遊牧民族国家が成立するが、仏教は保護される

宋代仏教が日本に影響を与える
栄西・道元が渡宋、影響を受ける

⑤ 融没・世俗化の時代〈清～現代〉 (1644～現在)

清の時代は仏教が管理統制される
仏教の担い手が教団から知識人に移る…「居士仏教」

→ **帝国主義と革命の大混乱**
仏教は冬の時代へ

→ **文化大革命の克服**
信教の自由の復活

↓ 
現在へ

（『岩波仏教辞典』の中国仏教史分類による）

し、都を開封から杭州に移さざるを得なくなった。開封時代を北宋、杭州に移ってからを南宋という。

五代十国時代には禅の臨済宗と曹洞宗が興っている。また、宋が仏教を積極的に育て、遼、金も保護したため、仏教はその命脈を保った。

仏教が管理統制下に置かれた清朝

しかし、次にモンゴル（蒙古）が中国を統一して元を立てると、チベットのラマ教が国教とされた。仏教は主役の座を譲るが、禅宗だけは隆盛した。

元に代わって明の時代（一三六八〜一六四四年）になると、仏教を管理統制する政策が敷かれ、仏教には見るべきものがなくなった。そうこうしているうちに満州では女真族が部族を統一し、都を北京に移して清を建てた。

この国も明と同様ラマ教を尊び、仏教は管理統制下に置かれた。清朝第六代のころには仏教教団を社会から隔離する政策がとられたため、仏教は教団から在家の知識人階級の手に移り、「居士仏教」と呼ばれる独特の形で継承された。

革命の時代と仏教の生き残り作戦

清（一六一六〜一九一一年）も末期になると、欧米の帝国主義は中国に植民地を求め、次々と不平等条約が結ばれる。アヘン戦争が起こり、また日清戦争で敗北して国力は底をつく。

そして一九一二年、辛亥革命が起こって清が滅亡し、中華民国が成立した。このような流れの中、天童寺敬安は「中華仏教総会」を作り、孫文に仏教存続を訴えた。

その後、第二次世界大戦を挟み、中国では一九四九年、毛沢東の率いる中華人民共和国が誕生する。中華人民共和国では宗教は個人の自由とされ、仏教寺院や仏教文化の修理修復や保存がなされている。一九五三年には中国仏教教会が設立され、世界と連帯交流を深めつつ今日に至る。

朝鮮半島を経て日本に渡来した仏教

広開土王が積極的に取り入れた朝鮮仏教

前漢（紀元前二〇二〜八年）のころ、朝鮮は武帝に

朝鮮半島を経て日本が仏教を受容

高句麗
372年ころに仏教伝来
広開土王が積極的に仏教を取り入れる
日本に来た主な高句麗僧：慧敏、慧灌、慧慈

新羅
仏教伝来の時期不明。6世紀に法興王が仏教を公認
真興王が興輪寺を建立して仏教は勢いづく
真平王の時代、円光が護国仏教思想を唱え、慈蔵が皇龍寺九層塔を建立して護国仏教を確立。貴族階級の子弟の集まりである花郎集団が護国仏教を支えた

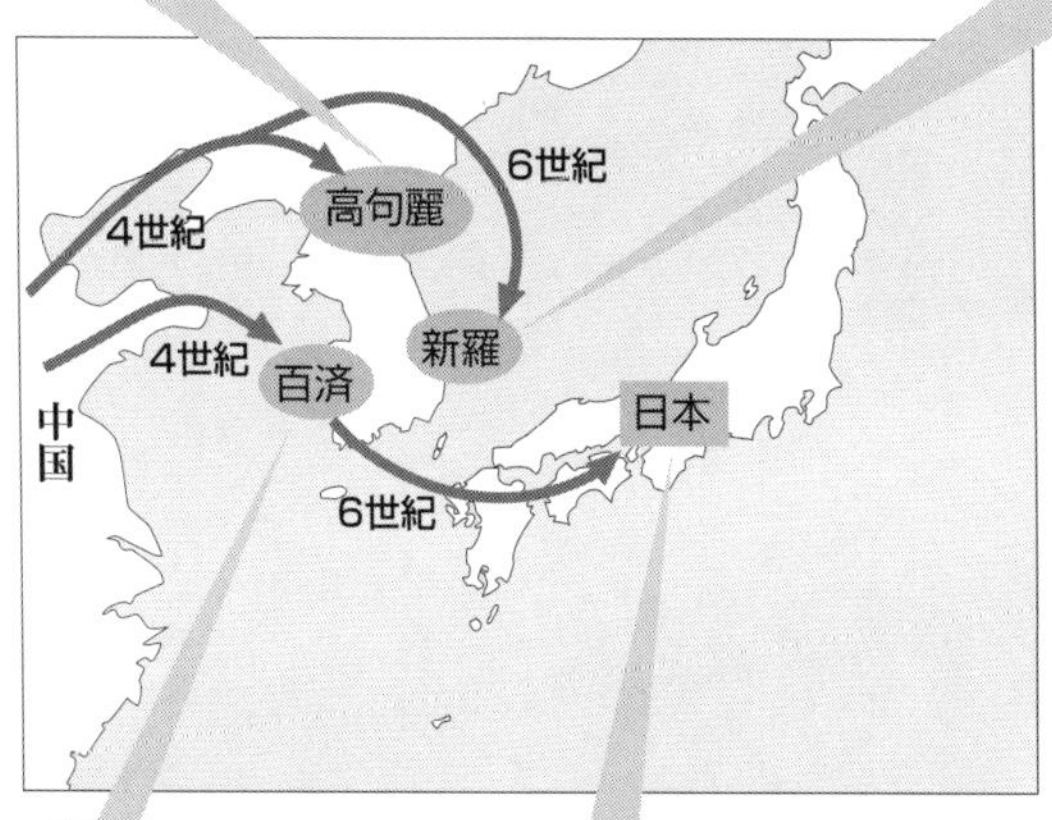

百済
384年以前に仏教伝来
聖明王が、538年に日本に仏教を伝えたことで知られる

日本
538年、または552年に百済から仏教が伝来
百済、高句麗、新羅から多くの仏教僧を迎える

▶朝鮮半島の影響が強い弥勒菩薩像

攻められてその支配下に入るが、漢が滅亡すると、北の高句麗と南の韓族の群立国家に分断する。

群立国家はやがて馬韓・弁韓・辰韓に統合され、馬韓の一国が百済に、辰韓の一国が新羅になる。高句麗、百済、新羅の三国時代の幕開けである。

高句麗には三七二年に仏教が伝わったとされる。**広開土王**が積極的に仏教を取り入れ、外国との交流を盛んに行なった。

慧敏は最初に日本に来た高句麗僧であり、慧灌、**慧慈**も来朝している。慧慈は聖徳太子の師となり、法興寺に住した。

※新羅の護国仏教を支えた花郎集団

百済への仏教伝来の時期はよくわからないが、三八四年以前であろう

▲新羅の護国仏教華やかなりし9世紀に建立された仏国寺（韓国慶州市）

とされる。百済の聖明王は、日本に仏教を伝えたことで知られる。五三八年、あるいは五五二年といわれる。

新羅への仏教伝来の時期もよくわからない。しかし、六世紀に法興王が仏教を公認し、真興王が興輪寺を建立すると仏教は勢いづく。そのあとの真平王の時代、円光は「世俗の五戒」を提唱して護国仏教思想の端緒を開いた。慈蔵は皇龍寺九層塔を建て、護国仏教を確立した。

この新羅の護国仏教を支えたのは、貴族階級の子弟の集まりである**花郎集団**だった。彼らは弥勒菩薩の化身だという信念に基づき、戦場で退くことを知らなかったという。

一貫して仏教弾圧政策をとった李氏王朝

六七五年、新羅は百済を併合、朝鮮半島を統一して統一新羅時代を招来する。統一新羅は九〇四年まで続き、仏教が栄える。

このあと、高麗が興って朝鮮半島を統一する。九一八年から一三九二年まで続く高麗王朝は、新羅時代の護国思想を受け継ぎ、北方民族に対峙した。

一三九二年、北方の女真族や日本の倭冦を破った**李成桂**が即位し、李氏朝鮮の時代が始まる。一九一〇年まで続くこの時代は、仏教にとっては災いの時だったといえる。李氏王朝は一貫して仏教弾圧政策をとったのである。僧侶は山に押し込められ、また還俗させられた。

しかし、民衆は浄土信仰などをとおして細々と信仰の火を守り、日韓併合や第二次世界大戦などの不幸を乗り越えてきた。そして現在の韓国仏教としてよみがえったのである。

第5章◉仏教思想の基礎知識

1. 仏教とは煩悩を脱却して悟りを開く道
2. 釈迦の説いた平等と解放の思想
3. 日本仏教に影響を与えた「経典」

仏教とは煩悩を脱却して悟りを開く道

「輪廻」を断ち切る涅槃と菩提

※インド人の深層意識――「輪廻転生」観

インド人は、古代からすべての生き物は死んではまた別の生き物に生まれ変わり、何度も生存を繰り返すと信じてきた。このような考え方を、「輪廻」あるいは「輪廻転生」という。

釈迦自身は、みずから積極的に輪廻を説いたわけではない。経典によると、釈迦は死後の生存や宇宙の果てなどに関する質問を受けると、黙って答えなかったという。この態度を「無記」とか「捨置記」という。

そのような形而上学的な質問は、現実生活の中に存在するわれわれの苦しみを解決するのに、なんの役にも立たないと考えたからである。

※死後の六つの世界――「六道」

しかし、後世の仏教界は、世間の趨勢であるこの輪廻転生という考え方を受容していくようになる。そして、あらゆる生き物は生前の善悪の行ないにより、死後六つの世界に生まれ変わるとした。地獄道・餓鬼道・畜生道・阿修羅道・人道・天道の六つである。これを「六道」といい、六道を輪廻することを「六道輪廻」という。仏教では、悪を断ち、善を行なってより苦しみの少ない世界に生まれることを勧める。

①あらゆる苦しみを味わう地獄道

地獄道は地下深くにあり、あらゆる苦しみをなめ尽くす世界とされる。サンスクリット語では「ナラカ」といい、「奈落」と音写される。劇場の舞台の床下を奈落というが、地下深くにある地獄というイメージで連想されたものであろう。悪業を積んだものが墜ちる。

輪廻転生という思想

輪廻転生(りんねてんしょう)

インドに古くからあった輪廻という思想

すべての生き物は死んではまた別の生き物に生まれ変わり、何度も死と生を繰り返す

輪廻思想に慎重だった釈迦

死後の世界の存在や、宇宙の果てなどに関する質問を受けると、釈迦は黙って答えなかった

その理由は　**無記**

こうしたことを考えても、現実生活の中に存在するわれわれの苦しみを解決するのに、なんの役にも立たないからである

▲釈迦は死後の世界に関する弟子たちの質問に答えを与えなかった

地獄道は八熱地獄(はちねつじごく)と八寒地獄(はっかんじごく)が有名で、八熱地獄のそれぞれにはさらに付属する「増地獄」「副地獄」、また「孤地獄」などがあるという。

②永遠の空腹に苦しむ餓鬼道

餓鬼道は、嫉妬深かったり物惜しみをするものが墜ちるところだという。そこの住人は餓鬼と呼ばれ、のどが針金のように細く、やせているのにおなかだけが膨らんでいる。

餓鬼は飢えた存在なのである。いつも空腹に苦しみ、食べ物を欲しているが、食べようとすると火となって燃えてしまうという。

③人間に酷使される畜生道

畜生道とは、畜生の境涯ということで、一般には家畜を指すが、あらゆる鳥獣虫魚も包含される。人間に酷使され、運命をもてあそばれるとともに、畜生どうしで殺し合い、傷つけ合う苦しみを背負う。生前の悪行によって生まれ変わるという。

④終わりなき怒りの世界、阿修羅道

阿修羅道に住む阿修羅は、阿を略して「修羅(しゅら)」ともいわれる。怒りに満ち、闘争を常とする存在とさ

れる。もともとは善神だったが、帝釈天に娘を奪われ、いつも恨みを宿す鬼神のたぐいに落とされた。闘争の場を「修羅場」といい、戦いのやまない世間を「修羅の巷」などというのは、この阿修羅の闘争癖から来た言葉である。

⑤悟りの道が開かれている人道

次の**人道**は、われわれ人間の住む世界である。いうまでもなく、生・老・病・死をはじめ、さまざまな苦しみを背負った存在だ。しかし、それでも阿修羅道から地獄道までと比べれば楽しみもあり、ずっとましだといわれる。

人道のみに備わった特徴は、この世界に生まれたものだけが悟りを開いて仏になれるということだろう。だから、人間として生まれるのは極めて希有なことだといわれるのである。

⑥天道と地獄も紙一重

最後の**天道**は、天人の住むところだ。天人は神と言い換えてもいい。須弥山という巨大な山の中腹から始まって宇宙空間に至るまで、二十七種類もあるといわれる。上位の天に行くほど位置は高く、住人の体は大きく、寿命も長く、快楽も勝るという。

しかし、その寿命も快楽も永遠ではない。人間の何千倍、何万倍生きても、天人も必ず老・病・死の苦しみは受けなければならない。

それは、「天人の五衰」といわれる兆候で現れる。頭の花鬘がしぼみ、次に衣がよごれる。そして脇から汗が噴き出、めまいに襲われる。最後は天の生活を嘆くようになるという。

長寿と快楽に満ちていただけに、その苦しみは地獄の苦しみの十六倍にも及ぶといわれる。結局、地獄道から天道まで、六道は苦しみの世界なのである。

生きとし生けるものは、生前の善悪の行ないの報いを受け、これら六つの世界に生まれては死に、死んでは生まれ変わって生存を続けるという。これが**「輪廻転生」**という考えである。

※解脱こそ永遠の安らぎ

苦しみの世界を永劫に生きなければならない輪廻の輪から、われわれは脱出できないのだろうか。ここで、「できる」と強調して答えておこう。

六道輪廻と仏教の宇宙観

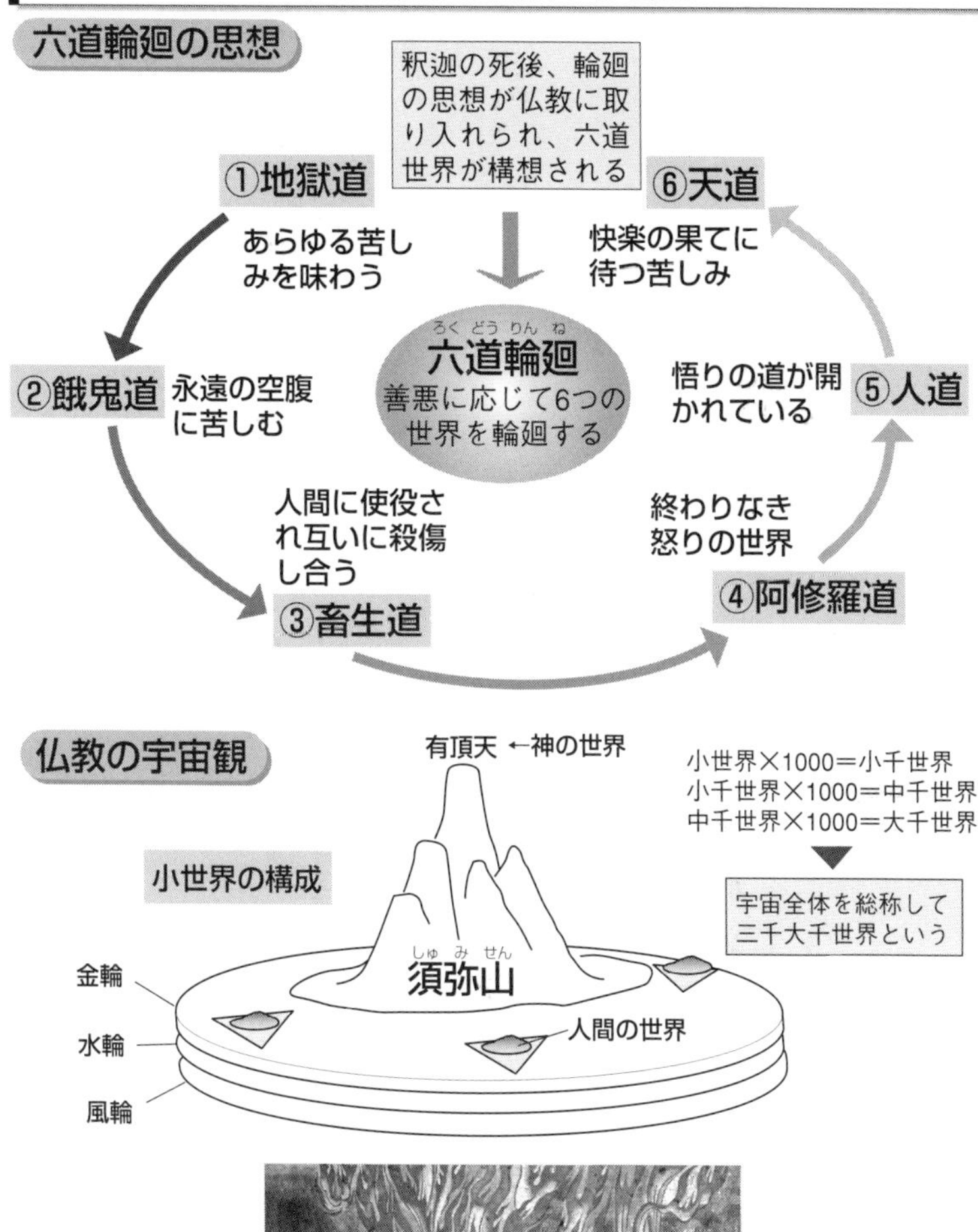

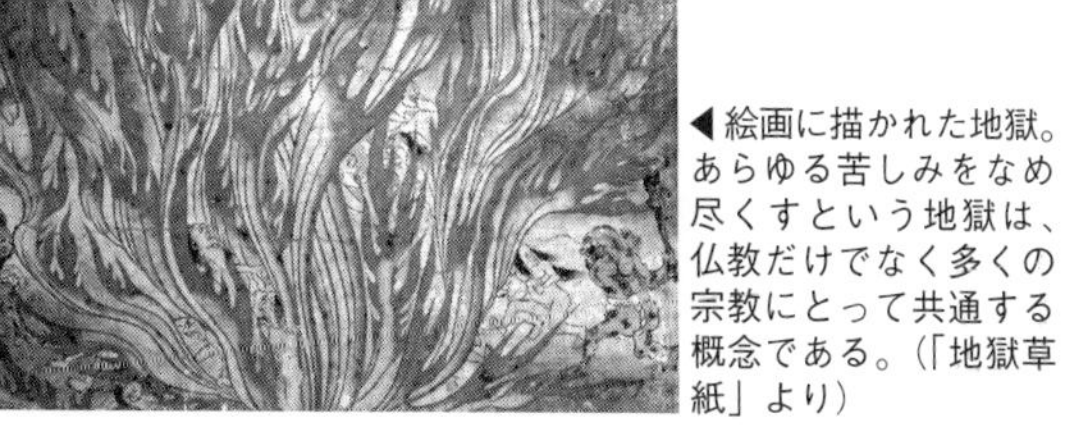

◀絵画に描かれた地獄。あらゆる苦しみをなめ尽くすという地獄は、仏教だけでなく多くの宗教にとって共通する概念である。（「地獄草紙」より）

脱出する道は、釈迦のように悟りを開いて仏になることだ。仏になることによってのみ、輪廻の輪から脱出することができる。これを「**解脱**」という。解脱すれば、天道のような相対的な快楽の世界ではなく、永遠の安らぎの世界に入っていける。

解脱することを、「**涅槃に入る**」と言い換えることもできるし、「**菩提を得る**」ということもできる。「**涅槃**」とは、サンスクリット語の「ニルヴァーナ」の音写語で、「火を吹き消した状態」という意味である。

釈迦が悟りを開くとき、彼は心の中で悪魔の軍勢と戦った。その悪魔とは、われわれの荒れ狂う欲望や執着、怒りや蒙昧などの煩悩の象徴である。釈迦はこの煩悩の火を吹き消し、涅槃に入ったのだ。われわれも、それと同様にみずからの煩悩の火を吹き消せば、静寂な安らぎの世界である涅槃に入ることができる。

なお、聖者が最後の物質的な自己とのしがらみである肉体を捨て、生命の火を吹き消すことも涅槃である。この場合、「完全な」という形容詞をつけて「**般涅槃**」と呼ばれる。

※菩提とは悟りのこと

この静寂で情緒的なイメージのある「涅槃」に対して、「**菩提**」は論理的なイメージを持っている。サンスクリット語の「ボーディ」の音写語で、「悟り」と訳されるのがこの言葉だ。

釈迦は、菩提樹の下で坐禅をし、宇宙の成り立ち、人間のありよう、社会の本質などを論理的に究明し、悟った。これが「菩提を得た」ということであろう。

釈迦の悟りは、このように情緒的な涅槃と論理的な菩提を内包し、さらにそれらを超えたところで得られた宗教体験なのだと思う。その瞬間、苦しみの輪廻の輪から解脱したことを実感したことであろう。

解脱と涅槃と菩提を一身のうちに体現したとき、それが悟りの瞬間なのではないだろうか。

「四諦」——悟りに導く四つの真理

※「諦」はあきらめではなく真理を指す

釈迦の悟りの内容を説明するとき、一般にいわれるのが「四諦・八正道・十二因縁」というもので

輪廻を断ち切る涅槃と菩提

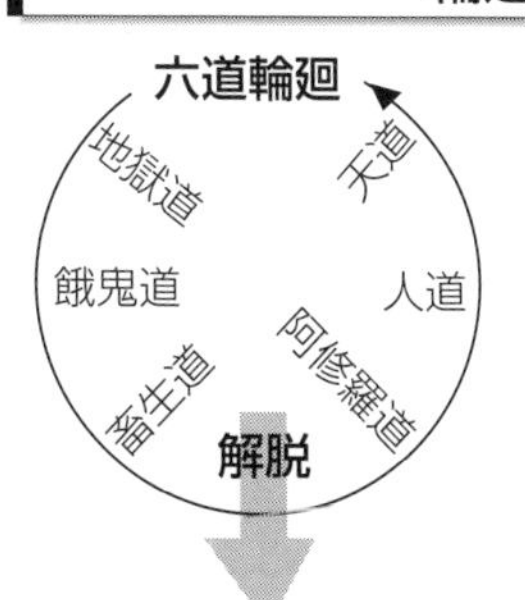

永遠の安らぎの世界

釈迦のように悟りを開いて仏になることによってのみ、輪廻の輪から脱出できる

これを「解脱（げだつ）」という

天道のような相対的な快楽の世界ではなく永遠の安らぎの世界に入る

「菩提」とは、サンスクリット語で「悟り」という意味 …理論的

解脱 ＝ 「菩提（ぼだい）を得る」「涅槃（ねはん）に入る」

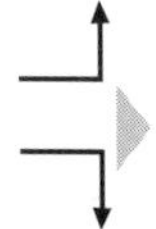

解脱と涅槃と菩提を一身のうちに体現したとき、それが悟りの瞬間

「涅槃」とは、サンスクリット語で「火を吹き消した状態」という意味 …情緒的

釈迦は、菩提樹の下で坐禅し、宇宙の成り立ち、人間や社会の本質などを究明した

釈迦は悟りを開くとき、心の中で悪魔の軍勢と戦った。悪魔とは、われわれの荒れ狂う欲望や執着、怒りや蒙昧などの煩悩である。釈迦はこの煩悩の火を吹き消して涅槃に入った

ある。仏教には八万四千の法門があるといわれるから、実際には釈迦の悟りを限定していうのは困難なのだろうが、後世の学者によって分析、整理されたものなので、ここに紹介しよう。

「**諦**」は「あきらめる」と読むが、「あきらめる」とは本来ギブアップすることではなく、「明らかにする」ことだという。したがって、「諦」とは明らかにされた真理を指し、「**四諦**」とは「**四つの真理**」という意味になる。

それは「**苦・集・滅・道**」、すなわち、「**苦諦**」「**集諦**」「**滅諦**」「**道諦**」の四つのことである。

欲と執着こそ苦の源

まず「**苦諦**」とは、この世は苦であるという真理を指す。現実は、生・老・病・死をはじめ、われわれの思いどおりにならないことに満ちている。経典では、思いどおりにならないことを苦という定義づけている。

次の「**集諦**」とは、苦しみには原因があるという真理である。前述のように、苦とは思いどおりにならないことだ。では、なぜ思いどおりにならない事態が生じるのか。

それは、われわれが満足することを知らず、「あれもこれも」とねだり、「もっともっと」と欲張るからだ。欲望や執着が限りなく再生産されるのだから、そこに満足はなく、思いどおりにならない事態が常態化する。

次の「**滅諦**」とは、苦しみの原因を取り除けば苦もまたなくなるという真理である。苦の原因である欲望や執着、怒りや蒙昧をコントロールすれば、結果である苦もまたコントロールできるという真理だ。

本能に基づく欲望や執着を断滅することは不可能である。だから、仏教では「**少欲知足**」といい、足るを知る努力をしようというのだ。

では、欲望や執着をコントロールし、煩悩に振り回されないような自己を確立するためにはどうすればいいのか。

その答えとして、釈迦は次の「**八正道**」を提唱したという。

悟りに導く四つの真理――「四諦」

四諦とは苦の実態とそれを克服する道について明らかにされた四つの真理をいう

苦というものの実態を説く

苦諦

生・老・病・死をはじめ、この世は苦である。苦とはわれわれの思いどおりにならないことである

集諦

欲望や執着が限りなく再生産され、満足することなく、思いどおりにならない事態が常態化する

苦を克服するための実践法

滅諦

苦しみの原因を取り除けば苦もまたなくなる。欲望や執着、怒りや蒙昧をコントロールする

道諦

欲望や執着をコントロールし、煩悩に振り回されないような自己を確立する→八正道へ

悟りに至る修行法――「八正道」

八正道とは、自己をコントロールし、悟りに至るための修行法である。次の八つがあげられる。

※それぞれが関連し合う「八正道」

①正見――真実をありのままに正しく見ること。
②正思惟――真実をありのままに正しく考えること。
③正語――むだのない、人を傷つけない正しい言葉を使うこと。
④正業――無益な殺生や盗み、よこしまなことは避けて正しい行為をすること。
⑤正命――正当な手段で衣食住の糧を得、規則正しい生活を送ること。
⑥正精進――悟りに向かって正しい努力をすること。
⑦正念――正しい教えを心にとどめて忘れないこと。
⑧正定――心を一点に集中し、正しく精神統一をすること。

真実をありのまま見ることを「智慧」といい、悟りの境地を表わす。だから①は悟りの境地である。そこに至るためには、⑧の正しい精神統一（正定）が欠かせない。正しい精神統一は、⑤の日ごろの正しい生活（正命）によって可能となる。正しい生活の中身は、身体、言葉、心の行為を正すことだという。

人の行為はこの三つによって表わされ、仏教ではこれを「身・口・意の三業」と呼ぶ。

身は④の正業、口は③の正語、意は②の正思惟に相当する。この三つを正すことで、正命を維持する努力（正精進）が可能となる。これを常に心にとどめておく（正念）ことが肝要である。

以上のように、八正道はそれぞれが関連し合って成り立っている。

※実践的な戒・定・慧の三学

この八正道は、のちに「戒・定・慧の三学」としてまとめられる。正語・正業・正命という「戒」を守れば、正念・正定という正しい「禅定」ができ

悟りに至る修行法――「八正道」

「四諦」によって明らかにされた 悟りに至る修行法が「八正道」

- **①正見**　真実を正しく見る
- **②正思惟**　真実を正しく考える
- **③正語**　正しい言葉を使う
- **④正業**　殺生や盗みを避けて正しい行ないをする
- **⑤正命**　正しい生活を送ること
- **⑥正精進**　悟りに向かって努力をすること
- **⑦正念**　正しい教えを忘れないこと
- **⑧正定**　心を一点に集中し精神統一をすること

八正道はそれぞれが独立して存在するものではない。正しい修業をするために相互が補完し合って存在している

るようになり、正見・正思惟という「智慧」を得るというのである。

このように、釈迦は悟りを開く道に関しても抽象論に陥らず、具体的な方法を提起した。あくまで実践的・実存的であり、人を導くのに真剣だったことがうかがえる。

苦しみの根元としての「十二因縁（縁起）」

苦しみの根元にある十二の要因

「四諦・八正道」は、苦しみの原因を明らかにし、それを取り除く方法を具体的に提示した。このとき、釈迦は苦しみの原因をより詳細に探っていったという。それが「十二因縁」あるいは「十二縁起」と呼ばれる考えである。

われわれの苦は、なんといっても老死に代表されるであろう。では、その老死はなぜ生じるのか。それは、苦しみの六道世界に生まれるからだ。では、なぜ六道世界に生まれてしまうのか。それは、われわれの執着心が輪廻を引き起こすからだ……。

釈迦はこのように老死から始まる苦しみの原因を順番に突きつめていき、十二の要因をたどっていって根本原因に行き着いた。

それは「無明」と呼ばれる。真理を見とおす智慧を持たない無知のことだ。蒙昧ともいう。

根本原因である無明は次の結果を生み、次の結果はそれがまた原因となってさらに次の結果を生んでいく。そのようにしてたどっていったのが次の十二の要因である。

①**無明**――われわれは無知であり、真理を理解できない状態にある。

②**行**――無明に基づき、われわれは間違った行為をする。

③**識**――間違った行為は間違った認識を生む。

④**名色**――認識は、視覚（眼）・聴覚（耳）・嗅覚（鼻）・味覚（舌）・触覚（身）・それらを統合する意識（意）の対象があってはじめて得られる。

⑤**六入**――認識の対象は、六入（眼・耳・鼻・舌・身・意）によって知られる。

⑥**触**――六入によって対象を知り、外界と接するようになる。

⑦**受**――外界との接触により、感受作用が起こる。

⑧**愛**――感受した対象を欲したり嫌ったりする。

⑨**取**――欲したり嫌ったりするものに執着する。

⑩**有**――執着することにより、輪廻転生する。

⑪**生**――輪廻によって六道に生まれ変わる。

⑫**老死**――こうして、また老いて死ぬ苦しみを繰り返す。

※「慧」を得ることで真理を見出す

経典では、

「無明によって行があり、行によって識があり、識によって名色があり、名色によって六入があり、六入によって触があり、触によって受があり、受によって愛があり、愛によって取があり、取によって有があり、有によって生があり、生によって老死愁悲苦憂悩がある」

と言い、このように観じるのを「順観」としている。

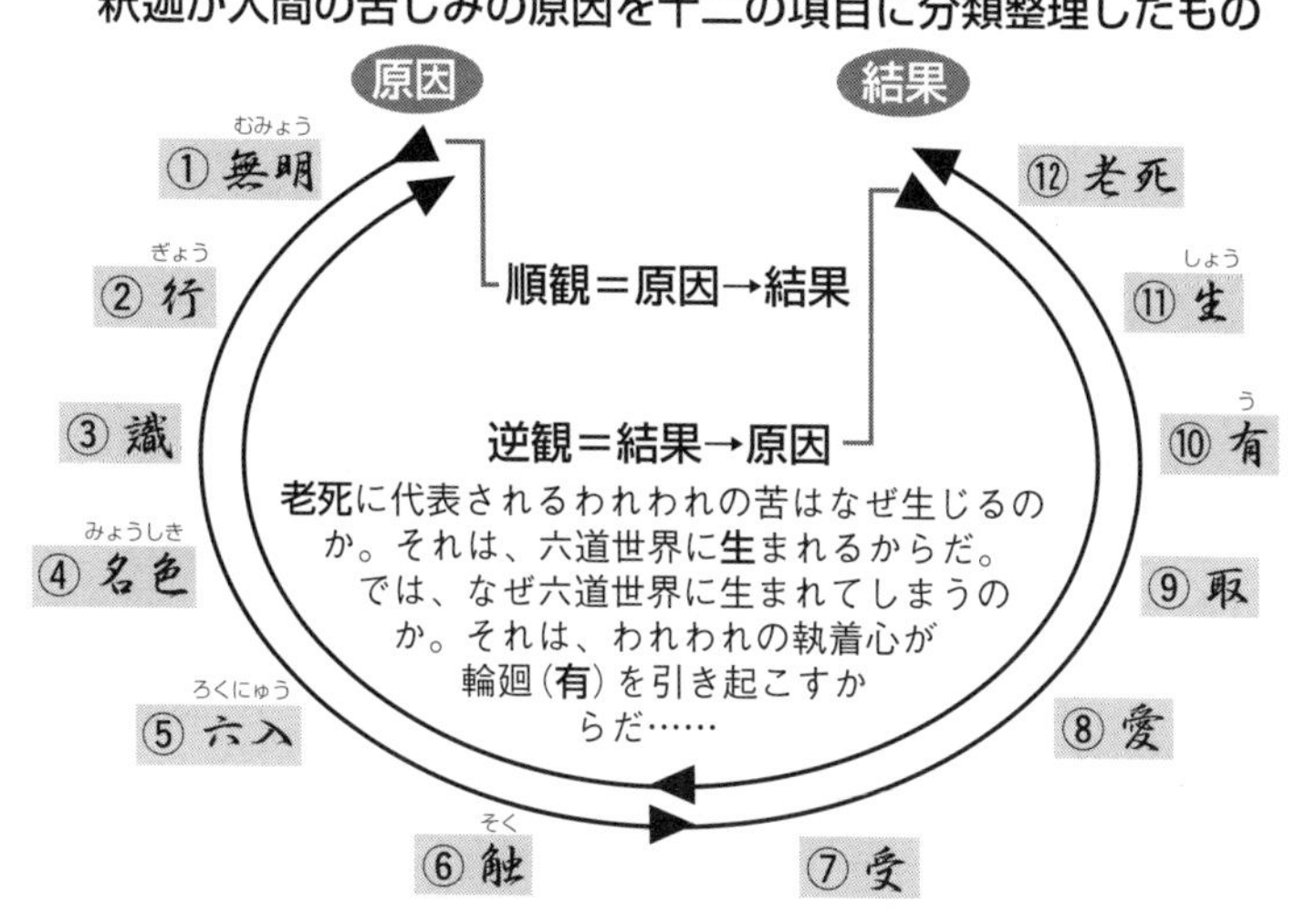

逆に、

「無明を滅することによって行が滅し、行を滅することによって識が滅し、識を滅することによって名色が滅し、名色を滅することによって六入が滅し、六入を滅することによって触が滅し、触を滅することによって受が滅し、受を滅することによって愛が滅し、愛を滅することによって取が滅し、取を滅することによって有が滅し、有を滅することによって生が滅し、生を滅することによって老死愁悲苦憂悩が滅する」

と観じるのを「逆観（ぎゃっかん）」というと言っている。

老死そのものはなくなるはずがないが、その原因への執着を滅することで、心中の愁いや悲しみ、苦しみや悩みを乗り越えることができると言っているのだ。達観といえよう。

無明とは、真理を見る智慧の目がないことである。したがって、八正道を行じて「正見」を自分のものとし、三学を実践して「慧」を得ることで真理をありのままに見ることができるように努めなければならない。

2 釈迦の説いた平等と解放の思想

釈迦の教えの核心——「四法印」

釈迦の教えのエッセンス

仏教では、釈迦の教えの中から特に重要と思われるものを三つないし四つ選び、これを「三法印」あるいは「四法印」と呼んでいる。

①諸行無常
②諸法無我
（③一切皆苦）
④涅槃寂静

以上の四つが「四法印」で、③の「一切皆苦」を除いたものが「三法印」である。

万物はすべて変化する——「諸行無常」

さて、まず①の「諸行無常」とはどういう考え方か。「諸行」とは、あらゆる存在、あらゆる現象というほどの意味である。「無常」とは、常に移り変わり、永遠に変化しないなどというものはあり得ないというほどの意味と考えればいいだろう。

したがって諸行無常とは、あらゆるものは常に変化し、永遠に変わらないなどというものはないということである。

鴨長明はその著『方丈記』の中で、

「ゆく河の流れは絶えずしてしかももとの水にあらず」

と言っている。いつも同じような表情に見える河の流れも、ある一点を通過する水に同じ水は決してない。すべては常に移り変わっているということであろう。

われわれ自身のことを振り返ればそのことはすぐにわかる。時のたつのは早いものだ。いつまでも若いつもりでいる自分の髪が白くなるのは、あっという間だ。青春は終わったと感じ、老境に入ったのか

釈迦の重要な教え――「四法印」

四法印（しほういん）

① 諸行無常（しょぎょうむじょう）―万物はすべて変化する。永遠不変などというものはない
② 諸法無我（しょほうむが）―あらゆるものは因縁で成り立つ。独立して成り立っているものはない
③ 一切皆苦（いっさいかいく）―あらゆることは苦である
④ 涅槃寂静（ねはんじゃくじょう）―①から③の凡俗な苦の世界を超えた聖なる悟りの世界

源平の争乱の時代を生きた鴨長明（かものちょうめい）は、その著『方丈記（ほうじょうき）』の中で、「ゆく河の流れは絶えずしてしかももとの水にあらず……」と諸行無常をみごとに表現している

と不安を持つ人は多いだろう。

健康もそうだ。元気な体がいつまでも続くような気がしていると、思いもよらない病気が襲ってくる。あるいは怪我（けが）に見舞われる。健康がいつまでも続くなどということはあり得ない。

死も例外ではない。通常、われわれは他人の死は見聞きしても、自分の死はなかなか意識できないものだ。しかし、われわれは間違いなく死ぬ。人生とは、不治の病を前提とした生のようなものということもできる。

このように、われわれは刻一刻と老い、健康体は病気へと移行し、一歩一歩確実に死に向かっている。諸行無常を体現しているのだ。そして、諸行が無常であることはわれわれの思いどおりにならないということだから、それは苦を表わすのである。

あらゆるものは因縁で成り立つ――「諸法無我（しょほうむが）」

②の「諸法無我」とは、あらゆる存在には永遠に変わらない実体や本質などというものはないという意味だ。

あらゆる事物や事象は、なんらかの直接的な原因（因）と、間接的な条件（縁）があってはじめて成り立っている。因も縁も関係なく、それ自体で永遠不変に成り立っているなどというものはないということだ。

釈迦が活躍していた当時、バラモン教には「梵我一如」という確固たる思想があった。「梵」はサンスクリット語の「ブラフマン」の音写で、大宇宙の原理を指す。これが人格化されたのが梵天という神である。一方、「我」は「アートマン」の訳で、個人存在の本体だという。人間は、アートマンをブラフマンと一体化させることによって解脱を達成できるというのが梵我一如の考え方だ。

釈迦は、結局これに異議を唱えたことになる。個人存在の本体であるアートマンなどという固定されたものはないと主張したのだ。人間の本質とは、因と縁によって常に変化するものだ。

つまり、永遠不変の絶対的な我（アートマン）などというものはないと言ったわけだ。

我執を離れ無我に気づけ

釈迦の在世時に近い原始仏典を読むと、当初「諸法無我」という言葉は「わがもの」「自分の所有」などというものはないという意味で使われていたようだ。つまり、物や自分の心身に対する執着を戒める教えだったのだ。

金は天下の回りものである。それなのに、自分のものだと執着するから、自分から離れていったときに苦しみが生まれるのだ。「わがもの」とは、自分の思いどおりになるもののことだという。金が天下を回りはじめれば、自分の思いどおりにはならなくなる。そこに苦が生じる。ちなみに、苦のことをサンスクリット語で「ドゥッカ」といい、「思いどおりにならない」ことを意味するという。

われわれの心身も同様だ。自分のものだと思っているこの体も、思いに反して年を取り、病気になり、死を迎える。思いどおりにならないのだから、とてもわがものとはいえない。

心はどうか。好きになってはいけない人に惹かれたり、恩のある人に恨みの心を抱いたりして悩んだ

あらゆるものは因縁で成り立つ——「諸法無我」

「諸法無我」＝原始仏典では執着を戒める言葉として使われた

金は天下の回りもの。それなのに、自分のものと執着するから、失ったときに苦しみが生まれる

自分のものだと思っているこの体も、年を取りやがて死を迎える

好きになってはいけない人に惹かれたり、恩ある人を恨んだり、自分の心も、わがものとはいえない

「これは自分のもの」「おれが、おれが」と欲張り、執着する。そんな我利我利亡者の自己と対峙し、無我に気づくことを仏教は教える。

経験は多くの人が持っているはずだ。心もやはり、わがものとはいえない苦の存在なのである。

にもかかわらず、われわれは「これは自分のもの」「あれも私のもの」「おれが、おれが」と欲張り、執着する。そんな我利我利亡者（がりがりもうじゃ）の自己と対峙し、無我に気づくことを仏教は教える。

諸行無常と諸法無我を総合した「一切皆苦（いっさいかいく）」

四法印の三番目がこの「一切皆苦」だが、時に省かれて四法印が三法印になることもある。

なぜなのだろうか。それは、諸行無常も諸法無我も、その主張の行き着くところが結局「一切皆苦」ということになるからだろうと思う。

前述のように、苦とは「ドゥッカ」、思いどおりにならないことである。太古の昔から人間は不老不死を願うが、諸行は無常ゆえ思いどおりにはならない。また、人間は赤ん坊のように十全な自我の満足を求めるが、諸法は無我ゆえに思いどおりにはならない。したがって、一切は苦なのだ。

つまり、一切皆苦とは、諸行無常と諸法無我と同義

語だといえるわけである。だから、四法印から時にこの一切皆苦が省かれて三法印になるのだと推測する。

「四苦八苦」は人間の宿命

苦の第一は愛する人との別れ――愛別離苦

さて、釈迦は、人間とは基本的に苦なる存在だと喝破した。いかなるカーストに生まれても、だれも生・老・病・死という苦しみから逃れることはできない。

この根元的な苦である**生・老・病・死**を「四苦」と呼ぶ。

さらに釈迦は基本的な四つの苦をあげる。第一に「愛別離苦」。愛する人とも、いつかは必ず別れなければならない苦しみだ。

親・兄弟・姉妹、伴侶・子どもとも、諸行無常であるかぎりいつかは死別しなければならない。いや、死別だけではない。不和や離婚、さらには拉致などという理不尽なことで生別を余儀なくされる人もおぜいいる。愛別離苦は、あまりにも悲しい苦しみである。

いやな人と会う苦しみ――怨憎会苦

二番目は「怨憎会苦」。会いたくない人、憎い人とも会わなければならない苦しみだ。嫌いな上司でも、毎日その指示を受けなければならないのがサラリーマンというものだ。えこひいきをするいやな先生でも、担任ならば学生は学校で顔を合わせざるを得ない。怨憎会苦は、人間が社会的動物であるかぎり避けることのできない苦である。

欲望もまた苦――求不得苦

三番目は「求不得苦」。文字どおり、求めても満たされない苦しみだ。人間は一つの欲を満たしても、今度はそれより大きな欲と、必ず「あれもこれも」「もっともっと」と欲望を膨らませていく。

現代は、社会の側から個人の欲望を再生産させるしくみになっている。欲望と満足はいたちごっこの競争に陥り、満足というゴールはない。求不得苦は貪欲の火に焼かれる苦しみである。

人間の宿命――「四苦八苦」

だれも逃れられない四苦

生まれる苦しみ 生苦（しょうく）

老いる苦しみ 老苦（ろうく）

病むことの苦しみ 病苦（びょうく）

死ぬことの苦しみ 死苦（しく）

社会生活上での四苦

愛する人との別れ 愛別離苦（あいべつりく）

いやな人と会う苦しみ 怨憎会苦（おんぞうえく）

欲望もまた苦 求不得苦（ぐふとくく）

思いどおりにならないという苦 五蘊盛苦（ごうんじょうく）

思いどおりにならないという苦――五蘊盛苦

四番目は「**五蘊盛苦**」。われわれの心身は、自分の意に反して暴走する。そう簡単にコントロールのきかないものだ。若者の性欲が象徴的だろう。心身の病もしかり、老化に伴う体の変化もしかりである。そのように、心身が思いどおりにならない苦しみが五蘊盛苦だ。

　仏教では、先ほどの四苦にこの四つの苦しみを加えて「**四苦八苦**」と呼んでいる。「仕事に四苦八苦している」「受験勉強で四苦八苦している」などというときの「四苦八苦」の語源だ。

　このように、釈迦の思想の根底には、現実を苦ととらえる基本認識がある。たとえ天道に生まれようとも、そこにある楽は相対的な楽であり、六道全体は四苦八苦から逃れることのできない絶対苦の中にある。だからこそ、その絶対苦の世界から解脱し、涅槃に至ることを説くのが仏教なのである。

涅槃とは煩悩を吹き消した状態

すでに述べたが、「涅槃」はサンスクリット語の「ニルヴァーナ」、あるいはパーリ語の「ニッバーナ」を音写した言葉で、「火を吹き消した状態」を表わす。

　われわれは、いつも煩悩の火で焼かれている。**煩悩**とは、われわれの心身を悩ませ、かき乱し、煩わせ、惑わし、けがす精神作用の総称だという。具体的にはむさぼり（貪欲）・怒り（瞋恚）・愚かさ（愚痴）のことで、これらを「**三毒**」というとしている。現実はこれらの火に覆われ、すべての衆生は逃げまどうすべも知らずに炎に身をさらしている。

　だからこそ苦しみの現実を直視し、その原因を解明し、原因を除去して炎を吹き消さなければならない。こうして煩悩の火を吹き消した状態が「涅槃」である。

聖なる悟りの世界を表わす涅槃寂静

涅槃は静かな悟りの世界である。だから「**涅槃寂静**」という。苦しみの世界を凡俗の世界と呼べば、涅槃の世界は聖なる世界といえる。諸行無常、諸法無我、一切皆苦が苦なる凡俗の世界を言い表わした

「涅槃」とは煩悩を吹き消した状態

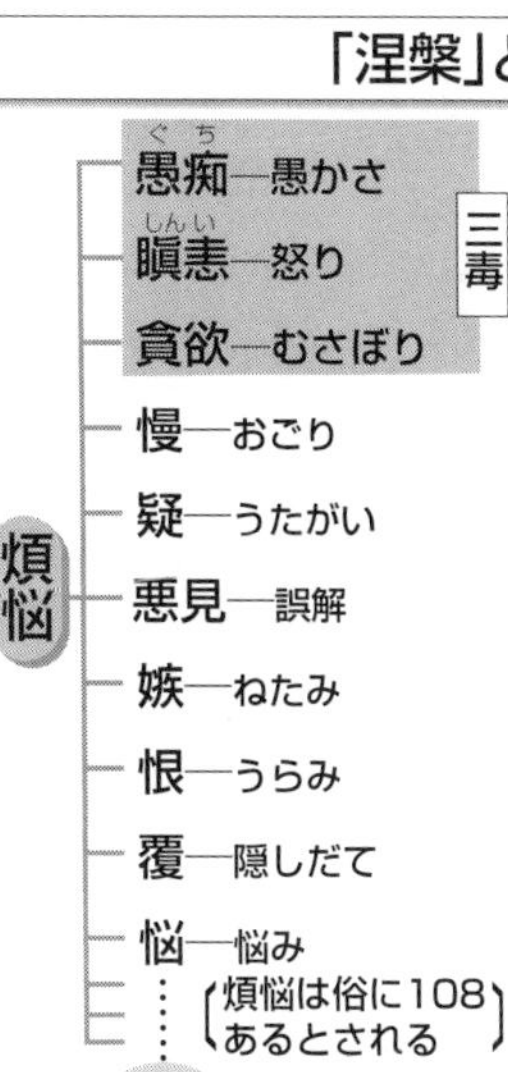

ものであるのに対し、涅槃寂静は聖なる悟りの世界を表わす。

苦しみの世界を離れ、涅槃寂静の彼岸（ひがん）に渡ろうというのが仏教の教えである。

また、生命の火が吹き消された状態をも涅槃という。前述のように、聖者が死去することだ。悟りを開いて仏となっても、生きているうちは生身の体というけがれを有しているとして、これを「有余涅槃（うよねはん）」という。

それに対して、死去することは肉体という制約からも自由になったわけだから、「無余涅槃（むよねはん）」といってこれを尊ぶ。そして、釈迦の無余涅槃を特に「大般涅槃（だいはつねはん）」と呼んでいる。

仏教思想の根幹をなす「縁起（えんぎ）」

諸行無常の考えに結びつく「因縁生起（いんねんしょうき）」

縁起とは「因縁生起」の略語であり、仏教思想の根幹をなす概念である。意味は、あらゆる事物や事象は「因」と「縁」によって生起するということ。

だから、「縁起がいい」とか「縁起を担ぐ」といった言葉の使い方は誤用である。
「因縁（いんねん）」も、けんかを売るときに「因縁をつける」などと使われるが、これも誤用だ。因縁の「因」とは結果を生み出す直接の原因であり、「縁」とはこれを補助する間接的な条件のことをいう。

諸法は無我なのだから、あらゆる事物はそれ自体でなにものにも依らずに自存しているなどということはない。なんらかの原因とそれを補助する条件によって生起し、変化を続けているのだ。

よく例に出されるのは植物だ。例えば花は、種という直接の原因がなければ芽を出すことはない。しかも種だけでは育たない。そこには太陽の光や熱、水やそのほかの肥料などがなければならない。種は花が育つための「因」であり、太陽の光や熱、水やそのほかの肥料などは「縁」ということができる。

ある因と縁が一つの結果を生めば、その結果はまた新しい因と縁になり、別の結果を生み出す。だから因と縁が固定しているということはあり得ず、常に変化している。つまり、因縁生起は諸行無常の考えにも結びつく。

※人間は単独で存在しているのではない

直接的な原因に比べると、それを補助する間接的な条件は無数に上るし、複雑に絡み合ってわれわれと関係を切り結ぶ。だから次第に縁のほうが重視され、縁起は「縁（よ）りて起こる」と読まれるようになった。相依相関関係を表わす言葉と受け取られ、思想はさらに深められていった。

われわれはさまざまな人間関係、社会との関係、自然との関係、宇宙との関係の中で生かされているのであり、単独で存在しているのではないという認識がさらに多様な思想を生み出していくことになるのである。

「戒律（かいりつ）」——自分を律するための基準

※本来は別の意味だった「戒（かい）」と「律（りつ）」

サンガ（仏教教団）の秩序を維持するためには、約束事がなければならない。また、修行者には自分

仏教思想の根幹をなす「縁起」

縁起

- 因 ＝結果を生み出す直接の原因
- 縁 ＝因を補助する間接的な条件
- 生
- 起

縁 縁 縁 縁 因 縁 縁 縁 縁

直接の原因となる「因」にひとつでも関連する「縁」は無数にある

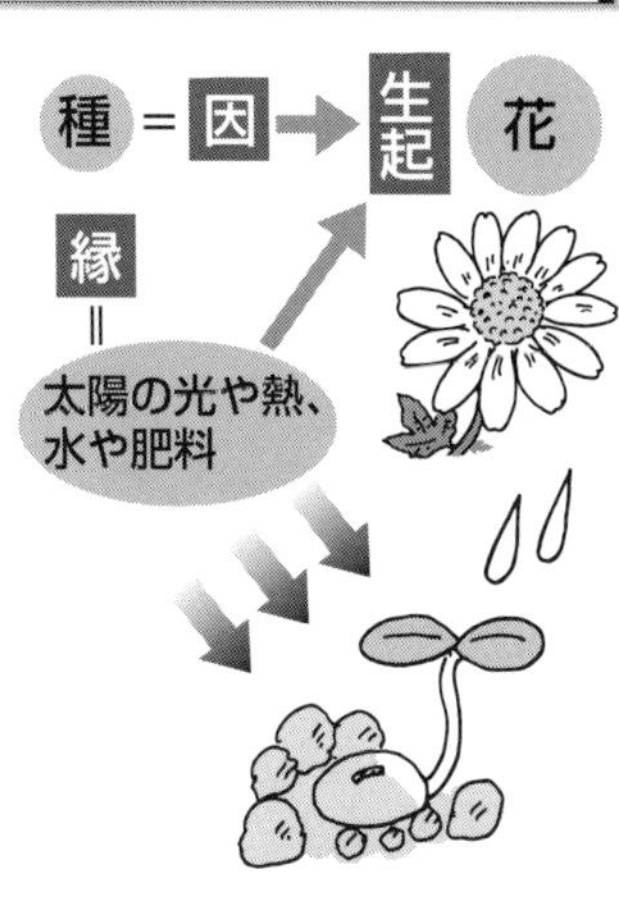

縁起とは仏教思想の根幹をなす概念
あらゆる事物や事象は「因」と「縁」によって生起するということを意味する

仏教者の基本的な戒――「八斎戒」と「五戒」

戒は修行者が自発的に守るべき生活態度

八斎戒

五戒

① **不殺生戒**（ふせっしょうかい）―殺すなかれ
② **不偸盗戒**（ふちゅうとうかい）―盗むなかれ
③ **不邪淫戒**（ふじゃいんかい）―よこしまな男女関係を持つなかれ
④ **不妄語戒**（ふもうご かい）―うそをつくなかれ
⑤ **不飲酒戒**（ふおんじゅ かい）―酒に飲まれるなかれ

⑥ **不塗飾香鬘舞歌観聴戒**（ふ としょくこうまん ぶ か かんちょうかい）
身を飾り、歌舞を見るなかれ
⑦ **不眠坐高広厳麗床上戒**（ふ みん ざ こうこうごんれいしょうじょうかい）
ぜいたくなベッドに寝るなかれ
⑧ **非時食戒**（ひ じ しきかい）
昼過ぎにものを食べるなかれ

五戒
①不殺生戒
②不偸盗戒
③不邪淫戒
④不妄語戒
⑤不飲酒戒

「五戒」は大乗仏教・上座部仏教を問わず、仏教者の基本的な戒。東南アジアの上座部仏教においては、今も一定の日を決めて八斎戒を守っている

を律する基準がなければならない。それらをひとことで「戒律」といっているのが現状だと思うが、本来「戒」と「律」とでは意味合いが違う。

戒はサンスクリット語で「シーラ」といい、習慣性を意味する。つまり、戒めを自分に課し、自発的にそれを守ることによって習慣化させることをいう。したがって、戒には罰則はなく、あくまで自発的に行なうものということになる。

※仏教者の基本的な戒としての「八斎戒」と「五戒」

具体的には、上座部仏教で出家、在家ともに守られている「八斎戒」と、大乗仏教も含めて仏教者が基本的に守らなければならないとされる「五戒」があげられる。

八斎戒と五戒は次の八つに含まれる。

①**不殺生戒**（殺すなかれ）
②**不偸盗戒**（盗むなかれ）
③**不邪淫戒**（よこしまな男女関係を持つなかれ）
④**不妄語戒**（うそをつくなかれ）
⑤**不飲酒戒**（酒に飲まれるなかれ＝著者の見解）
⑥**不塗飾香鬘舞歌観聴戒**（身を飾り、歌舞を見るなかれ）
⑦**不眠坐高広厳麗床上戒**（ぜいたくなベッドに寝るなかれ）
⑧**非時食戒**（昼過ぎにものを食べるなかれ）

このうち一から五を「五戒」といい、大乗仏教・上座部仏教を問わず、仏教者の基本的な戒とされる。東南アジアに伝わる上座部仏教においては、これらの八斎戒を、毎月八日、十四日、十五日、二十三日、二十九日、三十日の六斎日に守っている。

※罰則のない戒には「懺悔」を課す

五戒には罰則はなく、あくまで自律的に守るものだが、現実生活の中でそれを守るのは容易なことではない。守れなかったときには罪を告白し、真摯に反省することが重要である。

仏教ではこれを「懺悔」と書き、濁らずに「さんげ」と読む。懺悔しつつも自分に戒を課し、習慣づけていくのである。

一方、律はサンスクリット語で「ヴィナヤ」といい、サンガの規則を意味する。第一結集のときにウパーリ（優波離）が釈迦の定めた規則を思い出して唱え、成立した。律は規則だから他律的であり、破れば罰則が与えられる。

　律には二種ある。一つは修行者一人ひとりに向けられたもので、「**波羅提木叉**」（プラーティモークシャ）という。正式に入団するときに受戒するもので、「**具足戒**」を授かるという言い方をする。これには比丘（僧）の二百五十戒、比丘尼（尼僧）の三百四十八戒がある。

懺悔と律

五戒　自律的、罰則なし
五戒が守れなかったときは
罪を告白し真摯に反省する

懺悔

律　他律的、罰則あり

波羅提木叉
プラーティモークシャ
修行者一人ひとりに向けられたもの。僧250戒、尼僧348戒からなる

羯磨
カルマン
修行時の規則、犯罪や争いごとに関する裁判など教団の統制をはかるために決めたもの

※教団統制のための律——「羯磨」

　もう一つは教団の統制をはかるために決められた律で、「**羯磨**」（カルマン）という。入団するときや修行時の規則、犯罪や争いごとに関する裁判規則などがある。羯磨は集団の問題を取り扱い、サンガの和合を図るためにある。

　だからサンガは「**和合衆**」と訳されるようになったし、集団の中での個人のあり方が問われるので、戒とも深く関係する。戒と律が融合して「**戒律**」と呼ばれるようになったのも、羯磨においてであろうと考えられる。

　大乗仏教が興ると、煩瑣な戒律にこだわるのは小乗仏教の考え方であるとして、釈迦の基本理念だけを守ればいいという「**大乗菩薩戒**」が唱えられた。

　初期には五戒を含む「**十善戒**」が重視され、のちには止悪・修善・利他を強調する「**三聚浄戒**」が広く受け入れられた。

　中国や日本では、その発展形態である「**十重四**

十八軽戒」が尊ばれ、のちに天台大師智顗によって「大乗円頓菩薩戒」（円頓戒）として大成された。
わが国の伝教大師最澄は、唐に渡って相承されてきたこの戒を受け継ぎ、帰国して比叡山延暦寺に戒壇を設けて日本仏教独特の戒律を確立した。

菩薩とは悟りを求める人

菩薩の原意は悟りを開く前の釈迦のこと

菩薩とはサンスクリット語の「ボーディ・サットヴァ」の音写である。この語は「菩提薩埵」と音写されたが、「提」と「埵」が省略されて中国で「菩薩」と呼ばれるようになったのだ。

ボーディは「悟り」を意味し、サットヴァは「衆生」を意味する。だから菩薩とは、「悟りを求める人」あるいは「悟りを備えた人」という意味になる。

もともと菩薩とは、悟りを開く前の釈迦のことを指していった。ガウタマ・シッダールタとしての時代だけではなく、前世で修行を積んだ釈迦のことも菩薩と呼ぶ。

その前の前世、その前の前の前世、何代にも及ぶ前世でも厳しい修行を積んだので、釈迦は現世で尊い悟りを開いたという信仰が生まれ、それらすべてを含めて悟りを開く前の釈迦を菩薩と呼んだのだ。

大乗仏教が完成させた菩薩の概念

しかし、大乗仏教の時代を迎えると、その意味が大きく変わる。大乗仏教は部派仏教を小乗仏教と呼び、自己の悟りのみを求める利己性を批判した。そして、部派仏教徒を「声聞」（簡略化して説いた釈迦の教えをすべての法と思って聞いた直弟子というほどの意味）と呼んで揶揄した。

また、自分一人で縁起の理を悟り、他者に説こうとしない人たちを「縁覚」あるいは「独覚」と呼び、やはりその利己性を批判した。

自己の悟りを求めることを「自利」という。他者を救済することを「利他」という。大乗仏教徒たちは、自利のみを求める小乗仏教徒を批判し、自利は利他を実践することによってはじめて得られると主張した。

菩薩とは悟りを求める人

部派仏教（小乗仏教）
- **声聞**（しょうもん）：簡略化した釈迦の教えをすべての法と思っている仏弟子
- **縁覚・独覚**（えんがく・どっかく）：自分一人で縁起の理を悟り、他者に説こうとしない人たち

大乗仏教から見た部派仏教への批判点

自利（自己の悟りを求めること）**が中心**

大乗仏教

利他：他者を救済すること。自利は利他を通じて実現できる

菩薩（ぼさつ）「利他行を行なって自利（悟り）を求める」
仏に限りなく近いのに成仏せず、現実社会にとどまって衆生を済度するという菩薩像を作る

観音菩薩・地蔵菩薩への信仰を形成

◀観音菩薩

▲地蔵菩薩

そして、彼らはこのようにして悟りを求めるものを菩薩と呼んだ。利他行を行なって自利（悟り）を求めるものは、だれでも菩薩なのである。

また、彼らは菩薩という言葉を「悟りを備えた人」という意味で受け取り、悟りの智慧（ちえ）を備えて現実社界に降り立ち、世のため人のために尽くし、この世を浄土化しようとするものを理想の菩薩と考えた。

それが発展して観音菩薩（かんのんぼさつ）や地蔵菩薩（じぞうぼさつ）など、仏に限りなく近いのに成仏（じょうぶつ）せず、現実社会にとどまって衆生を済度する菩薩像が作られるようになった。

菩薩という概念は、声聞・縁覚と比較され、大乗仏教に至って輝きを放ったのである。

大乗仏教で花開いた「空（くう）」の思想

※数学のゼロに結びついた「空」

空は、大乗仏教で花開いた重要な思想である。サンスクリット語では「シューニャ」といい、固定的な実体がないことを意味する。そこから数学のゼロの概念が発見された。

前に「諸法無我」の説明をしたとき、永遠不変の絶対的な自我や固定的な本質などというものはないという意味だと言ったが、「空」はそれとほとんど同義である。

空の概念は原始仏教にも見られる。例えば「自我は空だから執着するな」といい、自我には固定的な実体がないことを強調している。ところが、部派仏教の時代になると、最大勢力だった説一切有部などという部派は、真理は実在するとして実有論の立場をとり、固定を認める考えに傾いていった。

すべてのものは相互依存で成り立つ

そこで、大乗仏教を大成した**ナーガールジュナ**（竜樹）は、これに徹底して対立して「すべては空である」と主張していく。部派仏教を攻撃し、大乗仏教の本領を発揮したわけだ。彼の理論は『中論』などにまとめられたので、その後継者たちは「中観派」と呼ばれ、その後の仏教に多大の影響を与えていく。

竜樹の説は、すべてのものは縁起によって相依相関、相互依存的に成り立っているのだから、固定的、絶対的なものなどはなく、空であるというものだ。

その思想はインドのみならず、中国・チベット・日本などすべての大乗仏教に影響を与え、そこから新しい思想がまた生み出されていくことになる。

根元的な深層意識を説く「唯識思想」

意識が作り出す外界の存在

空の思想では、固定的な実体はないと主張したが、形ある存在（色）は認めていた。ところが、中期大乗仏教の時代になると、外界の形ある存在すら幻想であり、心が作り出している影像にすぎないという主張が現れた。あるのはただ意識だけであり、意識が外界の存在を作り出しているというので、彼らは「唯識学派」と呼ばれ、その考え方は「唯識思想」といわれた。

これを唱えたのは**マイトレーヤ**（弥勒）であり、大成したのは継承者であるアサンガ（無着）、ヴァスバンドゥ（世親）の兄弟であるとされる。彼らは瑜伽師と呼ばれるヨーガ（瞑想）の実践家で、**瑜伽**

根元的な深層意識を説く「唯識思想」

唯識学派（瑜伽行派）

あるのはただ意識だけであり、意識が外界の存在を作り出す

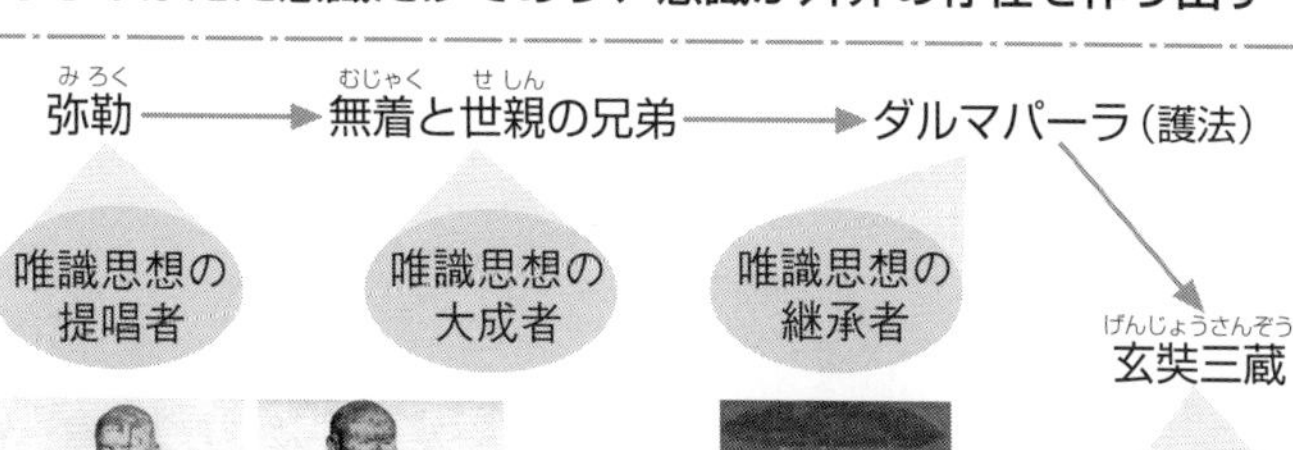

玄奘三蔵

唯識思想を護法から学び中国に伝える

◀無着（左）と世親（右）兄弟の像（興福寺蔵）

◀玄奘三蔵

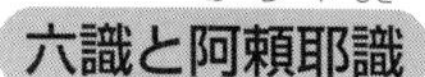

六識と阿頼耶識

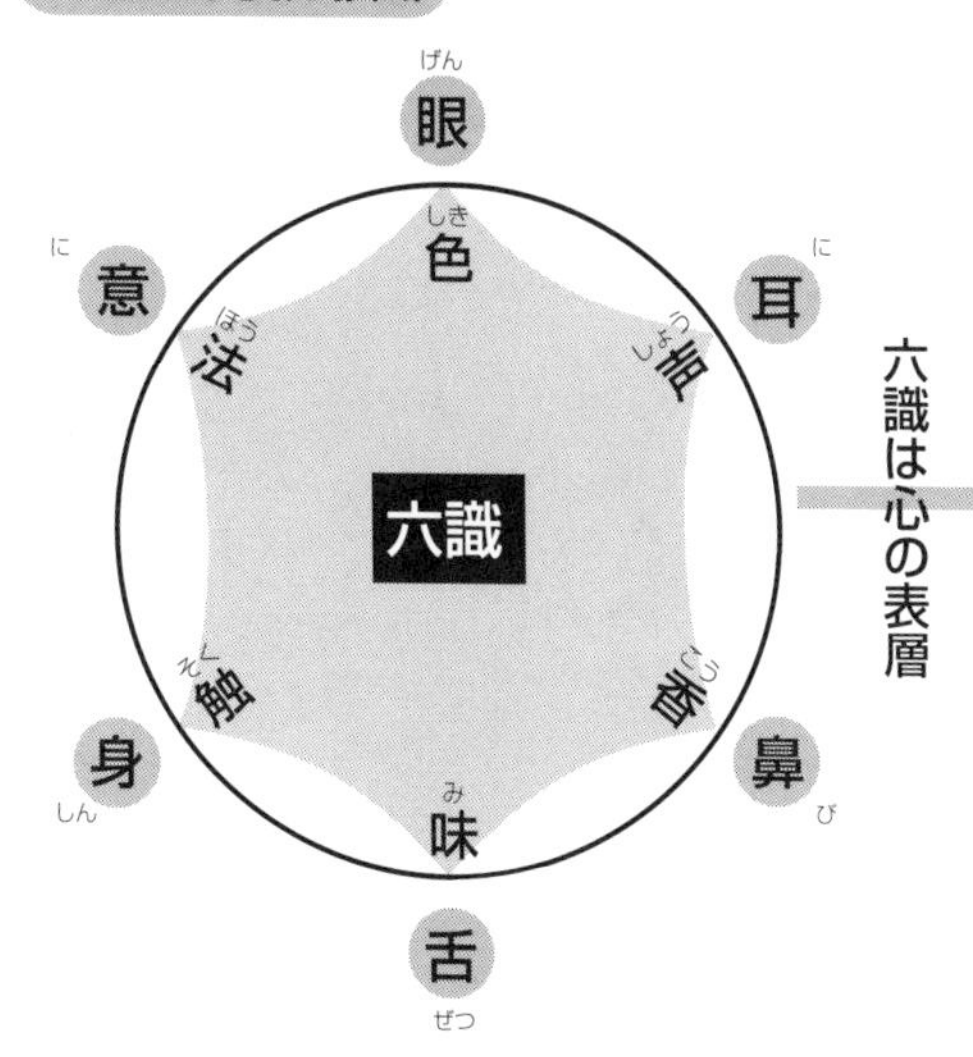

六識は心の表層

七識 末那識

外部世界を自分に結びつけ、表層意識に実体化して見せるもうひとつの深層意識

心の深層

八識 阿頼耶識

自分が人生で体験したあらゆる出来事を蓄積し、表層意識に映し出す深層意識

行派ともいわれている。

仏教では、「眼・耳・鼻・舌・身・意」という六識（または六根）によって世界を感知し、認識すると考えてきた。ところが、唯識思想では六識は表層の意識でしかなく、表層の意識は根元的な深層の意識によって生み出され、外界をあるかのごとく錯覚させられていると主張する。

表層を規定する深層意識――阿頼耶識と末那識

根元的な深層の意識とは、「アーラヤ識」（阿頼耶識）と呼ばれる。そして、ここに自分が経験して知った自分の肉体や外界、あらゆる出来事などが蓄積される。それらの蓄積されたものは、アーラヤ識の働きによって表層意識に映し出され、あたかも実在するかのように認識されるというのである。

では、われわれは実体のないものをなぜ実体化して見てしまうのか。それは、深層にあるもう一つの潜在意識、マナ識（末那識）のせいだという。マナ識はアーラヤ識を自我であると思い込む心で、なんでも「おれが、おれが」と自分に結びつけてしまう。だから外部世界を自分に結びつけ、実体化して見るのだという。眼・耳・鼻・舌・身・意の六識に対して、マナ識を七識、アーラヤ識を八識と呼ぶ。

マナ（末那）識を抑える「円成実性」の境地

六識、七識、八識は、八識を中心としてそれぞれが一瞬もとどまらずに変化しながら関係（縁起）し合っている。その心のありさまをそっくり認識できれば、実体化されていない縁起の関係が見えるはずだ。唯識思想では、このようにあるものがあるがままに見える心のありようを「依他起性」という。

ところが、実際の人間の心はマナ識にけがされ、勝手な意味づけをして実体化して見てしまう。このような心のあり方を「遍計所執性」という。われわれの通常の心がこれだ。

しかし、ヨーガによってマナ識を抑え、遍計所執性を振り払ってアーラヤ識を本来あるがままの姿に戻すことができる。

このような心のあり方を「円成実性」といい、悟りの境地とされる。「依他起性」「遍計所執性」「円

人間の心をけがす「末那識」

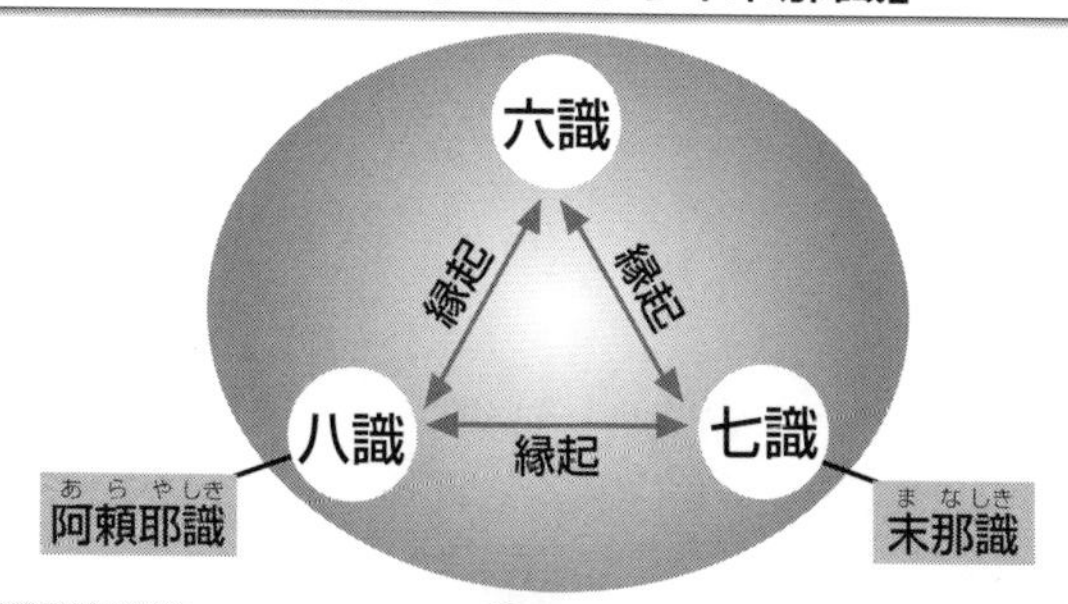

依他起性
あるものが、あるがままに見える心のありよう

遍計所執性
末那識にけがされ、勝手な意味づけをして実体化してしまうような心のあり方
↓
凡人の心のあり方

人間は、ヨーガによって末那識を抑え、遍計所執性を振り払って、阿頼耶識を本来あるがままの姿で見ることができる
▼
円成実性

三性説

- **依他起性**
  因縁によって生起し、他との関係によってあるがままに存在している状態
- **遍計所執性**
  ただあるがままに存在しているだけのものに勝手な意味づけをし、実体視して執着している状態
- **円成実性**
  もともとある姿をあるがままに見、真理を体得した状態

成実性」という心のあり方の分析は、「三性説」と呼ばれて後世に多大な影響を及ぼした。

※日本まで伝わった唯識思想

唯識思想はその後ダルマパーラ（護法）に受け継がれ、『成唯識論』という書物にまとめられる。中国の玄奘三蔵は、大冒険の末に単身インドに渡り、ダルマパーラから唯識思想を学んで『成唯識論』を持ち帰って翻訳した。

玄奘三蔵の弟子の慈恩大師窺基は、『成唯識論』の注釈書を書いて中国法相宗を興した。

玄奘三蔵には、日本から来た留学生の弟子もいた。道昭といい、窺基とも仲がよかった。この道昭が唯識思想を日本に持ち帰り、奈良興福寺を本山とする日本法相宗が成立するのである。

密教に影響を与えた「如来蔵思想」

※如来蔵に秘められた二重構造

如来蔵とは、仏とまったく同じ意味である。如来蔵という言葉には二つの意味がある。

まず一つは、六道世界のあらゆる生き物（衆生）は、その胎内に例外なく如来の胎児を宿しているということだ。われわれの中には例外なく如来が宿っているのだが、われわれには煩悩がまとわりついているため、それが見えないというのだ。

だから、心を清らかにして煩悩を抑制し、如来の胎児を育てていけば、いつかはわれわれも如来になることができる。

二つは、われわれ衆生は如来の胎内に宿されているという意味である。つまり、われわれは仏の子というわけだ。成長すればいつかは如来になれる。それが信じられれば、われわれは如来に身を任せて生きていくことができるようになる。

このように、如来蔵という言葉には、われわれが如来の胎内に宿されていると同時に、われわれの胎内にも如来が宿っているという二重構造が秘められている。

このような構造は、のちに「一即一切、一切即一」をうたう『華厳経』や、宇宙に仏の遍満する曼荼羅を至高と仰ぐ密教などに大きな影響を与えることになる。

※「仏性」に変化した「如来蔵」

如来蔵思想は、はじめ『如来蔵経』という大乗経典に出てくるが、のちに『涅槃経』という経典に「一切衆生悉有仏性」という有名な句が登場し、

「如来蔵」の構造

「仏性」という言葉のほうがポピュラーになる。「一切の衆生はことごとく仏になる可能性を持っている」という意味の句だ。中国や日本ではその後「如来蔵」という言葉はほとんど使われなくなり、「仏性」が仏教思想を代表する言葉の一つとして市民権を得ていった。

つまるところ、「如来蔵」と「仏性」はほとんど同じ概念である。だれもが仏になる種を持っているということだ。

このような考え方は、釈迦の時代からあった。釈迦が悟りを開いてすぐ、五人の修行者に教えを説いたのは、五人を自分と同じ悟りに導くためだった。そして、五人は釈迦と同じ悟りを得た。釈迦は、だれもが仏になる可能性を持っていることを熟知していて生涯を衆生の救済にささげたのである。

この、だれもが仏になれる可能性のことを、原始仏教では「自性清浄心」といった。優劣、美醜、貧富、その他の差別にかかわらず、だれもが仏になれるという仏教の考え方は、究極の平等思想といえるのではないだろうか。

3 日本仏教に影響を与えた「経典」

一乗妙法を説く『法華経』の思想

諸経の王――『法華経』

初期大乗仏教の経典である『法華経』は、「諸経の王」といわれ、日本や中国はもちろん、全アジアで読み継がれたもっとも有名な経典といえる。

わが国の文化も計り知れないほど大きな影響を受けている。**聖徳太子**は日本に仏教を導入するにあたり、「三経義疏」を書いたが、その一つは『法華経義疏』だった。聖武天皇の皇后である光明皇后は、全国に「法華滅罪之寺」を建て、これを「国分尼寺」と呼んで『法華経』を信奉した。

わが国の天台宗の開祖である**伝教大師最澄**は、みずからの宗派を「天台法華宗」と名づけて『法華経』を至上の教えとした。

鎌倉時代になると、**日蓮聖人**が『法華経』に帰依を表明し、「南無妙法蓮華経」と唱えることで救われるとする「日蓮宗」を開宗した。ちなみに、「南無」とは帰依するという意味である。『法華経』とは『妙法蓮華経』の略で、この時代、**道元禅師**も『法華経』をこよなく愛した。

近現代に至っても、良寛、宮沢賢治、藤井日達、石橋湛山など、『法華経』を支えとして生きた人々は少なくない。『法華経』は宗教や政治の領域だけではなく、文学や美術、工芸や建築など、幅広い分野に大きな影響を与えつづけてきたのである。

三つのテーマを持つ『法華経』

その『法華経』が生まれたのは、部派仏教を小乗仏教と呼んで批判し、「空」の思想を掲げて声聞や縁覚を徹底的に否定した大乗仏教勢力がやって来たすぐあと、紀元一、二世紀ごろのことだった。

『法華経』の思想は空の勢力とは違い、声聞や縁覚

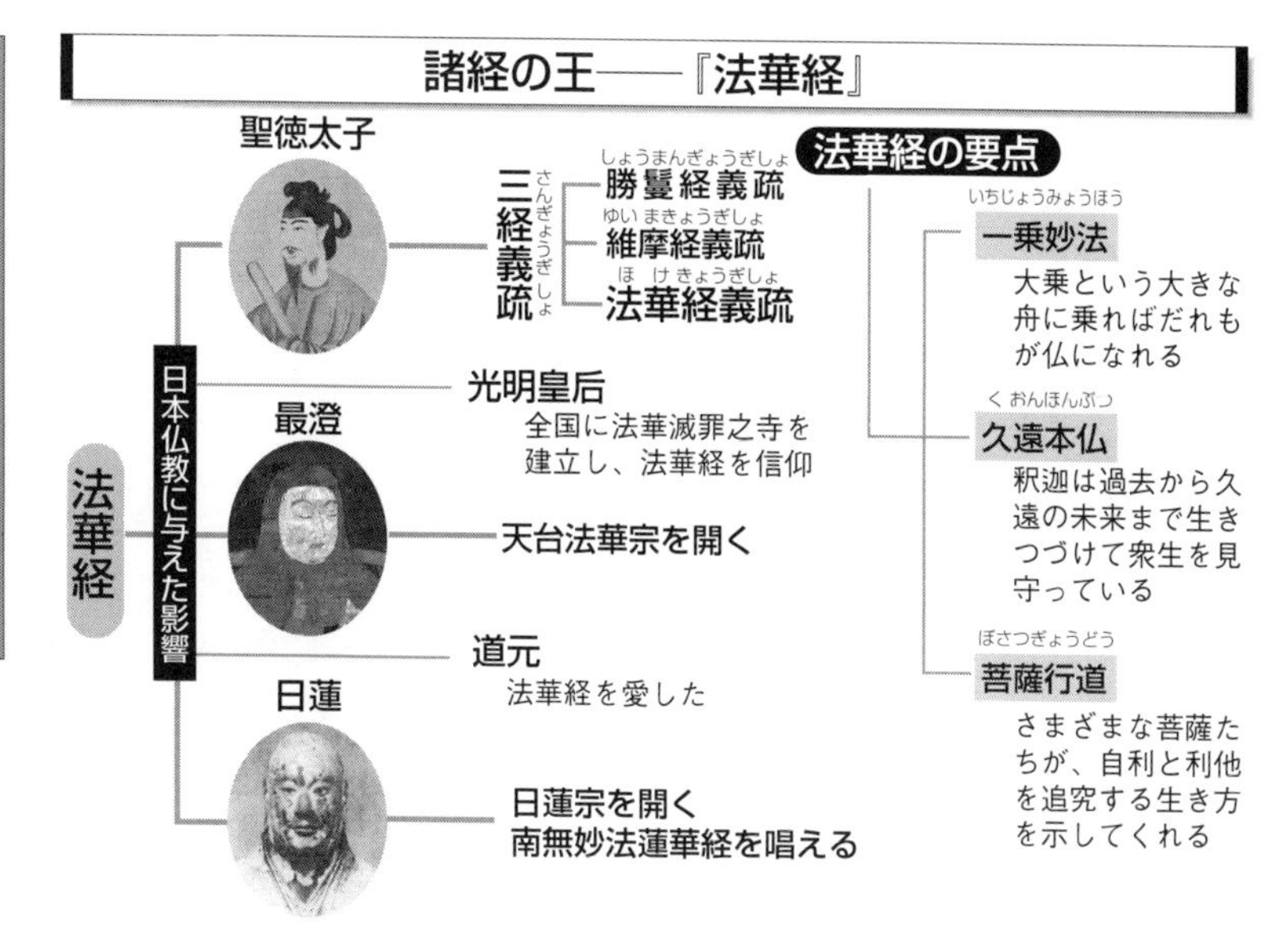

にも救いを与えた。これからでも遅くはない。みんなが菩薩の道を歩めば、仏になれるんだよ、と説いている。

このような主張は、『法華経』の前半にあたる「迹門」と呼ばれる部分で、「一乗妙法」という思想として説かれる。ちなみに、『法華経』の大きなテーマは三つあるとされ、「一乗妙法」「久遠本仏」「菩薩行道」があげられる。

※『法華経』は仏性を先取りした経典

「一乗妙法」とは、声聞だけが乗れる「声聞乗」という小さな乗り物に乗って悟りの岸に渡ろうとする人も、縁覚だけが乗れる「縁覚乗」という乗り物で彼岸に渡ろうとする人も、みんなが乗れる「菩薩乗」という大きな乗り物に乗って悟りの彼岸をめざす人も、結局は大乗という一乗に帰一するとして、これを「一仏乗」あるいは「一乗妙法」と呼び、これに乗ろうとさえすればだれもが仏になれると主張した。これが「一乗妙法」だ。

実際、『法華経』の中では声聞や縁覚だけではなく、釈迦はおおぜいの在家の人へも将来仏になるという予言（これを「授記」という）を与えている。『法華経』は仏性を先取りした経典だということができる。

※釈迦の永遠性を説く「久遠本仏」

二番目の「久遠本仏」というテーマは、特に十六章の「如来寿量品」を中心として、後半である「本門」という部分に出てくる。釈迦はクシナガラで八十歳の生涯を閉じたといわれているが、これは甘える凡夫の目を覚まさせるために亡くなったふりをしただけであり、ほんとうは永遠の過去から久遠の未来まで生きつづけて衆生を見守ってくれているというものである。『法華経』の宗教性が発露するところだ。

三番目の「菩薩行道」は、特に第十章の「法師品」から第二十二章の「嘱累品」に出てくる。さまざまな菩薩たちが、自利と利他を追究する生き方を示してくれる。

例えば常不軽菩薩の礼拝行、薬王菩薩の捨身行、観世音菩薩の観音行などがある。

永遠の仏である釈迦に見守られて、一仏乗に帰一し、真摯に菩薩の道を歩む——それが『法華経』の言わんとするところであろうか。

阿弥陀仏を信奉する浄土教の思想

※西方極楽浄土での再生を願う信仰

同じ紀元一世紀ごろ、「南無阿弥陀仏」と称えて阿弥陀仏の西方極楽浄土に再生しようという信仰が生まれた。これを「浄土教」という。

浄土とは、仏たちが菩薩だったときに理想の仏国土を設計し、成仏を果たしたときに建国して衆生を救い取るといわれる国のことだ。だから一人の仏につき一つの浄土があるわけだが、とりわけ阿弥陀仏の極楽浄土が有名になり、阿弥陀仏を信奉する教えを「浄土教」というようになった。

思い出してみよう。『法華経』も、だれもが仏になれると言った。しかし、それまでの教えでは、一つの生だけではなく、何度も死んでは生まれ変わり、

阿弥陀仏を信奉する浄土教

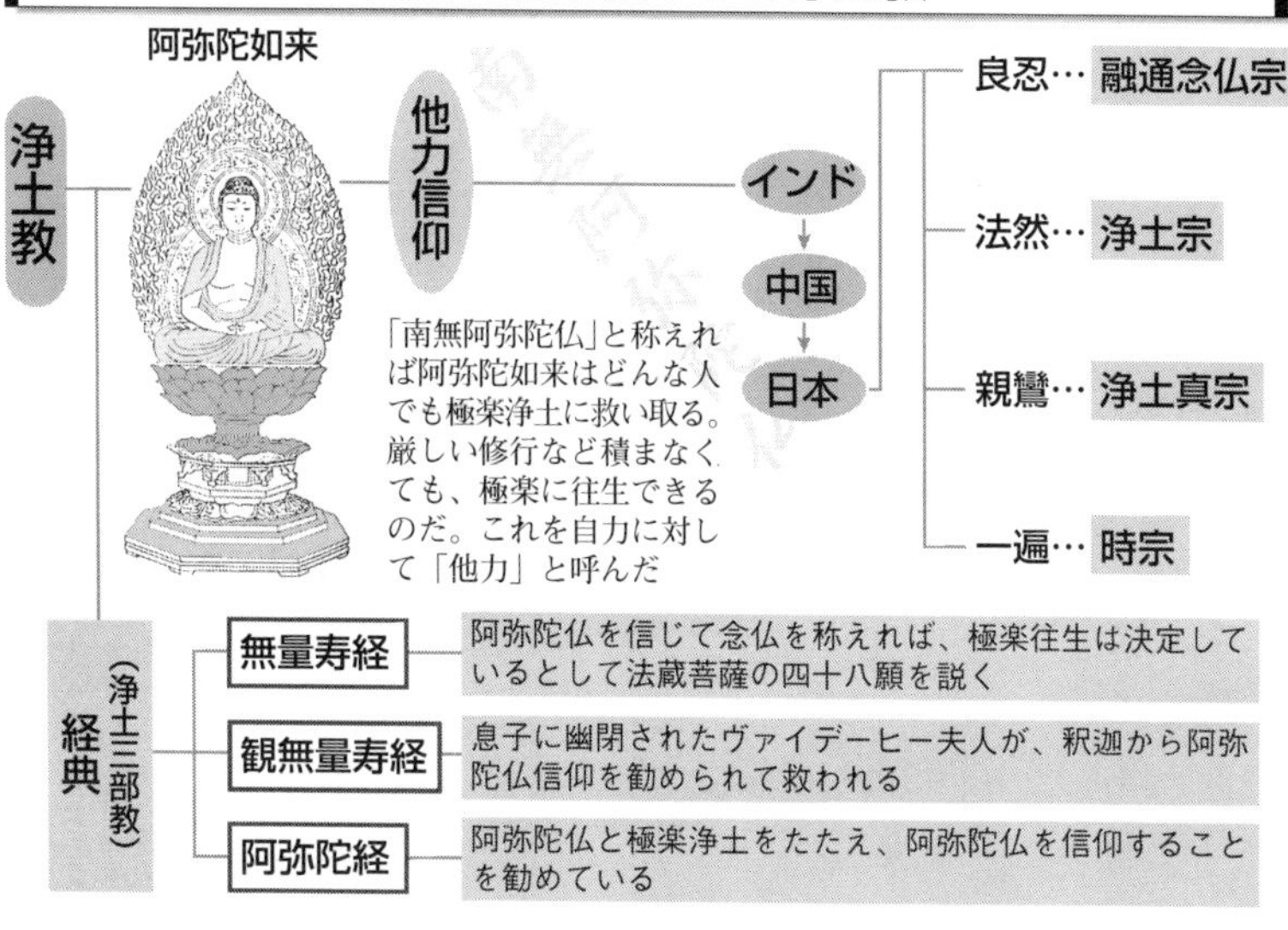

幾生にもわたって菩薩の修行を積んでいってやっと仏になれるという条件がついていた。つまり、自分の努力によって成仏するわけだから、これを「自力（じりき）」という。

その点、阿弥陀仏が菩薩だったときに立てた誓願（せいがん）は違っていた。どんな人であれ、阿弥陀仏を信じ、「南無阿弥陀仏」と称えれば極楽浄土に救い取るというのだ。みずから厳しい修行などは積まなくても、阿弥陀仏の力によって極楽に往生し、そこで悟りを開いて仏になれるのだから、これを自力に対して「他力（たりき）」と呼んだ。

この教えは、厳しい修行などできない一般庶民の共感を得、爆発的に流行していった。そしてインドから中国、日本へと伝わり、今でも広い信仰を集めている。

日本では良忍（りょうにん）を開祖とする融通念仏宗（ゆうずうねんぶつしゅう）、法然（ほうねん）の浄土宗、その弟子の親鸞聖人（しんらんしょうにん）が興した浄土真宗、法然上人の孫弟子にあたる一遍（いっぺん）の時宗（じしゅう）などが浄土教にあたる。

※阿弥陀仏信仰の功徳を説く浄土三部経

阿弥陀仏信仰の功徳を説く経典に、『無量寿経』『観無量寿経』『阿弥陀経』がある。法然はその著『選択本願念仏集』の中で、この三経を「浄土三部経」と名づけた。

『無量寿経』は『大無量寿経』ともいわれ、略して『大経』とも呼ばれる。この経には、阿弥陀仏の前世の姿である法蔵菩薩が登場する。菩薩は四十八の誓願を立て、それが達成されないならば仏にはならないと誓う。その十八願には、自分を信じて念仏するものが極楽に生まれないようなことがあるならば、自分は決して仏にならないとある。

法蔵菩薩が阿弥陀仏となった今、この誓願は達成されていることになる。つまり、われわれが阿弥陀仏を信じて念仏を称えれば、極楽往生は決定しているというわけだ。

『観無量寿経』は略して『観経』ともいわれ、有名な「王舎城の悲劇」を掲載している。息子であるアジャータシャトル（阿闍世）王子に夫を殺され、自分も幽閉されたヴァイデーヒー（韋提希）夫人が、釈迦から阿弥陀仏信仰を勧められて救われるという物語である。

『阿弥陀経』は短い経典だ。だから『無量寿経』の『大経』に対して『小経』といわれる。阿弥陀仏と極楽浄土をたたえ、阿弥陀仏を信仰することを勧めている。

中国の善導は、『観無量寿経』を解釈して『観無量寿経疏』を書いた。わが国の法然上人はこれを読んで他力信仰に目覚め、浄土宗を開いた。弟子の親鸞聖人は、念仏を称えれば極楽浄土に救い取られるという師の教えを、阿弥陀仏を信じた時点ですでにわれわれは救われているとして「願いの念仏」から「報恩感謝の念仏」に転換し、浄土教の思想をさらに深めた。

浄土の教えは、二千年にもわたって庶民の心を救ってきたのである。

達摩を開祖とする「禅」の思想

※釈迦が取り入れた坐禅修行

禅とは、雑念を捨てて心身を統一すること。ヨー

達摩を開祖とする『禅』の思想

禅宗

禅とは雑念を捨てて心身を統一すること

初祖：ボーディ・ダルマ（菩提達摩）

▲「面壁九年」といわれる厳しい坐禅を実践した達摩

二祖：慧可

六祖：慧能　南宗禅

神秀　北宗禅

臨済宗　曹洞宗　雲門・法眼など

黄竜派　楊岐派

「五家七宗」

栄西　日本の禅宗　道元

◀自分の臂を切って達摩に差し出し、求道心を伝えて弟子入りを果たした二祖の慧可・左下の人物（斎年寺蔵）

ガの一種で、インドでは修行者が一般に行なっていたが、釈迦はこれを仏教に取り入れて積極的な精神修行として錬成していった。

釈迦が菩提樹の下でとっていた姿勢が坐禅であり、「結跏趺坐」という座り方だったとされる。

サンスクリット語の「ドゥヤーナ」を「禅那」と音写し、これが略されて「禅」と呼ばれるようになったという。さらに、これに心を鎮めて集中するという意味の「定」をつけ、「禅定」ともいわれる。

達摩の禅は中国で宗派となる

禅は中国において宗派として成立した。初祖はインドから来た**ボーディ・ダルマ**（菩提達摩〈磨〉）と伝えられる。達摩は拳法で知られる崇山少林寺に住し、「面壁九年」といわれる厳しい坐禅を実践した。

二祖の**慧可**は入門を許されず、自分の臂を切って求道心を伝えて弟子入りを果たしたという。

三、四、五祖と推移し、五祖のあとに唐の時代となって**神秀**と**慧能**という逸材を得る。

神秀は唐朝の帰依を受け、長安、洛陽という北部の都に禅を広めたので、その禅は北宗禅と呼ばれた。それに対して慧能の禅は南宗禅といわれ、多くの優れた弟子を輩出した。

その後、中国の禅は南宗禅を中心に展開する。南宗禅は臨済、曹洞、潙仰、雲門、法眼の五家に分かれ、臨済から黄竜、楊岐の二派が出て「五家七宗」と呼ばれ、興隆する。

日本文化にも影響を与えた禅

このころわが国の栄西禅師は宋に渡り、臨済禅を日本にもたらした。次いで道元禅師も宋に渡り、曹洞禅を持ち帰った。わが国では禅がおおいに隆盛し、現在では曹洞宗、臨済宗、黄檗宗がそれぞれの禅風を伝える。

臨済宗は「公案」という一種の禅問答を用いる。師から弟子に禅のテーマを与えて悟りに導くわけだ。言葉を用いるので「看話禅」と呼ばれる。これに対して、曹洞宗は「只管打坐」を強調する。黙ってひたすら座るということである。だから、こちらは「黙照禅」といわれる。

禅は「教外別伝」「不立文字」「直指人心」「見性成仏」の四句を旗印にした。いずれも、禅は文字や教説によらず、直接人の心をとらえ、自己の仏性を知るというほどの意味合いだ。だから禅では日常生活そのままを修行とし、一切の権威を否定して自己の内面に食い入る。

日常生活がすべてそのまま禅の修行の場となることから、禅独特の思想と文化を生み出し、茶の湯、能、詩文、絵画、建築、造庭、音楽など他の諸領域にも多大の影響を与えた。

毘盧舎那仏を中心とする『華厳経』の思想

宇宙を照らす毘盧舎那仏の智慧

インドで伝えられてきたさまざまな経典が、三世紀ごろ中央アジア（西域）でまとめられたのが『華厳経』だという。正式な名前は『大方広仏華厳経』。「花で飾られた広大な教え」というほどの意味だ。

天台大師智顗によると、この経典は釈迦の悟りの内容を示しているといい、「ヴァイローチャナ・ブ

奈良の大仏に象徴される『華厳経』

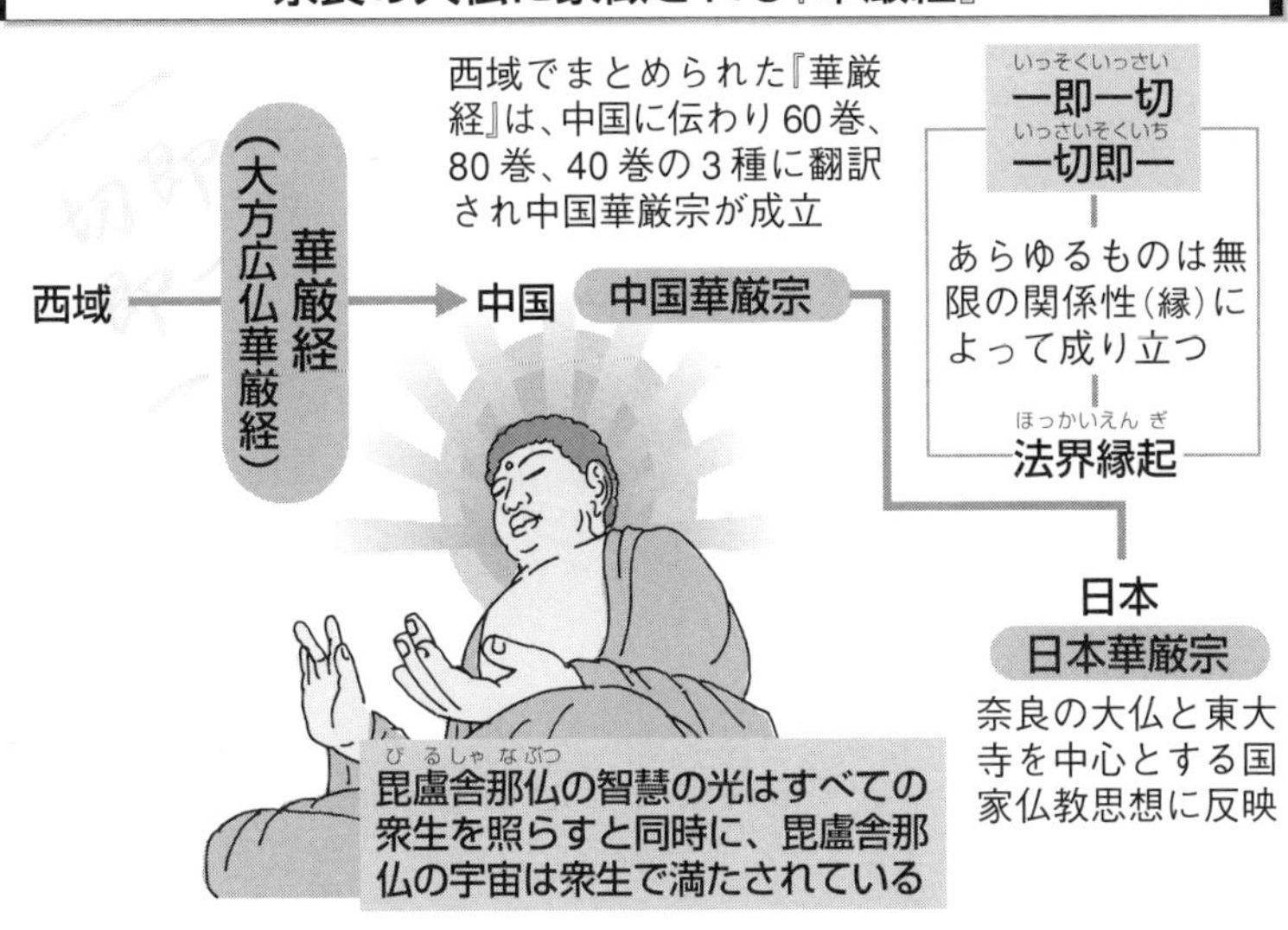

ッダ」という仏が本尊として示される。「太陽の輝きの仏」と訳され、「毘盧舎那仏」と音写される。実は、あの奈良の大仏がこの仏である。

奈良時代に圧倒的な影響を与えた『華厳経』

日本の奈良時代は、『華厳経』の影響を強く受けた時代だった。聖武（しょうむ）天皇は国家基盤を確立するため、奈良の都に東大寺を建て、宇宙の根本を象徴する毘盧舎那仏を造立して総国分寺とした。

そして全国各地に国分寺と国分尼寺を造り、日本全体を総国分寺のもとに統括して中央集権国家を完成させようとしたのだ。

これは『華厳経』の世界観にちなみ、毘盧舎那仏を中心とした秩序社会を日本に具現しようとした試みといえよう。

釈迦の悟りの内容を示す『華厳経』

西域で成立した『華厳経』は、中国に伝わると六十巻本、八十巻本、四十巻本という三種に翻訳されて中国華厳宗が成立した。華厳宗三祖の**法蔵**（ほうぞう）は、六十巻本（六十華厳）を解釈した『探玄記』という本を書いて後世に大きな影響を与えた。

この中に、前述の「如来蔵思想」と似た発想が出てくる。陽光である毘盧舎那仏の智慧の光は、すべての衆生を照らして衆生は光に満ちている。と同時に、毘盧舎那仏の宇宙は衆生で満たされている。

宇宙を構成する一原子の中に宇宙のすべてが入っているし、宇宙自体も原子で満たされているということだ。

これを「一即一切・一切即一」と表現している。あらゆるものは無限の関係性（縁）によって成り立っているということだから、これを「法界縁起」と呼んでいる。

※東海道五十三次の根拠となった「六十華厳」

わが国に中国の華厳宗を伝えたのは、新羅の審祥である。法蔵の弟子であり、東大寺で『探玄記』による「六十華厳」の講義を三年に及んで行ない、それ以来東大寺は華厳宗の本山ということになった。

「六十華厳」の中で特に重要なのは、もっとも古層に属する「十地品」と「入法界品」という章だといわれている。

「十地品」には、菩薩が踏み行なうべき十段階の修行が示されている。そのうち六番目までは自利の修行が説かれ、七番目から十番目までは利他行が説かれている。

「入法界品」には、善財童子という名の少年が登場する。童子は人生を知り尽くした五十三人の人々を訪ね、悟りへの道を追究するという物語が述べられている。わが国のお江戸日本橋から京都の三条大橋までの間にある五十三宿駅を「東海道五十三次」というが、これは「入法界品」にちなんだものといわれている。

即身成仏を説く「密教」の思想

※仏教の人気回復の切り札となった密教

密教は、インド仏教の最後の姿だ。インドでは、密教をもって仏教は滅んでしまう。

密教が興るのには必然性があった。釈迦在世のこ

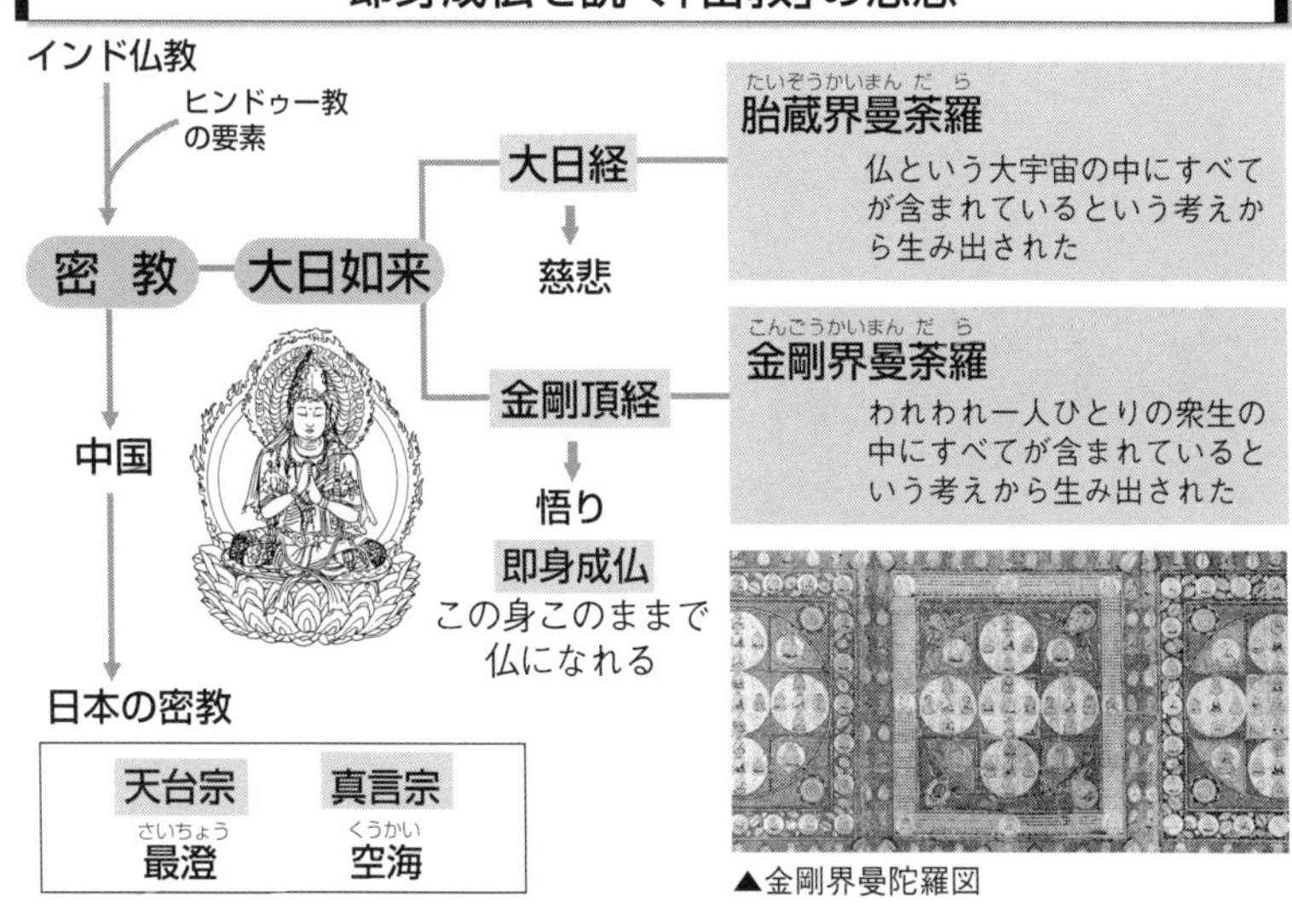

▲金剛界曼陀羅図

ろ隆盛を誇っていたバラモン教は、その後も命脈を保ち、四世紀ごろにはヒンドゥー教として再生する。久しぶりにインド人によるグプタ王朝がインドを統一し、ヒンドゥー教を保護したからだ。

一方、このころの仏教は末期の部派仏教のような様相を呈する。僧は寺院に閉じこもり、教理研究に明け暮れるようになった。

庶民は仏教から離れ、ヒンドゥー教に走ることになる。そんなときに出てきたのが密教だ。象牙の塔に閉じこもってしまった大乗仏教に対し、密教はどんどんヒンドゥー教の要素を取り入れて信者を獲得していった。

グプタ王朝からパーラ王朝に代わる七世紀ころには、ヒンドゥー化した密教が花開く。呪文や祈祷を重視し、現世利益を求めて祭りを行なうヒンドゥー教と混じり合い、密教はますますヒンドゥー教の中に埋没していく。

その結果仏教としてのアイデンティティーを失い、十三世紀にはイスラム教勢力の侵攻を受けてインドではついに仏教が滅んでしまう。

このあと仏教を担うのは、諸外国である。東南アジアでは上座部仏教を、チベットではチベット仏教を、中国・朝鮮半島・日本では大乗仏教を守り育てることになる。

密教独特の即身成仏という思想

さて、密教の教えを見てみよう。密教は、『大日経』と『金剛頂経』という経典を根本聖典としている。二経の成立時期はずれていて、前者は**慈悲**を、後者は自分の**悟り**を強調している。自分の悟りとは、「**即身成仏**」という考え方につながる。だから、後者のほうが密教色が強いといえる。

即身成仏は、密教の特徴的な思想である。将来とか来世ではなく、この身このままで成仏するという意味だ。

それまで、大乗仏教では仏性を説き、だれでも仏になれると言ってきたが、それは幾生にもわたる修行を前提としていた。例えば三阿僧祇劫という天文学的な期間、輪廻を繰り返し、修行を積まなければならないとされていた。これを「**三劫成仏**」という。

この現実感のない教えから、庶民は離れつつあった。そんなときに出てきたのが密教の「即身成仏」という考えだった。人々は、この身このままで仏になれるという教えに飛びついた。

また、「如来蔵思想」や『華厳経』の思想が土台となって「**胎蔵界曼荼羅**」と「**金剛界曼荼羅**」という世界観が作られていく。

『大日経』をもとにして作られたのが胎蔵界曼荼羅で、仏という大宇宙の中にすべてが含まれているという考えから生み出されていった。一方、『金剛頂経』をもとにして作られたのが金剛界曼荼羅で、われわれ一人ひとりの衆生の中にすべてが含まれているという考えから生み出されている。

仏の世界の本質を図像化した曼荼羅

曼荼羅とはサンスクリット語の「マンダラ」の音写で、「**本質**を有する」という意味。悟りの本質を持つ仏の世界が描かれた図絵のことをいう。

密教の本尊は**大日如来**という。これをサンスクリ

仏の世界の本質を図像化した曼陀羅

▲『大日経』をもとにして作られた胎蔵界曼荼羅図。仏という大宇宙の中にすべてが含まれているという考えから生み出された

▲『金剛頂経』をもとにして作られた金剛界曼荼羅図。一人ひとりの衆生の中にすべてが含まれているという考えから生み出された

（教王護国寺蔵）

ット語でいうと、「マハー・ヴァイローチャナ・ブッダ」となる。

覚えておいでだろうか。ヴァイローチャナ・ブッダとは、『華厳経』に出てきた毘盧舎那仏のことだ。「マハー」とは「偉大な」という形容詞だから、まったく同じ名前だといっていい。

「マハー」は「大」、「ヴァイローチャナ」は「太陽」、「ブッダ」は「如来」だから、「マハー・ヴァイローチャナ・ブッダ」は「大日如来」ということになり、実は毘盧舎那仏（びるしゃなぶつ）と同じ仏だったのだ。

しかし、密教では差別化を図り、「舎」を「遮」と表記して「毘盧遮那仏」と書くことが多い。そして、毘盧遮那仏は沈黙の仏であり、全身の毛穴から化仏（けぶつ）を出して宇宙の各方面に派遣し、説法させるが、大日如来は雄弁の仏であり、宇宙の事象に仮託して常に法を説いているとしている。

だが、この言葉はわれわれ凡夫には理解できない。深遠な仏の言葉だから、凡俗には秘密とされる。だから「**密教**」と呼ばれるのである。これに対して、釈迦が凡夫のためにわかりやすく説いた教えを

大日如来の言葉を理解するための「三密加持」

三密加持

深淵で難解な大日如来の言葉を理解するための行

①手で印を結ぶ
②口で真言を唱える
③心で曼荼羅の中の特定の仏を念じる

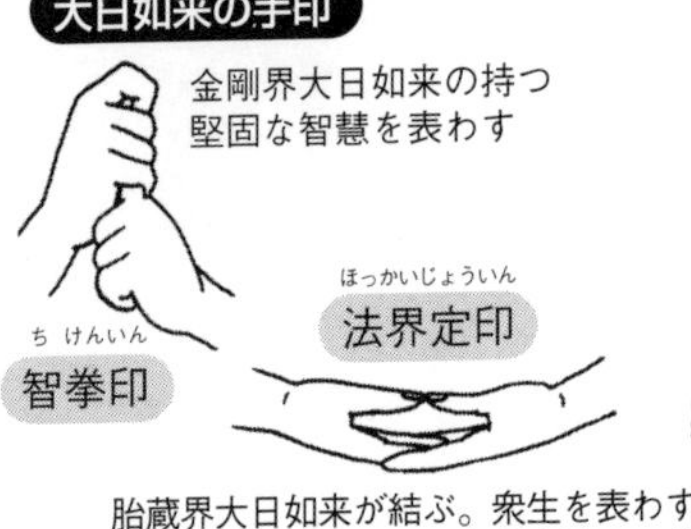

胎蔵界大日如来が結ぶ。衆生を表わす左掌の上に仏を表わす右掌を乗せ、仏がわれわれと一体であることを表わす

入我我入

三密加持の行によって仏と一体になること。このとき大日如来の言葉も理解できる

＝

即身成仏

「顕教」という。したがって、密教は顕教より深遠な教えだというのである。

※弘法大師空海によって体系化される

この大日如来の言葉を理解するためには、われわれも仏になればいいとされる。そのために「三密加持」という特別な行をする。手で印を結び、口で真言を唱え、心で曼荼羅の中の特定の仏を念じるのだ。

こうして仏と一体になることを「入我我入」といい、その瞬間この身このままで仏になれるという。このとき大日如来の言葉も理解できるというわけである。

密教はこのあと中国に伝わるが、その様子は120ページに記した。さらに日本に伝わり、弘法大師空海によって体系化されるが、それは次章で説明することになる。密教を最後にインドで仏教が滅びたことを述べて、「仏教思想の基礎知識」の章を閉じよう。

第6章◉日本の仏教宗派の教えと基礎知識

日本への仏教伝来と南都六宗の全盛

飛鳥時代に受容された仏教

仏教伝来で芽生えた民族意識

欽明天皇十三年（五五二）、百済の聖明王が日本に使いを派遣してきて仏像や経典をもたらしたといい、これがわが国への仏教の初伝だといわれる。もちろん大乗仏教だ。これは『日本書紀』に書かれていることだが、『元興寺縁起』や『上宮聖徳法王帝説』という資料には欽明七年（五三八）とあり、近年ではこちらのほうが正しいといわれている。

それまでの日本の宗教状況を見てみよう。「日本には神道があった」と言う人もあるが、実は、それまでは神道という言葉もなかったのが実情だ。神道という言葉は、仏教が入ってきてそれに対抗する意味で作られたものなのである。

第1部でも触れたように、取り立てた宗教意識というよりも、日本人は無意識的に万物に神々が宿っていると考え、これらを祭っていた。だから習俗はあったけれども、教義があるわけでもなく、戒律があるわけでもなく、ましてや宗祖がいるわけでもない。神を祭る習俗があっただけだ。

ところがここに百済から仏教がもたらされ、一部の人にはこの外国の宗教に対して排除意識が働いた。大連の物部尾輿や中臣鎌足などは、欽明天皇に対してこう言った。

「わが天皇が天下に王として君臨しているのは、日本固有の神々を春夏秋冬にお祭りしているからです。今さら外国の神を拝んだら、おそらくわが国の神はお怒りになるでしょう」

これに対して、蘇我稲目は仏教を受け入れることを主張した。

「西の諸国はみな仏を礼拝しています。日本だけが背いていいのでしょうか」

飛鳥時代に受容された仏教

百済から仏教渡来
538年または552年
→ 日本 ▶ 欽明天皇、蘇我稲目に命じて仏像を祭らせる

崇仏派
蘇我氏
蘇我稲目
蘇我馬子

排仏派
物部氏
物部尾輿
物部守屋

中臣氏
中臣鎌足

崇仏と排仏の対立は蘇我と物部という二大豪族間の闘争となる

- 587年、蘇我氏が物部氏を滅ぼす
- 推古天皇と聖徳太子による崇仏政策が進む
- 崇仏派の勝利が蘇我氏の専横を招く

645年の大化改新まで対立抗争が続く

このように、仏教の受け入れに際して国論が二分してしまったわけだ。前者を**排仏派**、後者を**崇仏派**という。こうして、日本人はにわかに仏教に対する「神道」というわが国固有の宗教を意識するようになったのである。

この対立はまた、物部氏と蘇我氏の権力争いでもあった。対立は六四五年の大化改新まで続く。

※蘇我馬子、飛鳥の地に元興寺を建立

さて、欽明天皇はこの意見の対立をどう裁いたかというと、仏像を蘇我稲目に預けてこう言った。

「試しに拝んでみなさい」

稲目は仏像を持ち帰り、自宅を寺としてこれを祭った。ところが、しばらくすると疫病がはやり出したという。すると排仏派は、これを仏教のせいにして稲目の仏像を奪い、難波の堀江に流してしまった。この仏像は、のちに秦巨勢大夫あるいは本田善光によって信濃（長野県）に運ばれ、善光寺の本尊になったといわれている。

その後、敏達天皇十三年（五八四）にも二体の仏

像が百済から贈られた。このときは稲目の子の馬子が預かってこれを祭ったが、またしても疫病が流行した。

排仏派は再び天皇から許可をもらって仏像を焼き、三人の尼僧をむちで打ったという。だが、このときは疫病はおさまらなかった。それどころか、病人たちは、

「体が火で焼かれるようだ。むちで打たれるようだ」

と訴えた。そこで、反対にこれは仏像を焼き、尼僧をむち打った罰があたったのだろうということになり、馬子に仏教信仰の許可が出た。馬子は飛鳥の地に元興寺を建て、仏教を奉じた。この寺は法興寺とも飛鳥寺とも呼ばれる。

元興寺は蘇我氏の氏寺となった。もともと日本には先祖を崇拝する伝統があり、古墳なども地方の豪族が先祖を崇拝するために作った墳墓と考えられる。

氏寺も同様の趣旨で作られたものだが、同時にその地方の人々の信仰の対象ともなり、豪族の権威を示すシンボルともなった。そこで各地の豪族も蘇我氏に倣って氏寺を作るようになり、仏教は各地に広まるようになった。

この次の世代に聖徳太子が登場し、飛鳥時代を迎えるわけだが、飛鳥時代もこの氏寺を基盤とする仏教だった。

国家理念の基礎となった仏教

※仏教の理念で新国家の基礎を作った聖徳太子

敏達天皇のあとは、用明天皇が即位する。この用明天皇の第二子が聖徳太子である。

このころも、依然として蘇我氏と物部氏の抗争は続いていた。日本は、ちょうど村落共同体的な国家から領土国家に変身を遂げるべき時期にあった。その過渡期に力を持った豪族がしのぎを削り合い、権力闘争が絶えなかったのだ。

聖徳太子はそういう時代に終止符を打ち、天皇を中心とする新しい国家システムを構築した。仏教を理念として新しい国家の基礎を作った改革者だったのである。

父の用明天皇は、即位後わずか二年で疫病にかか

り、亡くなってしまう。すると、次期天皇を擁立し合って物部守屋と蘇我馬子が戦争を始めた。聖徳太子は蘇我氏側につき、勝利をおさめるが、次に天皇になった崇峻帝が馬子の手先によって暗殺されてしまう。馬子の権力欲のなせるわざであった。

結果は、聖徳太子の伯母にあたる炊屋姫が推古天皇として即位する。太子の父である用明天皇の姉で、敏達天皇の皇后だった人だ。推古天皇は、甥の聖徳太子に皇太子として政治を執り行なうことを願った。出家して仏道を歩みたかった太子だが、これを断るわけにはいかず、ついに摂政となる。

聖徳太子と蘇我氏系図

28 宣化天皇
石媛
29 欽明天皇
堅塩媛
蘇我稲目
小姉君
馬子
30 敏達天皇
33 推古天皇
31 用明天皇
穴穂部間人皇女
穴穂部皇子
32 崇峻天皇
河上娘
蝦夷
入鹿
菟道貝鮹皇女
聖徳太子
刀自古郎媛
山背大兄王

仏教精神をうたった「十七条憲法」

太子は天皇を中心とする強い国家基盤を作るため、次々と改革を断行していった。

まず内政としては、「十二階の冠位」を定めて「**十七条憲法**」を発布した。「十二階の冠位」とは、天皇に近い順から十二段階に冠の飾りを変え、だれが見ても位の高低がわかるようにしたものだ。実績によって出世したり格下げになったりする。それまでは各氏族が力のままに集まって国家を構成していたようなものだったが、これで天皇を中心とした実力本位の官僚秩序が形成されたわけだ。

また、「十七条憲法」の第一条には「**和をもって貴しとなす**」と仏教精神をうたい、第二条には「**篤く三宝を敬え**」と尊ぶべき価値を示している。国民共通のあるべき姿を仏教と儒教に求めて提示し、国家の道徳を確立したのだ。

国政に反映された仏教精神

太子は外交面でも改革を断行する。当時、中国では隋が全土を統一し、アジア全体に影響力を行使していた。太子は早速「遣隋使」の制度を作り、小野妹子を隋に派遣している。

太子は妹子に、「日出ずるところの天子、書を日没するところの天子に致す……」という手紙を持たせて隋帝に届けさせ、対等外交を貫いた。

「日出ずるところの天子」とは、中国から見て東に位置する日本の王ということであり、「日没するところの天子」とは日本から見て西に位置する中国の王ということだから、太子はあえて対等を強調してこういう表現をしたのだ。この遣隋使は、のちに遣唐使として引き継がれて日本が中国文化を摂取する窓口となっていく。

また、太子は朝鮮半島とも関係を密にし、高句麗の僧の**慧慈**を日本に招いて師事している。慧慈は太子のブレーンとなるとともに、太子に仏教を教授した。中国との外交政策などは、慧慈のアドバイスによるところが大きかったといわれている。

太子は仏教の精神を国の運営に反映させなければならないと考え、貴族たちを対象にしばしば仏教の勉強会を催した。このときの講義録をまとめたのが、『勝鬘経義疏』『法華経義疏』『維摩経義疏』である。太子は続いて『維摩経義疏』という本も書き、この三つは「三経義疏」と呼ばれている。

また、太子は**法隆寺**や**四天王寺**を建立して釈迦の教えを広め、四天王寺には敬田院、悲田院、施薬院、療病院の四カ院を設けて困窮者や孤児、病人などの救済にあたった。

蘇我氏の専横が呼んだ大化改新

こうして必死で太子が国家基盤を整えようとしている間にも、ライバルの蘇我馬子は着々と自分の権力を築いていった。なにかと太子とぶつかることも多かっただろう。太子は懸命に仏教の理想を実現しようと努めながらも、理想とはほど遠い現実に失望していたかもしれない。

六二二年二月二十一日、聖徳太子はついに四十九歳の生涯を終えるが、亡くなるとき、「**世間虚仮、唯仏是真**」という最後の言葉を残していったという。この世のことはすべて虚飾であり、ただ仏の世界だけが真実であるという意味である。

仏教を理念とした聖徳太子

仏教の理念を国政に反映

憲法十七条の制定

第一条
「和をもって貴しとなす」
第二条
「篤く三宝(仏法僧)を敬え」

外交

遣隋使(けんずいし)

中国全土を統一した隋に外交団を派遣。

小野妹子(おののいもこ)に、「日出ずるところの天子、書を日没するところの天子に致す……」という手紙を持たせ対等外交を貫く

朝鮮半島との交流

高句麗僧の慧慈(えじ)を日本に招く。
慧慈は外交ブレーン、仏教の師として太子の政治を支える

福祉

四天王寺に
敬田院(きょうでんいん)　悲田院
施薬院　療病院
を設けて困窮者や孤児、病人などの救済にあたる

▼四天王寺

内政

十二階の冠位を制定

冠の飾りによって位の高低がわかるようにすることで、有力氏族による集団指導的な国家体制から、天皇を中心とした実力本位の国家形成をめざ

国家の指導原理となったのが仏教

仏教興隆

三経義疏(さんぎょうぎしょ)の編纂

貴族たちに仏教精神を学ばせるための講義録
『勝鬘経義疏』
『維摩経義疏』
『法華経義疏』からなる

寺院の建立

法隆寺、四天王寺を建立する

道半ばにして逝去

仏教理念を国政の支柱に据えようとしながら蘇我氏の横暴を押さえきれず

世間虚仮(せけんこけ)、唯仏是真(ゆいぶつぜしん)

という最期の言葉を残して622年に没する

▲法隆寺

太子が亡くなったあとも、蘇我氏との確執は続く。四年後には馬子も亡くなったが、その子の蝦夷（えみし）が大臣になった。蝦夷は政治を私物化し、大臣の位も自分の子の入鹿（いるか）に勝手に譲った。

入鹿も権勢をほしいままにし、ライバルだった聖徳太子の子、山背大兄王（やましろのおおえのおう）の一族を皆殺しにするという蛮行を働いた。大化改新の二年前の出来事だ。このとき、山背大兄王は一切の抵抗をせず、家族とともに自害して果てた。

そして六四五年、蘇我蝦夷、入鹿親子の専横に対して、ついにクーデターが勃発する。中大兄皇子（なかのおおえのおうじ）、中臣鎌足（なかとみのかまたり）（藤原鎌足）らが中心となり、蘇我親子たちを滅ぼしたのだ。

そして彼らは聖徳太子がし残した公地公民制や租税制度を整備し、天皇を中心とした律令体制を確立する。この改革を「**大化改新**」と呼んでいる。

大化改新で活躍した中大兄皇子は、即位して天智（てんじ）天皇となる。天智天皇は近江国の大津宮に都を移して政治を行なった。

奈良仏教の全盛期を築いた聖武（しょうむ）天皇

天智天皇が亡くなると、その息子の大友皇子（おおとものおうじ）と弟の大海人皇子（おおあまのおうじ）が皇位をめぐって戦った。六七二年のことだ。結果は大海人皇子が勝ち、天武（てんむ）天皇として即位する。これを「壬申の乱（じんしん）」という。

天武天皇は、大和国の飛鳥浄御原宮（あすかきよみはらのみや）に都を移して政務を執った。次は后が継いで持統（じとう）天皇となり、大和国の藤原京に都を移した。次の文武（もんむ）天皇もここで政治を行なった。

その次の元明（げんめい）天皇は、大和国の平城京（奈良）に遷都した。七一〇年のことで、ここから奈良時代が始まる。元明天皇と次の元正（げんしょう）天皇は女帝で、次は男性の聖武（しょうむ）天皇が継ぐ。聖武天皇のときに奈良時代のピークを迎える。

聖武天皇は中央集権国家を樹立するため、平城京に東大寺を建てて総国分寺とし、全国に国分寺、国分尼寺を建てて東大寺を中心とするネットワーク社会を作った。そして全国の豪族をこれらの寺に帰依（きえ）させ、このネットワークで彼らを管理した。

このとき、国家の象徴として奈良の大仏、すなわ

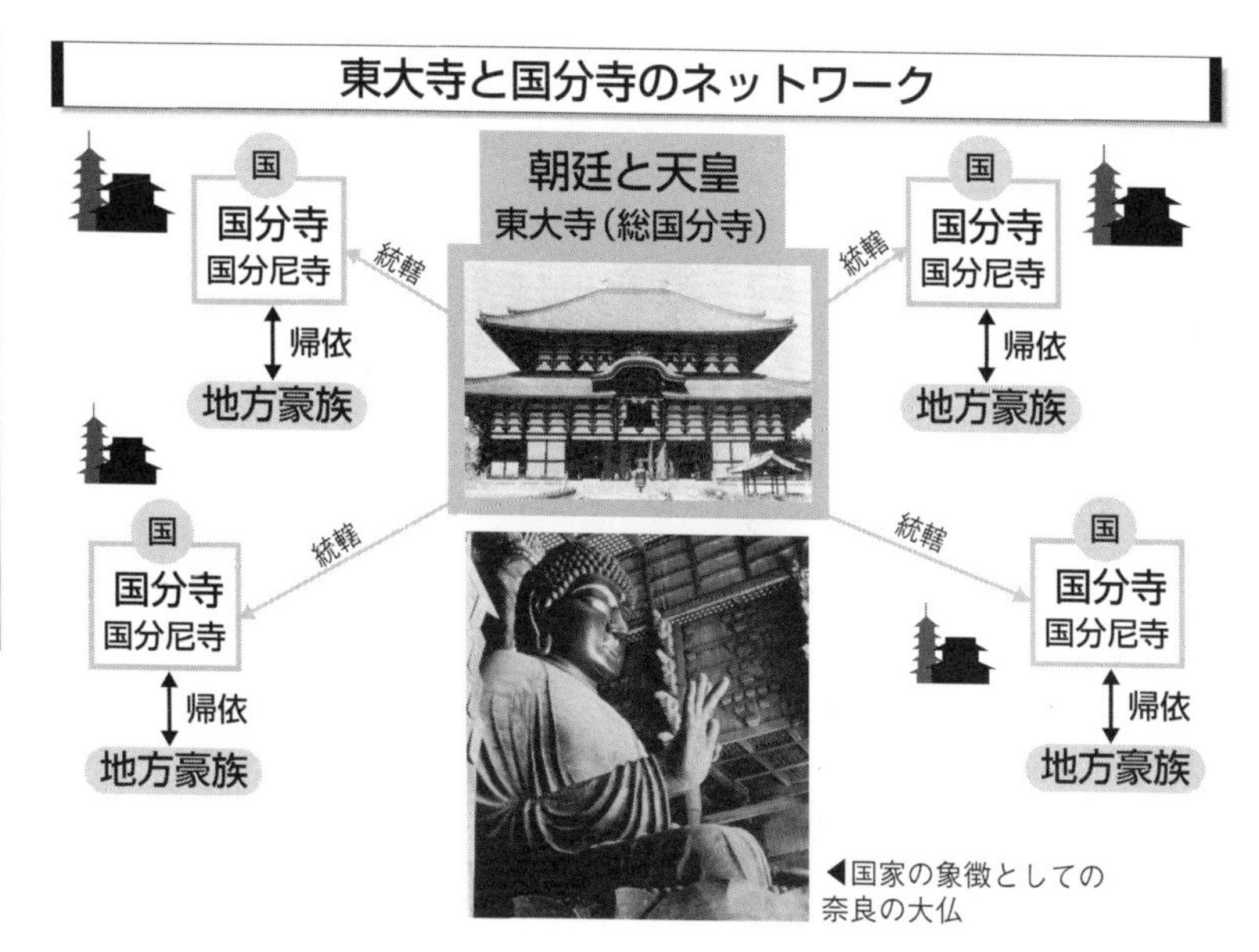

◀国家の象徴としての奈良の大仏

ち毘盧舎那仏（びるしゃなぶつ）を建立したわけだ。

南都六宗の成立と鑑真の渡日

※本場の中国から戒律僧を招く

一見華やかな仏教社会ができたように見えながら、ここには決定的な欠陥があった。というのは、日本には正式な僧がほとんどいなかったのだ。

修行者は、仏教教団（サンガ）から正式な戒律を授かることによってほんとうの僧となることができる。戒律を授けることを「**授戒**（じゅかい）」、授かることを「**受戒**（じゅかい）」という。

僧は二百五十戒、尼僧は三百四十八戒を授かるわけだ。この戒を**具足戒**（ぐそくかい）という。このとき、インド以来の伝統として、十人の正式な僧によって授戒の儀式が執り行なわれなければならない。十人とは、三人の師と七人の証明師のことだ。

ところが、島国の日本には正式に授戒した僧がほとんどいなかったため、新しく戒を授けることもできなかった。それに、**戒壇院**（かいだんいん）という授戒のための設備も整っていなかった。大々的に仏教を受け入れていながら、正式な僧がいなかったのだ。だから、本場の中国から正式に授戒してくれる資格を持った僧を招きたいという切実な願いがあった。

また、当時日本では僧を国家公認の存在として給料も支払っていたため、公認されていないのに自分で勝手に出家する人たちが相次いだ。こういう僧を「私度僧」というが、政府はこれにも手を焼いていた。そこで、これを防ぐためにも正式な僧になる制度をしっかりと整備することが必要だということになり、なんとしても本場の戒律僧を日本に招きたいという状況があった。

政府の反対を押し切って渡日した鑑真

そのような状況を伏線として、東大寺大仏の開眼供養が行なわれた翌々年の天平勝宝六年（七五四）、日本に渡ってきたのが唐の高僧、鑑真和尚だった。

鑑真は中国の揚州で生まれ、若くして授戒したあとは洛陽、長安の都を行き来して律の研究に没頭した秀才だ。四十歳のときには四万人もの弟子がいたという。

天平四年（七三二）、興福寺の僧、栄叡と普照は、十四年ぶりに派遣された遣唐使船で中国に渡り、揚州の大名寺で鑑真に会った。そして授戒の師を日本に派遣してくれるように頼んだ。

鑑真は並みいる弟子たちを見回して日本行きを志願するものを募ったが、未知の国に命をかけて行こうとするものはいなかった。そこでみずから渡航を宣言し、その場にいた二十一人も随行を願い出た。しかし、唐の政府はこれに反対し、鑑真たちは密航を企てるしかなかった。密航は五度にも及んだが、暴風雨に遭うなどしてことごとく失敗し、栄叡は病死、鑑真は失明するに至った。

だが、鑑真たちは天平勝宝二年（七五〇）にやって来た遣唐使船にひそかに乗り込み、さまざまな苦難の末についに日本に入国した。

鑑真によって東大寺に戒壇が完成

日本に着いた天平勝宝六年四月には、鑑真は東大寺大仏殿の前に戒壇を築き、聖武天皇をはじめ四百

奈良仏教と南都六宗

鑑真

754年、戒壇院設立のため来日
754年4月、聖武天皇に授戒
755年、東大寺に戒壇を設立
759年、唐招提寺を建立

▲鑑真和尚

鑑真の設立した三戒壇

①東大寺戒壇院
②筑紫国観音寺
③下野国薬師寺

↓

地方でも受戒の機会が設けられる

南都六宗

宗派	開祖	中心寺院
律宗	鑑真	唐招提寺
華厳宗	良弁・審祥	東大寺
├三論宗	恵灌	東大寺南院
└成実宗	道蔵	元興寺・大安寺
法相宗	道昭	興福寺・薬師寺
└倶舎宗	道昭	東大寺・興福寺

▶鑑真の建立した唐招提寺

三十人に授戒を行なった。その翌年には東大寺に戒壇院が完成し、正式な授戒が行なわれるようになったのである。

のちに鑑真は唐律招提といういお寺を造って弟子たちと住むが、これが奈良の唐招提寺の前身である。その後、鑑真は筑紫（九州北部）の観音寺、下野（栃木県）の薬師寺にも戒壇院を設け、これらは東大寺とともに日本の三戒壇と呼ばれるようになった。授戒する機会が地方にも広がったわけだ。

こうして日本の仏教に貢献した鑑真和尚だったが、天平宝字七年（七六三）、七十六歳の生涯を唐招提寺で閉じた。

鑑真の開いた宗派は律宗という。律宗を含めて、奈良時代には南都六宗という国家公認の宗団があった。三論宗・法相宗・華厳宗・律宗・成実宗・倶舎宗の六つだ。

これらは、宗派というよりもお互いに教義を学び合う学派のようなもので、東大寺を中心に興隆して勉強し合っていたのだ。このような時代を経て、いよいよ日本は繁栄の平安時代を迎える。

2 新たなる地平を切り開いた平安仏教

奈良仏教に挑戦して天台宗を開いた最澄

※堕落する奈良仏教

南都六宗による奈良仏教は、結局は国家主導の国を守るための仏教だった。だから仏教と政治は融合し、国家から承認された宗団や僧侶は権力を得て堕落していった。

例えば法相宗の玄昉は右大臣の吉備真備と結びつき、権勢をほしいままにしたし、弓削の道鏡に至っては、女帝の称徳天皇の寵愛を得て天皇の位をねらうという暴挙にまで及んだ。結局野望はついえたが、仏教界は堕落し、再び天皇の権威は失墜した。

そこで**桓武天皇**は、政治の刷新を図るために奈良の都を捨てた。長岡京を経て、平安（京都）に遷都したのだ。この都を平安京という。延暦十三年（七九四）のことだ。ここから平安時代が始まる。

このとき、桓武天皇は奈良の寺院を京都に移すことを禁じた。平安京を守るために東・西・南寺を造っただけで、あとは奈良に据え置いた。寺院が大きな権力を持つことを制限したのだ。

※小乗的な奈良仏教と戦った最澄

最澄は、そんな時代環境の中に生まれた。天平神護二年（七六六）ともその翌年ともいわれている。平安京からほど近い近江国滋賀郡（滋賀県）に、三津首百枝の子として生を受けた。その先祖は後漢の孝献帝に連なる登萬貴王で、応神天皇の時代に日本に渡来したといわれている。

最澄は延暦四年（七八五）に東大寺で具足戒を受けた。具足戒とは鑑真が奈良仏教にもたらした戒で、小乗仏教と共通のものである。

最澄の生涯のテーマは、この奈良仏教の小乗的な性格と戦うことだった。このころは、具足戒などと

平安仏教の開拓者――最澄

◀伝教大師最澄
（767～822年）

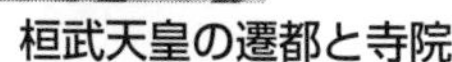

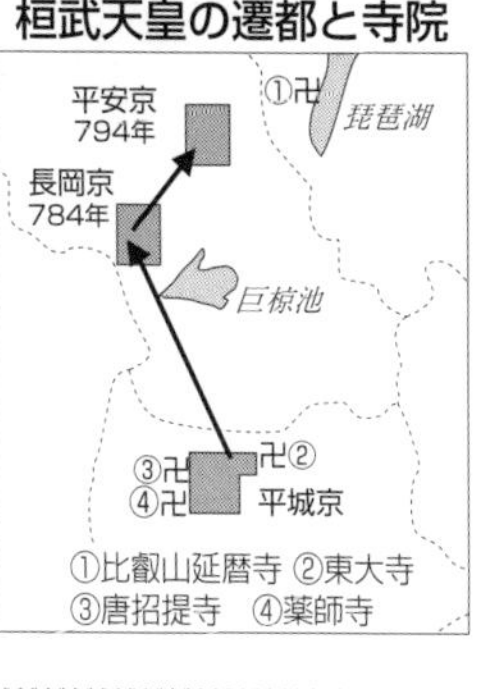

人間的なつながり

最澄		桓武天皇
785年、東大寺で受戒後間もなく南都仏教に反発し比叡山にこもる	↔	784年、政治刷新のために平城京を捨て、長岡京に遷都
悪霊を怖れる桓武天皇の相談に応じ、信頼を得る	↔	長岡京遷都をめぐる政変の犠牲者の怨霊におびえる

↓

朝廷の信頼を得て、804年、唐に短期留学。
唐では智顗の流れを汲む天台教学を学ぶ。
帰国後、比叡山に天台法華宗を開く

↘

延暦寺に念願の戒壇院設立の許可が下りる直前の822年に死去

いっても形だけで、僧は権力と結びついて堕落していた。最澄はそんな状況を打破し、ほんとうの仏教を求めた宗教改革者だった。

彼は具足戒を受けたわずか三カ月後には奈良を去り、比叡山に草案を結んでこもってしまう。そして「願文」と呼ばれる五つの誓いを書き記す。自分を律し、他者を助けるという菩薩としての決意文だが、これも奈良仏教の小乗性に対して、大乗仏教の精神をあらためて表明したものといえよう。

桓武天皇の信頼を得て内供奉に

最澄が学んでいたのは、鑑真がもたらした天台大師智顗の書物が主だったようだ。智顗は中国天台宗の祖で『法華経』を最高の経典と位置づけた人だから、最澄も『法華経』を学んでいたことになる。

比叡山には、次第に最澄に理解を示す仲間たちが集まってきたが、彼らは力を合わせて一乗止観院を建てた。のちの日本天台宗の総本山・比叡山延暦寺のことだが、「一乗」とは『法華経』のことであり、「止観」とは智顗の書いた『摩訶止観』という本に由来している。智顗の大きさを示す命名だ。

比叡山にこもって十二年もすると、最澄の名は朝廷にも知られるようになっていった。そのころ桓武天皇はノイローゼにかかっており、それを悪霊のせいと考えて霊を祓う高僧を求めていた。

天皇はその役割を最澄に求め、内供奉という役職につけて仕えさせた。だから、最澄は比叡山と京都の朝廷を行ったり来たりするようになった。

また、朝廷の要職にあった和気広世は、高尾山寺で最澄に奈良の僧たちを相手に『法華三大部』の講義をさせた。これは、最澄を担いで奈良の寺院の力を抑える政略だった。

明暗を分けた唐留学――最澄と空海

空海とともに大唐留学を実現

最澄はこうして朝廷から重用され、ついには唐に留学して仏教を学んでくるように命じられた。当時の留学には、長期間学んでくる留学生と短期間学んでくる環学生とがあったが、最澄は環学生として留学することになった。

延暦二十三年(八〇四)、最澄は四隻の遣唐使船団の第二船に乗り込んだが、その第一船には、あの弘法大師空海も乗り込んでいた。のちに平安仏教の二大宗派となる天台宗、真言宗の宗祖が、奇しくも同じ遣唐使船で唐に渡ったわけだ。二人はニアミスしただけで顔を合わせることはなかったが、ドラマチックな出来事ではあった。

天台教学を究めて天台法華宗を起こす

最澄は迷わずに智顗のいた天台山に向かう。そして道邃からは天台教学と大乗の戒律である**円頓大戒**を授かり、行満からは天台の教えを受ける。その後は越州の竜興寺を訪ねて順暁から密教を学び、禅林寺の翛然からは禅を学んだ。これらを含めて**円・密・禅・戒**というが、八万四千の法を説いたといわれる釈迦のすべての教えを学んで日本に持ってこようとしたのであろう。

しかし、最澄が中でも『法華経』を中心とする天台教学を最重要視していたことはいうまでもない。

帰国してから天台法華宗（てんだいほっけしゅう）という宗派を起こしたことからも、そのことは十分にうなずける。

　帰国した最澄は、大歓迎を受けた。天台法華宗は認められ、同宗から毎年二人を国家公認の僧とすることが許された。

　ところが、最澄はとまどいを隠せない事態に直面する。病床にあった桓武天皇をはじめ、貴族たちはみな密教のご利益を期待したのだ。最澄にとっての密教は、ついでに駆け込みで習った不完全なものに過ぎない。しかし、最澄は天皇の命令により、朝廷で密教の祈祷（きとう）や儀式を行なわざるを得なかった。

三一権実論争

法華経の解釈をめぐる南都仏教と最澄の論争

天台宗
最澄

法相宗（ほっそう）
徳一

人間の能力は生まれつき決まっており、声聞・縁覚・菩薩という三乗の区別がある

法華経に三乗の区別があるのは方便

だれでも仏になれるというのは法華経の方便

法華経はみんなが仏になれるという一乗を説いていると主張

この論争で最澄は天台法華宗の立場を明らかにする

奈良仏教への挑戦――三一権実論争（さんいつごんじつろんそう）

　一方、同じ遣唐使船団で中国に渡った空海は、密教一本に絞って学んできた。密教の不勉強ぶりを痛感していた最澄は、空海に密教を教えてくれるように頼んだ。格下の空海に弟子入りしたのである。

　だが、次第にボタンのかけ違いが生じてきた。『理趣釈経（りしゅしゃくきょう）』という経典の借用をめぐってトラブルが起きたり、最澄が空海のもとに派遣した泰範（たいはん）という弟子が寝返ったりしたのだ。そんなことで最澄は密教を空海から学ぶことをあきらめ、本来のテーマだった奈良仏教の超克に全力を傾注することにした。

　それには二つのポイントがある。一つは授戒の問題だ。南都六宗では、僧の二百五十戒、尼僧の三百四十八戒を具足戒とし、授戒の原則としている。前にも言ったように、最澄はこれに欺瞞を見、具足戒は小乗戒だとして自分はこれを捨てることを宣言し、別に**大乗仏教の戒**を立てて比叡山で授戒できるようにしてほしいと朝廷に許可を求めた。

もう一つは、奈良仏教を代表する論客だった**徳一**との論争だ。法相宗の高僧である徳一は、人間の素質や能力は決まっていると主張した。つまり、声聞、縁覚、菩薩という三乗の区別があることは真実で、だれもが仏になれるという『法華経』の一乗は方便だと言ったのだ。

それに対して、最澄は三乗の区別があるということこそ方便であり、『法華経』は結局みんなが仏になれるという一乗を説いているのだと主張した。これを「**三一権実論争**」というが、この論争によって最澄は奈良仏教とは違う天台法華宗の立場を明らかにしようとしたのだ。

最澄の死後に許可された戒壇設立

ところで、一番目のポイントに関しては、最澄は朝廷に対し、大乗仏教の授戒とともに比叡山に戒壇院を設立することを認めてほしいと願い出ていた。

しかし、認められないまま、最澄は弘仁十三年（八二二）に五十六歳の生涯を閉じてしまった。嵯峨天皇から大乗戒壇院設立の許可が下りたのは、亡くなった七日後だったという。

その五年後に延暦寺の戒壇院が設立され、没後四十四年に清和天皇から伝教大師という名が贈られた。それ以来延暦寺は多くの高僧名僧を輩出し、鎌倉仏教の各宗派の祖師たちを生み出していくことになる。

「即身成仏」を説く空海の真言宗

『金剛頂経』が説く「即身成仏」

最澄の尊んだ『法華経』は、だれもが仏になれるということを非常に重視している経典である。しかし、168ページでも述べたように、仏になるには三阿僧祇劫という長い長い時間が必要だとされた。「阿僧祇」とは十の五十六乗のことで、実際には無限に近い時間をいう。「劫」とは一つの宇宙が生まれて存続し、それが壊れてなくなってしまうまでの

空海の真言宗完成への足跡

中国密教の継承者・空海

804年に中国へ留学、中国密教のエッセンスを学ぶ

金剛頂系密教　不空（ふくう）
大日経系密教　善無畏（ぜんむい）─玄超（げんちょう）
→ 恵果（けいか） → 空海

その後、中国では密教が衰え、日本で発達することになる

空海による真言密教の展開

金剛頂系密教と大日経系密教に対する深い知識
＋
さまざまな密教法具や経典類

809年 高尾山寺を建立
816年 高野山を賜り金剛峰寺（こんごうぶじ）を開く

朝廷の支持

▲空海に真言密教を伝えた恵果

▲空海
（774〜835年）

ライバル最澄の死 ＋ 嵯峨天皇の信頼

823年 平安京に東寺（とうじ）を与えられる
真言宗の影響で天台宗も急速に密教化

時間で、さらにその三倍だから、とてつもなく長い時間修行して、そのうえでやっと仏になれるということだ。

それに対して密教は、「即身成仏」を説いた。この身このままで仏になるという意味だ。密教の聖典である『金剛頂経（こんごうちょうきょう）』には、「自分が自覚すればすでに仏である」と書いてある。これが、空海が日本にもたらした密教である。

最澄の上を行った空海の本格密教

167ページでも述べたように、密教はヒンドゥー教と混交し、現世利益（げんぜりやく）的な性格を色濃く持っている。陀羅尼（だらに）や真言などといわれる呪文を唱えれば不思議な仏の力を得られるとか、三密加持（さんみつかじ）によって即身成仏できるというような側面がある。

最澄や空海が中国から帰ってきたころ、日本の文化はまだ、国家の危機や人々の不幸はこれらの呪文や祈祷で救われると考え、それにすがるレベルにあった。ましてや桓武天皇はノイローゼに苦しんでいたし、密教の祈祷や呪文で救ってほしいと切実に思

っていたことだろう。

だから最澄が帰国したときにも密教の力を発揮してくれるように期待したし、最澄もそれに応えようとした。しかし、最澄の密教は中途半端なものでしかなかった。

そんなところへ、唐から本格的な密教を持ち帰ったのが**弘法大師空海**だった。だから空海は一躍時代の寵児になり、天皇や朝廷の帰依を受けて真言密教を現在にまで伝える存在になったのである。

空海の足跡――空白の七年間の謎

空海が生まれたのは宝亀五年（七七四）、最澄より八歳年下だ。讃岐国多度郡屏風ヶ浦（香川県）に、土地の豪族の子として生を受けた。そして将来を嘱望されて大学に進学したのだが、満足できずに中退してしまう。

大学は官吏を養成する学校だから、儒教を中心に教えていた。空海はこの教えに飽きたらず、仏教を選ぶために中退したものと思われる。なぜなら、彼は二十四歳のときに『**三教指帰**』という戯曲形式の本を書いており、この中で儒教・道教・仏教のうちどれが優れているかを論じているからだ。もちろん仏教がもっとも優れていると主張している。

このあと、空海は行方不明になってしまう。彼の足跡を示す文献がなにも残っていないのだ。たぶん山野に分け入って修行し、密教の文献を読みあさり、中国語を勉強していたのではないかと思われる。

なぜなら、その七年後の延暦二十三年（八〇四）、最澄が第二船に乗る遣唐使船団の第一船に乗って唐に渡り、流ちょうな中国語で密教を自分のものにしているからだ。言語を獲得し、密教の基礎知識をわがものにしていなければできる芸当ではない。

また、空海は行けば二十年学ばなければならない留学生として唐に渡ったのに、二年にも満たないうちに密教のすべてを体得して帰国している。空白の七年間はその下準備にあてていたと考えるのが妥当だろう。

恵果から空海へ――日本で栄えた密教

空海は長安（今の西安）に滞在し、青竜寺の**恵**

空海の思想と業績

空海の思想

密教の二大思想を再構成して真言宗を創始

金剛界・胎蔵界 → 真言密教

空海の著作

『三教指帰（さんごうしいき）』 戯曲形式で儒教・道教・仏教を論じ、仏教がもっとも優れていると主張。儒教を捨てて仏教に生きる決心を固めたころの自伝的作品。日本最初の思想小説とも評される

『秘密曼荼羅十住心論（ひみつまんだらじゅうじゅうしんろん）』(全10巻)と『秘蔵宝鑰（ひぞうほうやく）』(全3巻)

儒教、道教の上に顕教があり、最上位に密教が位置すると説き、密教の優位性を証明。『秘蔵宝鑰』は『秘密曼荼羅十住心論』のダイジェスト版

社会事業家としての空海

土木事業　讃岐国に満濃池（まんのういけ）を修築

学　芸　庶民も学べる綜芸種智院（しゅげいしゅちいん）を創設

▶今も満々と水をたたえる満濃池

果を訪ねた。120ページでも触れたように、恵果は不空から金剛頂系の密教を、善無畏（ぜんむい）の弟子の玄超（げんちょう）から大日経系（胎蔵界系）の密教を学んだ僧だ。

恵果は空海に会うと、「おまえが来るのを待っていたよ」と言って歓迎し、千人を超える弟子たちを飛び越えて密教の奥義を伝授したという。たぶん空海に関する情報が事前に中国に入っていたのであろう。

そのあと中国では密教が廃れてしまうから、このとき恵果が空海に伝授しなければ、密教は日本に渡ることもなく消え去っていたに違いない。密教は日本に来たから非常に栄えたのである。

万能の天才――帰国後の空海の活躍

真言宗総本山・金剛峰寺（こんごうぶじ）と東寺（とうじ）

金剛界、胎蔵界両部の密教は、こうして空海の中で一つになり、体系化されて、日本に帰ってきてから真言宗となって花開く。空海は多数の経典や曼（まん）荼羅（だら）、図像、法具類などを持って帰国した。それら

は、その後の日本の思想や芸術、土木建築や医学の発展を促すことになる。

ところで、空海は二十年中国で勉強しなければならない留学生の身分だったのに、わずか二年足らずで帰国してしまった。これは規則違反だ。だから謹慎していたのか、しばらく所在が不明になる。

そして大同四年（八〇九）に朝廷から許しが出、京都の高尾山寺に住むことになる。それからは朝廷が待ち望んでいた密教の儀式や修法を駆使し、空海はまさに時代のスターになっていく。

弘仁七年（八一六）には朝廷から高野山を賜り、ここを何年もかけて真言宗の総本山・金剛峯寺として作り上げていく。最澄没後はますます朝廷の信頼を得、特に嵯峨天皇と空海の仲は極めて親密になる。

弘仁十四年（八二三）、嵯峨天皇は空海に京都の東寺を与えた。空海はこの寺を教王護国寺と呼び、真言密教の専門道場とした。

空海の多彩な社会活動

空海のもたらした密教の影響は、言語に絶するものだった。ほかの宗派もみんな密教化せざるを得ないほどだった。特に天台宗は密教を積極的に取り入れ、天台密教ということで「**台密**」と呼ばれた。これに対し、真言宗の密教は東寺を基盤としたので「**東密**」と呼ばれた。

空海は権力の側ばかりを向いていたわけではない。教育は庶民のためにこそあるべきものとして、東寺の隣に**綜芸種智院**を作った。だれでもただで入れた寮もある。そして、仏教ばかりでなく文化全般を教えた。まさに庶民のための総合教育学校を作ったのだ。

また、故郷の讃岐でいつも氾濫し、人々を苦しめていた**満濃池**をわずか三カ月で修築してしまった。中国で身につけてきた土木技術が功を奏したのだろうか。空海が**万能の天才**といわれるゆえんだ。

死後、弘法大師の名を賜る

思想面では、『**秘密曼荼羅十住心論**』（全十巻）の著作をあげなければならない。この大著を三巻に要約した『**秘蔵宝鑰**』もあるが、これらは人間の成

天台宗と真言宗の系譜

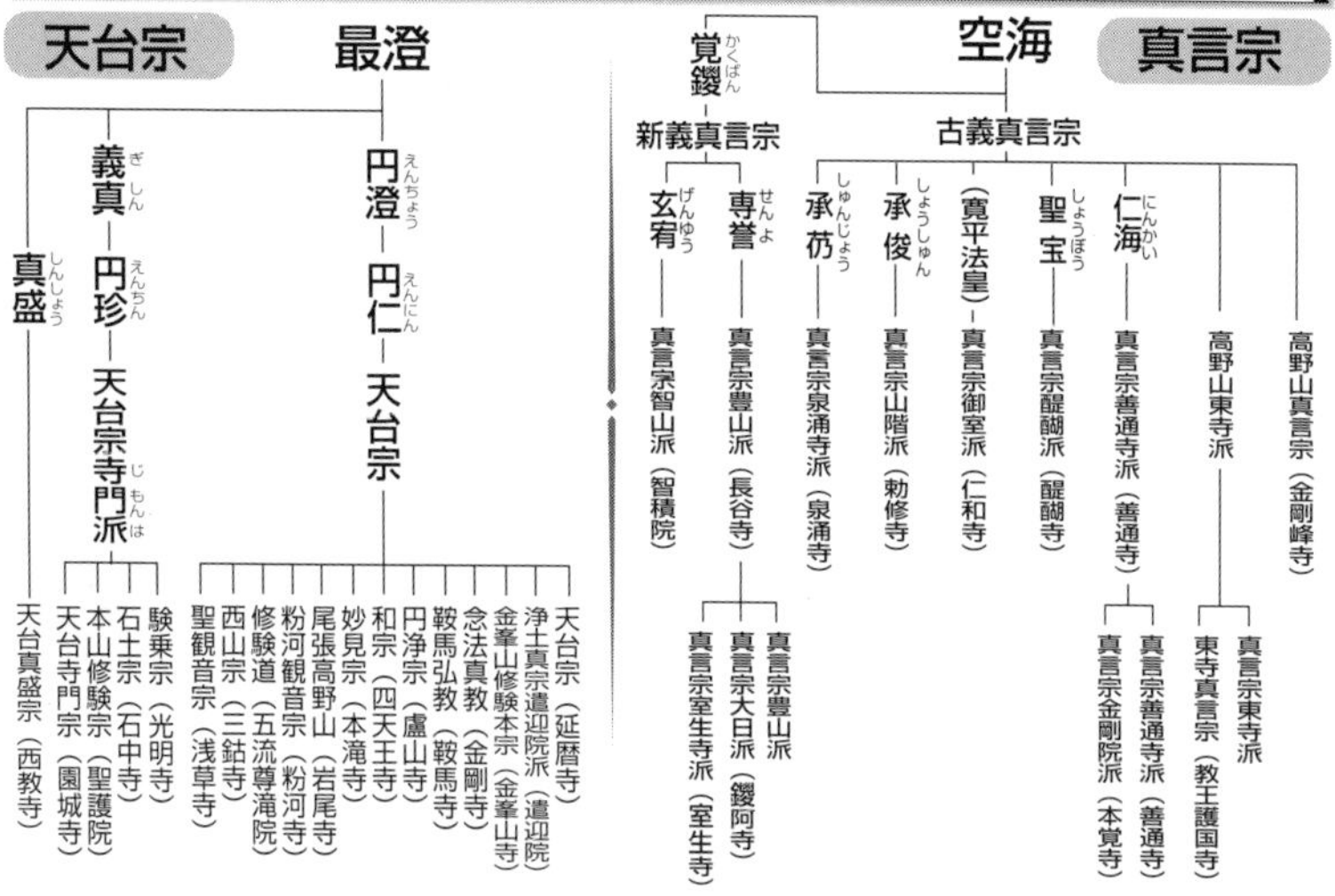

天台宗

- 最澄
  - 円澄―円仁―天台宗
    - 天台宗（延暦寺）
    - 浄土真宗遣迎院派（遣迎院）
    - 金峯山修験本宗（金峯山寺）
    - 念法真教（金剛寺）
    - 鞍馬弘教（鞍馬寺）
    - 円浄宗（廬山寺）
    - 和宗（四天王寺）
    - 妙見宗（本滝寺）
    - 尾張高野山（岩尾寺）
    - 粉河観音宗（粉河寺）
    - 修験道（五流尊滝院）
    - 西山宗（三鈷寺）
    - 聖観音宗（浅草寺）
  - 義真―円珍―天台宗寺門派
    - 験乗宗（光明寺）
    - 石土宗（石中寺）
    - 本山修験宗（聖護院）
    - 天台寺門宗（園城寺）
  - 真盛―天台真盛宗（西教寺）

真言宗

- 空海
  - 古義真言宗
    - 高野山真言宗（金剛峰寺）
    - 高野山東寺派
      - 真言宗東寺派
      - 東寺真言宗（教王護国寺）
    - 仁海―真言宗善通寺派（善通寺）
      - 真言宗善通寺派（善通寺）
      - 真言宗金剛院派（本覚寺）
    - 聖宝―真言宗醍醐派（醍醐寺）
    - （寛平法皇）―真言宗御室派（仁和寺）
    - 承俊―真言宗山階派（勧修寺）
    - 承岎―真言宗泉涌寺派（泉涌寺）
  - 覚鑁―新義真言宗
    - 専誉―真言宗豊山派（長谷寺）
      - 真言宗豊山派
      - 真言宗大日派（鑁阿寺）
      - 真言宗室生寺派（室生寺）
    - 玄宥―真言宗智山派（智積院）

長を十段階に分けて密教の優位性を証明したものだ。儒教、道教などの上に顕教があり、最上位に密教が位置することを説いている。

空海は承和二年（八三五）三月二十一日に入定した。入定とは精神を統一して禅定に入ることであり、つまり亡くなったのではないといっているのだ。悟りの境地に入って今もわれわれを見守ってくれている。

だから四国の遍路たちは、弘法大師と二人で歩いているという意味で「同行二人」という菅笠をかぶるのである。**弘法大師**という号は、延喜二十一年（九二一）に醍醐天皇から贈られた名だ。

最澄にしても空海にしても、天才というのはその時代が必要として生まれてくるものであろう。平安時代の次は鎌倉時代だが、この時代にはもっと多くの錚々たる天才たちが顔をそろえる。その先陣を切ったのが法然上人であり、現代に続く仏教各宗派の祖師たちがあとに続いて輩出する。次にその鎌倉時代の仏教を見ていこう。

鎌倉新仏教——浄土思想と阿弥陀信仰

不安の時代が生んだ浄土教

僧兵が利権を争い、堕落した平安仏教

まず、鎌倉時代というのはどういう時代だったのか、簡単に説明しておかなければならない。ひとことでいえば、戦乱と天変地異に庶民が苦しんだ時代ということができる。

平安末期には天皇の力が弱まり、武士が台頭する。その代表が平家と源氏だ。朝廷では天皇を引退したはずの上皇による院政政治が始まり、上皇と天皇が対立する。武士や貴族はこれを利用して自分の力を得ようと、どちらかについて戦い合う。

仏教界はというと、最澄や空海の理想は遠のき、山法師、寺法師などという僧兵が利権を争って暴れ回っていた。またしても堕落退廃してきたわけだ。

そんな中で、庶民は戦争に巻き込まれ、また飢餓や病気で命を失うものがあとを絶たなかった。人々は絶望の中で暮らさなければならなかったといっていいだろう。

戦乱、天変地異による末法思想

仏教には「末法思想」という考えがある。釈迦が亡くなったあと、正法・像法・末法という三つの時代が来るというのだ。

正法とは仏の教えと修行と悟りの三つがそろっている時代。

像法とは教えと行だけは残るが、悟るものがいなくなる時代。

末法とは教えだけが残り、行も悟りもなくなる時代。

この時代を経て、やがて教えすらもなくなる法滅の時代が来るという。

その時期は、正法が釈迦が亡くなってから五百年、

不安の時代が生んだ浄土教

末法思想

正法 → **像法** → **末法** → **法滅**

正法	像法	末法	法滅
仏の教えと修行と悟りの三つがそろっている時代	教えと行は残るが、悟るものがいなくなる時代	教えだけが残り、行も悟りもなくなる時代	教えもなくなる時代
釈迦の死後1000年間または500年間	正法のあと500年間または1000年間	日本では1052年を末法の始まりと考えた	

現世での幸福をあきらめ、来世に幸せを託す
↓
極楽浄土の信仰
↓

像法は千年という説と、正法が千年、像法が五百年という説、あるいは正法、像法ともに千年という説がある。最後の説を除けば、釈迦が亡くなってから千五百年目が末法ということになる。これは永承七年（一〇五二）にあたるといわれ、人々はこれを恐れていた。戦乱や天変地異などの不幸は、このために起こっているのではないかと考えられたわけだ。

浄土教の先駆け――空也と源信

だから、人々の間には現世での幸福をあきらめ、来世に幸せを託す気分がみなぎっていた。そういう風潮を背景にして広がってきたのが「浄土教」だ。一心に阿弥陀仏を観想し、念仏を称えれば極楽浄土に救い取ってもらえる。そして仏の導きで成仏できるという教えだ。

空也はこの教えを説いて人々の心をとらえ、「市の聖」「捨て聖」などと呼ばれて敬われた。また、源信は『往生要集』を書き、浄土の教えを体系化した。平安末期には大原の良忍が融通念仏宗を立て、庶民に支持された。

そんなとき、後白河天皇と崇徳上皇が対立し、これをめぐって天下が分かれた。結局天皇側が勝ったが、その三年後、天皇側についた平家と源氏が衝突、平清盛が天下を取った。武家政治の始まりだ。

しかし、源氏は源頼朝を大将として反撃、ついに文治元年（一一八五）に壇の浦で平家を滅ぼす。そして建久三年（一一九二）、頼朝は征夷大将軍となり、鎌倉に幕府を開く。これが鎌倉時代の幕開けだ。

法然が説いた浄土の教え

父を殺害されたのを機に出家する

法然が登場するのは、このような時代環境のもとだった。長承二年（一一三三）、美作国（岡山県北部）に生まれた法然は、七歳のときに押領使を務めていた父を失う。恨みを買って殺されたのだ。

亡くなるとき、父は法然に、「決してあだ討ちなどをしてはいけない。恨みは次の恨みを生むだけだ。おまえはそんな俗世に生きず、出家して聖なる道を歩きなさい」と言ったという。

法然は菩提寺で出家したあと、比叡山に登って皇円の弟子となる。あの最澄が開いた天台宗の学問を学んだわけだ。次に比叡山の黒谷に隠棲し、融通念仏宗を開いた良忍の弟子の叡空に師事する。そして戒律や『往生要集』などについて学んだ。

煩悩にまみれた人間のための仏教

法然はだれもまねができないほど熱心に勉強し、戒律を守ったというが、本音の部分で仏教に得心がいかなかった。いや、仏教にというよりも、自分の心の中のうそやごまかし、見栄といったようなものから目をそらすことができず、煩悩にまみれた凡夫だという自己嫌悪から逃れられなかった。

だから京都や奈良の学僧を訪ね、仏道を追究しようとするが、どうしても納得がいかない。法然はしかたがなくてまた黒谷に戻り、仏教経典の大全集である「一切経」を五度も読んだという。自分のような煩悩にまみれた姿が人間の本性であるならば、そんな人間のための仏教があるはずだと思って追い求めたのではないだろうか。

他力本願こそ浄土宗の理念

法然の説く専修念仏の教え

聖道門
修行を積むことによって悟りが開けるという従来の仏教
▶ **自力の仏教**

×

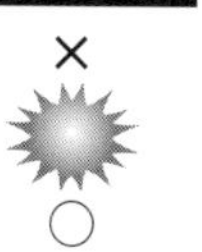

○

浄土門
自分の力で仏になるのではなく、阿弥陀仏の力で仏にさせていただく
▶ **他力本願**

他力の教えを著作にまとめる

法然の思想
中国の善導が著した『散善義』を読み念仏の道に確信を持つ

▶『選択本願念仏集』

浄土宗の聖典
浄土三部経
『無量寿経』
『観無量寿経』
『阿弥陀経』

▶「親鸞上人絵伝」に描かれた東山吉水の法然上人の庵。ここで親鸞は法然と出会った

救済は阿弥陀仏の本願であることを悟る

そしてある日、法然は中国の浄土教を大成した善導という人の『観無量寿経疏』という書を開き、「散善義」という文章に出会う。そこには、「一心に阿弥陀仏の名号を称えるならば、阿弥陀仏は決してその人を捨てず、救ってくれる。なぜなら、それが阿弥陀仏の願だからだ」と書いてあった。

法然はこれを読んで念仏の道に確信を持った。心を清めることもできないし、阿弥陀仏を観想することもできない自分でも、ただ念仏を称えれば阿弥陀仏は極楽浄土に救い取ってくれる。それは自分の力ではなく、阿弥陀仏の本願によって行なわれることなのだ。そうわかったとき、法然の心は開けた。

他力本願こそ浄土宗の理念

法然は比叡山を下りて東山吉水に庵を開き、「南無阿弥陀仏」と称えればだれでも極楽浄土に往生できるという専修念仏の教えを説いた。これが実質的な浄土宗の開宗だ。現実に絶望していた人々は、この教えに飛びついていった。修行する力もないし、供養や布施をする余裕もない。今までは救われるはずもないと思っていた自分たちでも、念仏を称えれば極楽に往生できるというのだから無理もない。

法然は、修行を積むことによって悟りが開けるという従来の仏教を「**聖道門**」と呼び、また「**自力**」の仏教と規定した。それに対して、自分たちの仏教は「**浄土門**」であり、「**他力**」の仏教だとして**他力本願**を主張した。自分の力で仏になるのではなく、阿弥陀仏の力で仏にさせていただくという考えだ。

法然はこの考え方を『**選択本願念仏集**』という本にまとめ、また、『無量寿経』『観無量寿経』『阿弥陀経』を「**浄土三部経**」と呼んで浄土宗の聖典とした。

奈良の寺院や比叡山の僧たちは、これを見て危機感を抱いた。法然の新興宗教は、旧仏教の否定につながるからだ。彼らは朝廷や幕府に働きかけ、なんとかして浄土教をつぶそうとした。その結果、承元元年（一二〇七）、法然ら七名が流罪、四名が死罪に処せられた。このとき、のちに浄土真宗の開祖となる親鸞もいっしょに流罪になった。

法然は四国に流されたが、翌年には赦免となって摂津の勝尾寺に入り、建暦元年（一二一一）には京都東山の大谷に戻って住んだ。そして翌年の一月二十五日、八十年の生涯を閉じた。

他力の思想を深化させた親鸞

※比叡山での苦行に励んだ青年時代

浄土真宗を開いた親鸞聖人は、法然上人の弟子である。もともとは日野有範という公家の子だったが、日野家は源平の合戦で一家離散となり、親鸞はのちに天台宗の管長となる**慈円**という高僧について出家した。つまり、親鸞もあの最澄の立てた天台宗の本山、比叡山で学ぶことになったわけだ。九歳のときだったという

比叡山には常行三昧堂というところがある。「南無阿弥陀仏」と称えながら、堂内の仏像を延々とめぐり拝しつづける道場だ。これを**不断念仏**というが、親鸞はこの常行三昧堂の堂僧となった。つまり、不断念仏を自分に課したのだ。

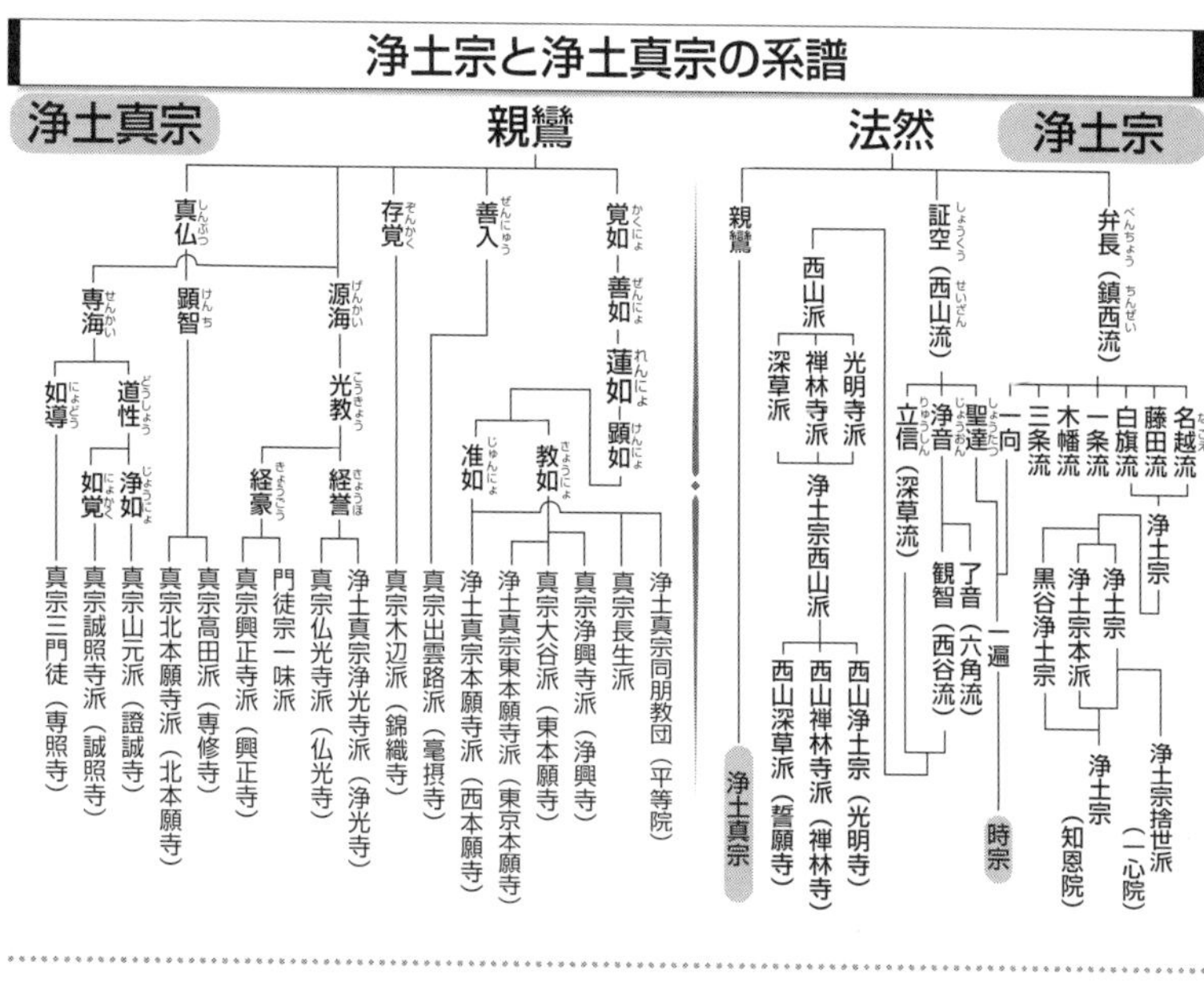

この厳しい修行をするためには、まず戒律を厳格に守らなければならない。しっかり戒律を守り、不断念仏を称えつづければ、心が一点に集中して定まってくる。これを三昧という。自分をこのようにコントロールすることで智慧が得られ、悟りに結びつく。134ページで述べた戒・定・慧の「三学」だ。

親鸞はこの厳しい修行を続ける中で、かなり苦しんだようだ。それは、自分の欲望や執着と戦って戒律を守らなければならないのに、真の自分を見据えれば見据えるほど、欲望や執着をまったく捨て切れていないという事実に気がついていたからだ。

人生を決定した法然との出会い

親鸞は悩んだ。自分に限界を感じた。そして建仁元年（一二〇一）、二十九歳のとき、比叡山を下りて京都の六角堂にこもった。仏さまの導きを求めて、百日間祈願することを決めたのだ。

すると九十五日目、夢に聖徳太子の化身である観音菩薩が現れて、法然上人のところに行きなさいと言われたという。親鸞はすぐに法然のもとを訪ねた。

すると法然はこう言った。
「戒律を守ろうとしても、守り切れないのが人間だ。阿弥陀仏は、そのような凡夫をこそ救い取ろうと誓願を立て、仏となったのだ。だから一心に念仏を称えることこそたいせつなのであり、戒律を守ることは極楽に往生する要因にはならない」

この他力本源の教えを聞いた親鸞は、深く心を動かされて法然の弟子となった。そして浄土宗の奥義を究めた。

僧にもあらず、俗にもあらず

ところが承元元年（一二〇七）、念仏の隆盛に危機感を抱いた旧仏教によって、法然は四国へ、親鸞は越後国（新潟県）の国府へ流罪になってしまう。このとき、親鸞は朝廷によって無理矢理僧籍を剥奪された。だから、親鸞はこれ以後、自分を「非僧非俗」と呼んだ。僧にもあらず、俗（在家）にもあらずという新しい大乗菩薩の立場を鮮明にしたのだ。そして、土地の恵心尼という女性と結婚する。

東国で浄土真宗を開く

四年後に罪を解かれたが、親鸞は京都には帰らず、恵心尼とともに関東に行き、常陸国（茨城県）稲田を中心に浄土の教えを説き広めた。親鸞の思想をまとめた『教行信証』という本もここで書かれ、新たに浄土真宗が起こされたのである。

親鸞は、法然よりもさらに徹底して自力を否定した。上野国（群馬県）の佐貫に滞在していたころ、人々の救済を願い、親鸞は「浄土三部経」を千回読もうとしたという。しかし、途中でハッと気がついてこれを中止した。

こんなことをするのは、結局自力の修行だということに気づいたのだ。人々が極楽に救い取られるのは、経典を読むことによってではない。阿弥陀仏を信じて念仏することだけが大事だったのだと気づいたのだ。

頭では自力を捨てたと思っていても、どこかに比叡山時代の自力の修行に頼る自分がいたのだと、親鸞は深く反省した。

浄土真宗・親鸞の足跡

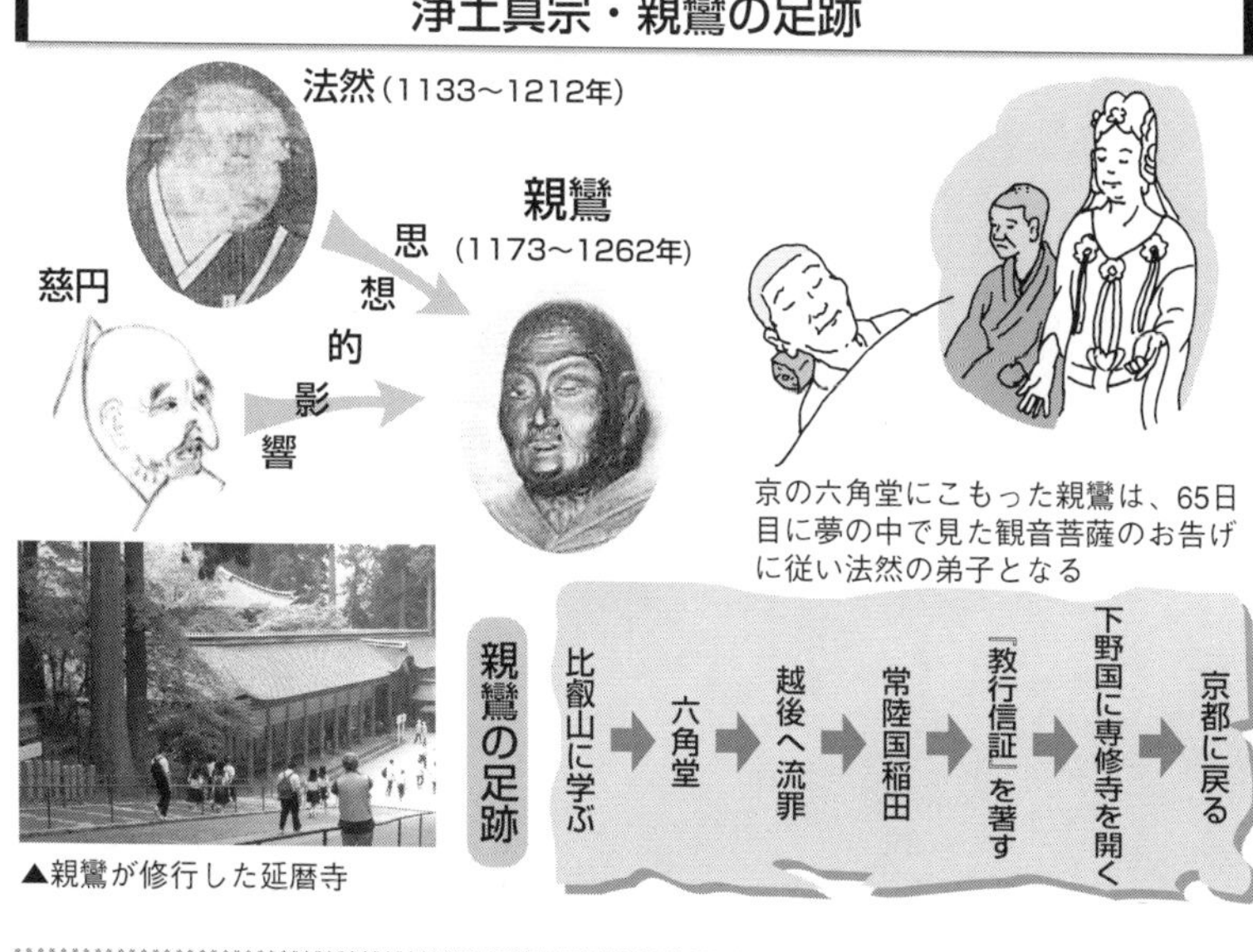

▲親鸞が修行した延暦寺

絶対他力の思想にたどり着く

それから十七年後、親鸞は風邪を引いて寝込んでいた。そして夢を見た。その夢の中で、自分が『無量寿経』を読んでいたという。経典の文字まではっきり見えた。親鸞は十七年前のことを思い出し、自力の功徳を願ってしまう心根の頑強さを痛感してまた反省する。

師の法然は、真実心を持って念仏せよと教えてくれた。しかし、本音で言えばそういう心が持てないというのが親鸞の問題意識だった。真実心を持とうとするのも、実は自力ではないのか……。

親鸞は、やがてそう思い至った。阿弥陀仏の本願は、真実心を持って念仏し、こちら側から浄土に行こうと努力する人を救うのではなく、真実心も持てない凡夫（親鸞はこういう人を「悪人」と呼んだ）をこそ阿弥陀仏の側から救い取ってくれるのではないのかと考えたのだ。だから、人間の一切のはからいは意味がない。阿弥陀仏にすべてをお任せすればいいのだと主張するに至った。この考えを「絶対他力」という。

親鸞の思想

▲阿弥陀仏にすべてお任せする絶対他力の思想が親鸞の思想の根本

また、「善人なをもて往生をとぐ、いはんや悪人をや」という親鸞の有名な言葉があるが、これは、「善人でも往生できるのに、ましてや阿弥陀仏は真実心も持てないような凡夫（悪人）をこそ救済しようとしているのだから、悪人が往生できるのは当然だ」というほどの意味となる。

これを「**悪人正機説**」という。

阿弥陀信仰を持った瞬間に人は救われる

親鸞の考えをさらにいえば、人間は念仏を称えることによって阿弥陀仏に救われるのではなく、信仰心を持った瞬間、すでに阿弥陀仏によって救われているというのである。

だから、「極楽浄土に救い取ってください」と念仏するのではなく、「救ってくださってありがとうございます」という報恩の念仏を称えなさいと教えるのが親鸞の念仏だ。

その根拠に、「浄土三部経」の一つである『無量寿経』があげられる。162ページでも触れたように、この経典には阿弥陀仏になる前の法蔵菩薩の話が述べられている。法蔵菩薩は四十八の願を立て、それが達成されなければ仏にならないと誓った。四十八のうちの十八願には、あらゆる衆生が自分の浄土に生まれたいと思い、十回念じても生まれることができないならば、私は仏にならないとある。

しかし、実際には阿弥陀仏はすでに仏になっている。ということは、この願はもう達成されているということだ。

つまり、私たちが阿弥陀仏に対して信心を起こせば、私たちは極楽浄土に救い取ってもらうことを保証されたわけだ。だから親鸞はお願いの念仏ではなく、お礼の念仏をしなさいと言ったのだ。

このように、親鸞は徹底して自力を否定し、絶対他力を唱えて新たに**浄土真宗**を起こした。

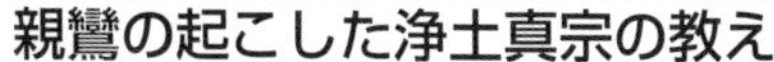

親鸞は嘉禄元年（一二二五）、下野国（栃木県）高田に専修寺を開き、嘉禎元年（一二三五）には京都に戻った。そして弘長二年（一二六二）、九十年の生涯を閉じた。

踊り念仏を広めた一遍と時宗

※名門水軍の家に生まれた一遍

一遍上人は延応元年（一二三九）に生まれたという。親鸞聖人より六十六歳年下ということになる。伊予国（愛媛県）の河野家という豪族の子孫だ。

河野家は瀬戸内海の水軍の大将で、大三島の大山祇神社を氏神とする信仰心のあつい一族だった。祖父の通信は源平の合戦で手柄を立て、北条時政の娘を妻に迎えたという。つまり、源頼朝の義兄弟だったわけだ。

それほどの家系だったが、承久三年（一二二一）に後鳥羽上皇が鎌倉幕府を倒そうとして挙兵した承久の乱で上皇側に味方し、敗れて奥州（東北）の江刺（北上市）に流されてしまう。このとき一族は没落するが、四男の通久は北条方についたので伊予国で家系を存続する。

家や財産を捨てて仏道に専念

一遍の父の通広は通信の五男といわれるが、どんな立場だったのかよくわからない。ただ、一遍が生まれたころは出家して如仏と称し、法然の弟子である証空の教えを受けていたという。

一遍は、母が亡くなったのを機に、父から言われて幼くして出家した。そして十三歳のとき、九州・大宰府の聖達という僧の弟子になった。聖達は父と同門で、やはり証空の教えを受けていた。だから、一遍は法然のひ孫弟子にあたるわけだ。

こうして浄土の教えを学んでいた一遍だったが、弘長三年（一二六三）、父が亡くなったという知らせを聞いて故郷に戻った。それ以後は、故郷で半僧半俗の生活を送っていたという。つまり、僧の姿で念仏を称えながら家庭生活も営んでいたのだろう。

ところが、あるとき親類間にもめごとが起こり、一遍は殺されそうになる。これを機に、一遍は家族を捨てて再び出家する。家や財産、しがらみなどを持っていることがいかに仏道を阻害するかを痛感したものと思われる。

利他への道を決定づけた「二河白道図」

その後、一遍は信州（長野県）の善光寺を訪れた。そして、そこで「二河白道図」に出会って心を打たれる。これは、法然が感銘を受けた中国の善導の著書、『観無量寿経疏』の「三善義」という章にある例えを絵にしたものだ。

旅人が一本の狭くて白い道を歩いている。その両側には火の河と水の河がある。火の河は怒り、水の河は欲を表わし、白道は極楽浄土へ往生したいという信心を表わす。しかし、旅人は河が怖くて渡れない。すると、此岸の釈迦、彼岸の阿弥陀仏が旅人を励ます。そして、旅人はやっと白道を渡って彼の岸に着くという話だ。

一遍はこの絵を写し、自分の本尊とした。そして一から修行をやり直そうと決意した。一遍は絵を持って故郷に帰り、窪寺という寺にこもって念仏に明

一遍の起こした時宗

▲念仏札を配る一遍（1239～1289年）

一遍の人生を決めた「二河白道図」

此岸の釈迦、彼岸の阿弥陀仏に励まされ旅人は白道を渡って彼岸に着く

一遍の時宗の教え

- 衆生のために生きる **利他**
- 法を説きながら各地をめぐり歩く **遊行**
- 阿弥陀仏と人々を結ぶ **念仏札**

▶一遍が「熊野権現の神勅」で時宗を開いた熊野権現（熊野速玉大社）

け暮れた。それから三年後、彼は「衆生のために生きよう」という心境に至ったという。自分のことはすべて放棄し、利他に生きる中にこそ救いがあると悟ったのであろう。

一遍はその後半年間、伊予国菅生の岩屋寺にこもったあと、すべての財産を投げ捨て、妻と娘と下男の三人だけを連れて旅に出る。熊野新宮で三人とも別れ、恩愛までも捨てて一人遊行に旅立った。

ただ口に任せて念仏を称えれば極楽往生

遊行とは、法を説きながら各地をめぐり歩くことだ。一遍はまず難波の四天王寺を参拝した。四天王寺は、極楽の東門に通じる聖地とされている。彼は本尊に手を合わせ、自分の後半生を遊行にささげて念仏を広めることを誓った。

一遍の思想には、「南無阿弥陀仏」という名号に対する絶対視がある。

法然は阿弥陀仏への信仰心を持つとともに、極楽へ往生するために念仏せよと説いた。

親鸞はもっと徹底し、阿弥陀仏への信仰心を持っ

たとたん救われているのだから、報恩感謝の念仏をせよと説いた。

それに対して一遍は、信仰心があってもなくても、ただ口に任せて念仏を称えれば極楽に往生できると考えたのだ。

一遍は、念仏以外のすべての行を捨てて遊行に徹した。だから、彼は「遊行上人」とも「捨て聖」とも呼ばれている。理論や理屈ではなく、ただ「南無阿弥陀仏」と称えれば極楽へ往生できるとして、人々に念仏を勧めた。

※阿弥陀仏との縁を結ぶ念仏札

その方法として、彼は「南無阿弥陀仏　決定往生　六十万人」と書いた札を人々に配った。これを「賦算」という。

賦とは「配る」、算とは「札」という意味だ。一遍は人々に阿弥陀仏と縁を結ぶきっかけとしてこの念仏札を配ったが、人々はこの札自体をありがたがったという。

一遍はまず六十万人を目標としてこの札を配り、それが達成されたら次の六十万人にまた配るつもりでいた。そして熊野に向かった。

山の中で一人の僧に出会ったので、札を勧めた。ところが、その僧は信仰心が起こらないから受け取れないと言う。自分の布教方法に問題があるのかと思った一遍は、熊野権現に手を合わせて教えを請うた。すると権現が姿を現し、

「おまえの勧めで人々が往生するわけではない。阿弥陀仏の本願によって、南無阿弥陀仏と称えれば往生できると決定しているのだ。信心があろうがなかろうが、迷わずにすべての人に札を配り、阿弥陀仏と縁を結ばせなさい」

と言われた。

時宗ではこの出来事を「熊野権現の神勅」と呼び、一遍が悟りを開いて時宗を開いた時としている。以後、一遍は北は奥州の江刺から南は九州の鹿児島まで、十六年の間、六十余州にわたって亡くなるまで遊行を続けた。賦算を受けた人の数は、二十一億一七二四人に及ぶといわれている。

時宗を特徴づける踊り念仏

念仏が高揚して踊り出す

踊り念仏

信州佐久での念仏中に高揚した参加者が自然に踊り出したのが起源

盆踊りの起源という説もある

▲「一遍上人絵伝」に描かれた佐久の踊り念仏

貴重な絵画史料「一遍上人絵伝」

▼一遍の生涯を描いた「一遍上人絵伝」

念仏が高揚して発生した踊り念仏

遊行中の弘安二年（一二七九）、信州（長野県）佐久の武士の館で念仏しているとき、参加している人たちがみんな念仏に夢中になり、心に喜びが生じて出家者も在家者もともに踊り出したという。

これを「**踊り念仏**」といい、平安時代に空也が始めたものを一遍がこのとき再興したといわれている。これが盆踊りの起源という説もある。

正応二年（一二八九）、一遍は摂津（兵庫県）の観音堂で亡くなった。五十一歳だった。

彼は亡くなるとき、弟子たちに命じて自分のすべての著書を焼き払わせたという。あらゆる執着を断とうとしたのだろう。だから彼の著書は残っておらず、その教えは弟子たちの著書で後世に伝わった。行状を伝えた「一遍上人絵伝」や「一遍聖絵」が有名である。

4 鎌倉新仏教——禅の渡来と日蓮の教え

二度の留学体験を持つ栄西

神官の子として生まれた栄西

163ページでも触れたように、中国では菩提達摩がインドから伝えた禅が継承され、六代目のときに北宗禅と南宗禅に別れた。そのあとは南宗禅の時代となり、特に宋代には臨済宗や曹洞宗など五家七宗が栄えた。臨済宗では公案を用いて人々を悟りに導き、曹洞宗ではひたすら坐禅をする「只管打坐」こそ悟りの姿であるとしてこれを勧めた。

栄西は日本臨済宗の開祖といわれるが、もともとは台密を勉強していた天台宗の僧だった。栄西もまた最澄の建てた比叡山延暦寺出身なのだ。

栄西は、保延七年（一一四一）、備中（岡山県）吉備津神社の神官の子として生を受けた。父の賀陽氏も三井寺で台密を勉強していた影響で、栄西は幼くして地元の安養寺に入った。そして十四歳のとき、比叡山の戒壇院で受戒し、天台宗の教学を学ぶ。

留学先で重源とともに天台山に学ぶ

仁安三年（一一六八）四月、栄西は中国に向かっていた。二十八歳のときだった。宋から天台教学を学び取り、日本に新風をもたらしたいと思っていた。栄西は博多で、通訳から宋では禅が盛んなことを聞いており、禅にも関心を抱いていた。

明州に着くと、東大寺の重源という僧と出会った。重源は法然上人から浄土教を学んだ僧で、のちには東大寺の大仏殿再建のために資金集めをするという大役を担った人だ。

二人は天台山に登り、天台大師智顗の塔を参拝した。また、かつて最澄や円珍が訪れたという石橋や、阿育王山も詣でた。明州の広慧禅寺では、禅についての話を聞くこともできた。

栄西と臨済禅

栄西（1141～1215年）

宋に渡って天台教学を学び取る
▼
再度入宋し、天童山で虚菴懐敞に臨済禅を学ぶ
▼
旧仏教からの弾圧
▼
あくまでも天台僧として坐禅を広める

●代表的著作
『興禅護国論』…国家に禅の必要性を説く
『喫茶養生記』…茶の効能を説く

▲栄西（左）が開いた博多の聖福寺
▼源頼家が六波羅に建立した建仁寺。栄西はその開山として鎌倉に招かれた

このとき、栄西は南宗禅を学んで帰りたいと思ったが、重源から強くいっしょに日本に帰るように誘われ、わずか半年で帰国してしまった。

栄西は中国で入手した天台宗の文献などを天台座主（管長）の明雲に献上した。その後、栄西は台密の一流派である葉上流という派を開いているから、このときはまだ臨済宗とはそんなに縁が深かったわけではない。

再度入宋して臨済禅を学ぶ

栄西が臨済宗を深く学ぶのは、文治三年（一一八七）、四十七歳で再び宋に渡ったときだ。このときは、実は栄西はインドまで行き、釈迦の遺跡を参拝したいと思っていたのだ。そして臨安府まで行ったのだが、そのころは蒙古が猛威を振るっており、西域に近づくこともできなかった。当然役所は出国の許可を与えてはくれなかった。

そこで栄西は天台山の万年寺に登り、修行した。さらに天童山に登り、虚菴懐敞について三年余り臨済禅を学ぶことができた。このときの中国滞在は

五年に及ぶ。

天台僧として禅を広めた栄西

※『興禅護国論』で禅を広める

建久二年（一一九一）秋、帰国して長崎の平戸に着いた栄西は、翌年、筑前国香椎（福岡市）に建久報恩寺を建て、禅を広めようとした。報恩寺はわが国初の禅寺といわれている。

建久五年、栄西は京都に上洛し、臨済宗を広めようとした。しかし、いつも新しい宗教が興ろうとするとおもしろくないのが旧仏教、特に権力を持つ比叡山だ。朝廷は比叡山から圧力を受け、禅宗を禁じる命令を出している。

しかし、栄西に旧仏教を否定する意図はなかった。天台宗は円・密・禅・戒の四宗兼学であるから、彼はあくまで天台僧として禅を広めようとしたのだ。悪意がないからやれたのだろうが、翌六年には博多に聖福寺を建てて禅を鼓舞し、建久九年には『興禅護国論』という本を書いて国家に禅が必要なわけを説いている。

※源頼家建立の建仁寺の開山に迎えられる

しかし、京都での弾圧は強まってくる。そこで栄西はやむなく鎌倉に下る。鎌倉新幕府は、逆に京都に対抗できる文化を求めていた。だから栄西は歓迎され、源頼家の帰依を受ける。

建仁二年（一二〇二）には亀ケ谷の土地を寄進され、寿福寺を創建した。同じ年、頼家は京都の幕府直轄領である六波羅に建仁寺を建て、栄西を開山として迎えた。

だが、建仁寺は純粋な禅寺ではなく、真言・天台・禅の三宗を兼ねる寺とされた。これは栄西が権力の犠牲になったということではなく、栄西自身が台密を捨て切れず、自分でそうしたともいわれている。

また、栄西は頼家の弟の実朝の帰依も受けた。栄西は宋から持ち帰った茶を実朝に勧め、その効能と養生法を説いた『喫茶養生記』を著わしている。このため、栄西は後世「茶祖」といわれるようになっ

臨済宗の系譜

臨済宗の宗派と開山

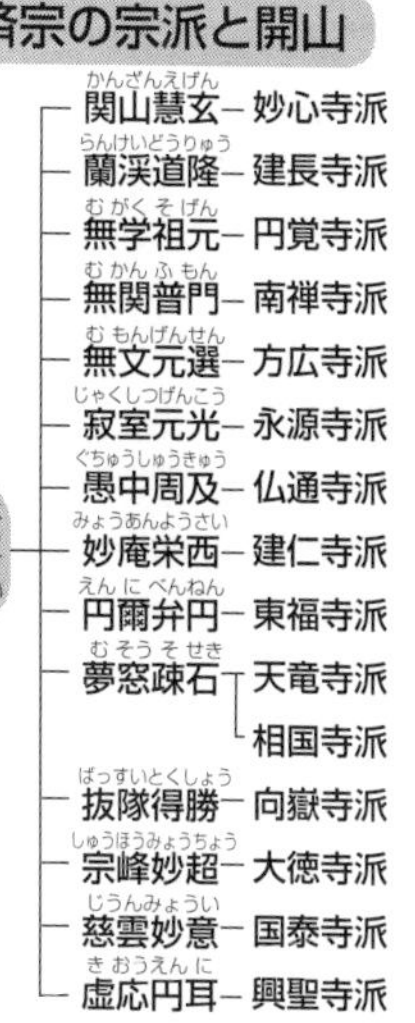

臨済宗を広めた応燈派

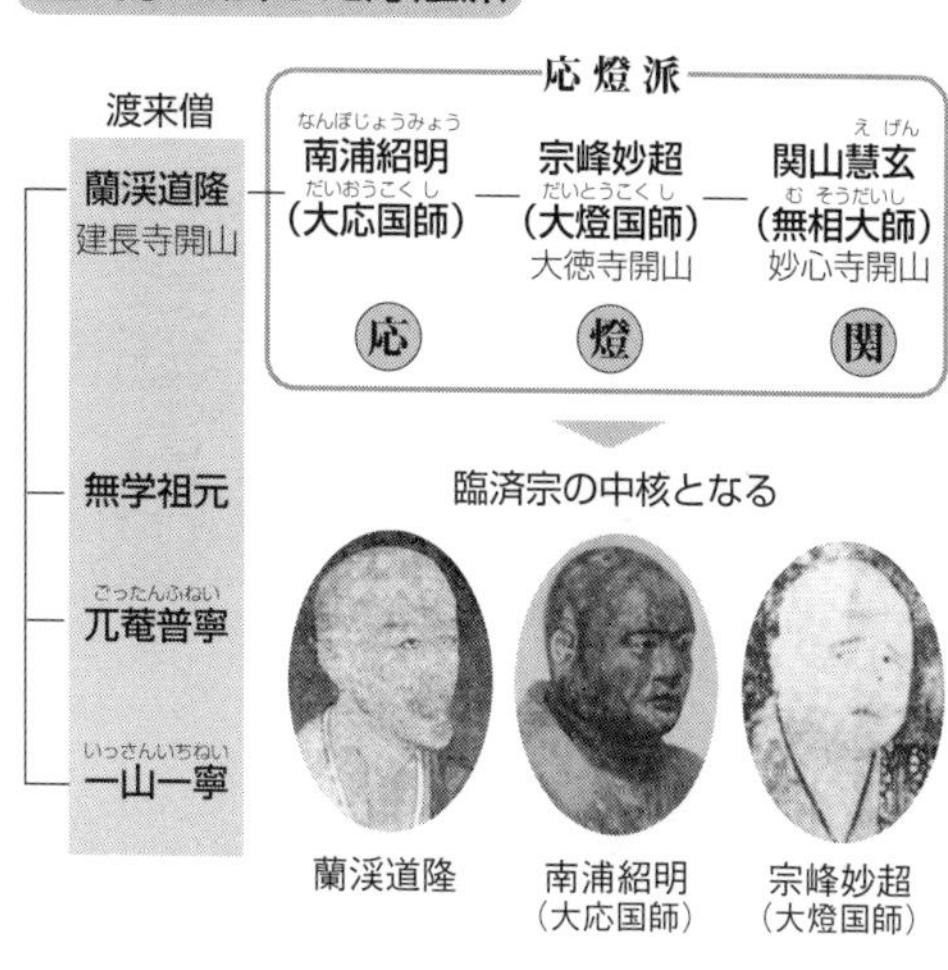

た。実際はずっと前から日本に入っていたらしい。

密教の思想を捨てなかった栄西

このように、栄西は臨済禅を日本にもたらしながらも、一方では天台宗葉上流の台密の僧としての体面も保っていた。幕府をはじめ周りが密教を重視していたこともあったし、自分にも天台宗の中の禅を広めているという意識があったのだろう。

その後彼は重源の役を引き継ぎ、東大寺を再建する役職に就いた。また法勝寺九重塔を再建するなど、幕府と密接な関係を結んだまま建保三年（一二一五）に七十五歳の生涯を閉じた。

臨済禅を広めた来日僧と応燈関派の流れ

話はまだ終わらない。栄西は臨済禅を日本にもたらしたが、隆盛するところまでには至らなかった。臨済禅が栄えるのはそのあとだ。

というのは、そのころ中国では蒙古の勢力である元が宋を滅ぼし、天下を取った。そのため、鎌倉時代中期以降、宋の禅僧がたくさん来日した。蘭渓道隆・兀菴普寧・無学祖元・一山一寧などなど、優秀な禅僧がたくさん日本に渡ってきたのだ。

特に蘭渓道隆の弟子となった大応国師（南浦紹明）は、のちに中国に渡って臨済禅を学び、大応派という禅風を興した。その教えは大徳寺を開山した大燈、妙心寺を開山した関山へと受け継がれ、この応・燈・関の系統いわゆる応燈派が現在の臨済宗をなしているともいわれている。

だから岩波書店の『仏教辞典』を引くと、「臨済宗」の項目では、「臨済宗は、日本には鎌倉時代に大応国師によって伝えられ……」と出ているほどだ。栄西の「よ」の字も出てこない。栄西は、日本に臨済禅をもたらし、次の世代にバトンタッチする役割を担ったということだろう。

只管打坐を説いた道元の曹洞宗

人間は悟っているから坐禅ができる

臨済宗の禅が公案を手がかりとして悟りを求めるのに対して、道元禅師の曹洞禅は、ただひたすら座るという「只管打坐」に特徴がある。

道元の考え方は、坐禅という修行は悟るための手段ではなく、人間は悟っているから坐禅ができるというものだ。あるいは、修行（坐禅）の中にこそ悟りがあるという。だから、修行をしないところに悟りはない。

このことを「本証妙修」とか「証上の修」などという。「本証」とは本来悟っていること、「妙修」とはそのうえで修行をすることをいう。つまり、修行は悟りを開くためにするのではなく、本来悟っている人間が、そのうえで坐禅という修行をするのだと主張している。

「証上の修」というのも、悟ったうえの修行という意味だから同じことだ。これは仏の坐禅だから、ただひたすら黙って座る只管打坐こそ本来のものということになる。

名門に生まれ、比叡山に学んだ道元

ここで、「人間は本来悟っている」とはどういうことなのか。それを知るために、道元の生まれから

只管打坐を説いた道元の曹洞宗

曹洞禅の根底にあるもの

本証妙修（ほんしょうみょうしゅ）

修行は悟りを開くためにするのではなく、本来悟っている人間が、そのうえで坐禅という修行をする

▼

只管打坐（しかんたざ）

坐禅とは、目的を持ってするのではなく、ただひたすら坐ること。坐禅修行とは悟るための手段ではない

▲曹洞禅の特色は只管打坐（永平寺の坐禅修行）

見ていってみよう。

道元は栄西より五十九歳年下の正治（しょうじ）二年（一二〇〇）生まれ。父は内大臣の久我通親（こがみちちか）、母は太政大臣藤原基房（ふじわらのもとふさ）の娘というから、由緒ある家系だった。

ところが、道元が三歳のときに父が、八歳のときに母が亡くなってしまう。そこで母方のおじが養子に引き取って育て、役人にしようとしたが、道元は十三歳のときに比叡山で出家してしまう。またしても比叡山である。最澄の影響は大きい。

翌建保元年（一二一三）、道元は天台座主（ざす）の公円（こうえん）のもとで得度、菩薩戒を授かった。

仏教をめぐる混乱と堕落に直面

そのころの比叡山は、比叡山を牙城とする山門派と三井寺（みいでら）をよりどころとする寺門派に分裂し、権力闘争に明け暮れていた。また、思想的には『大乗起信論（だいじょうきしんろん）』という論書にある「本覚（ほんがく）」の思想をめぐって議論が交わされていた。

人間は、だれでも仏になれる可能性を持っている。つまり仏性（ぶっしょう）を有する。「本覚」という言葉も、人間

はもともと悟っている存在だということだ。ならば、いまさら悟りを求めたり、そのために一生懸命修行をしたりする必要はないではないかと、本覚思想はそのように解釈された。だからそれは修行無用論として受け取られ、天台宗は堕落の道を歩んでいた。いや、現世の悟りを認める真言宗の一部にも同様の傾向は見られた。仏教界全体が病んでいたのだ。

　このような環境の中で、道元もまた疑問を抱いた。

「衆生が本来悟っている存在ならば、仏たちはなぜ悟りを求めて修行などしたのだろうか。悟っているなら修行など不要ではないか」

栄西の弟子・明全との出会い

　道元はこの疑問を多くの先輩や高僧といわれる人たちにぶつけた。しかし、だれも答えてくれる人はいなかった。そこで道元は比叡山を下り、三井寺の座主である公胤を訪ねた。すると公胤は言った。

「中国には禅の教えがあると聞く。建仁寺の栄西殿は中国でその禅を学んできたという。一度、建仁寺を訪ねてはどうかな」

　道元はすぐに建仁寺に出向いた。「栄西」のところでも触れたように、建仁寺は禅と天台、真言の三宗が兼学されていた。道元が栄西と会ったのかどうか、どのような出会いだったのかは定かではない。会ったとしてもほんの束の間のことだったはずだ。なぜなら、栄西はその翌年に亡くなっているからだ。

　その後、道元は栄西の弟子の明全について禅を学ぶことになる。だが、日本の禅のレベルは師の明全にとっても満足できるものではなかった。明全と道元は、いっしょに宋に渡って禅を学ぼうと相談した。

身心脱落の境地に至る

宋に渡り、天童山に入る

　貞応二年（一二二三）、彼らは明州の慶元府（寧波）に到着した。明全は直ちに天童景徳禅寺に入ったが、道元は船に三カ月もとどめ置かれた。理由は手続き上の問題といわれているが、明全は鑑真のもたらした二百五十戒を授戒していたのに対し、道元は菩薩戒しか受戒していないから、中国では正式の

道元と曹洞禅の足跡

道元の著作

『普勧坐禅儀』
帰国後の第一作

『弁道話』
『現成公案』
旧仏教の弾圧を逃れ、
宇治で著述

『正法眼蔵』
高度な思想的内容を
持つ道元畢生の著作

道元
(1200〜1253年)

▲比叡山の弾圧を逃れた道元が北陸の地、越前に開いた永平寺

道元の足跡

比叡山に学ぶ ▶ 建仁寺で禅に出会う ▶ 宋へ渡る ▶ 天童山に学ぶ ▶ 如浄のもとで悟る ▶ 宇治に興聖寺を開く ▶ 永平寺に移る

僧と認めてもらえなかったのかもしれない。

しかし、道元はここで貴重な体験をしている。船に阿育王山の老僧がしいたけを買いに訪ねてきたのだ。六十歳くらいの典座（禅寺の炊事係）で、翌日の食事のためだという。道元はいろいろ話が聞きたくなり、泊まっていくように勧めた。

「あなたのような老僧がやらなくても、阿育王山くらいの名刹ならいくらでも若い人がいるでしょう」

すると、老典座は意外な答えを返した。

「私は年老いてこの職に就きました。典座は私の老後の仕上げともいえる修行です。どうして他人に譲れるでしょうか」

つまり、典座という仕事の中にすべての真実が現れているのであり、そこに自己を投入しないでどうして悟りを求められようかということだろう。典座に限らず、行住坐臥すべてが真実の現れる場だと言っているのだと思う。だが、このとき道元には理解することができなかった。

上陸が許されてから、道元は天童山に入った。その七月、例の老典座が訪ねてきてくれた。そこで道元は、学問とはなにか、修行とはなにかを問うた。

「文字とはなんですか？」

「一、二、三、四、五」

「では、修行とはどういうものですか？」

「偏界曾て蔵さず」

つまり、学問とはあらゆるものが学問であり、修行とはあまねく世界のすべてが修行の対象であるということだろう。

道元はのちに、自分が学問や修行についていささかでも知っているとするならば、この老典座のおかげだと言っている。

※宋代屈指の名僧・如浄に曹洞禅を学ぶ

道元はこの天童山で修行に打ち込んだが、心から満足することができずに山を下り、諸国を放浪した。そのあげくに、**如浄**という当代屈指の禅僧が天童山に入ったといううわさを聞き、天童山に戻った。そして如浄の弟子となり、曹洞禅を学ぶことになる。

如浄は厳しかったが、道元は必死で修行に励んだ。途中、明全が亡くなるという不幸があったが、それも乗り越えて只管打坐に徹した。

あるとき、道元の隣の僧が修行中に居眠りをした。すると如浄が、

「参禅は**身心脱落**だ。居眠りなどしてどうするか！」

と一喝した。そのとたん、道元は心がすべての束縛から放たれるのを感じた。それこそが身心脱落の境地だ。道元は師から悟りの証明をもらい、安貞元年（一二二七）に帰国した。

※北陸の新天地で『正法眼蔵』の執筆と出家集団の育成

道元は建仁寺に戻り、『普勧坐禅儀』を著わした。曹洞宗の坐禅をあまねく勧めようとしたのだ。ところが、またしても新しい思想には弾圧がつきまとう。比叡山を中心とする旧仏教が圧力をかけてきたのである。

そこで道元は山城国宇治の深草にある安養院に移り、『弁道話』『現成公案』などを執筆した。道元を慕う人たちはこの地に興聖寺を建て、十余年住むことになる。

曹洞宗の系譜と思想

道元 ― 永平寺（開山：道元）
- 瑩山紹瑾 ― 総持寺（開山：瑩山紹瑾）
  - 如来教
    - 一尊教団

道元の思想の流れ

栄西・明全 → 禅
（中国）如浄 → 曹洞禅
→ 身心脱落の境地

◀道元の創設以来の歴史を誇る越前の永平寺

▶永平寺と並ぶ曹洞宗の大本山、鶴見の総持寺

ここで道元は、生涯をかけた大著、『正法眼蔵』の執筆を手がける。ところが、ここにも比叡山の弾圧が及んでくる。

寛元元年（一二四三）、四十四歳の道元は、興聖寺を弟子の詮慧にゆだねて越前（福井県）に移る。そして幕府御家人波多野義重が寄進した土地に大仏寺を建立する。これがのちの曹洞宗大本山永平寺だ。

ここで道元は、自分の理想とする出家集団の育成に励むことになる。

宝治元年（一二四七）、道元は時の執権北条時頼に召され、鎌倉に行った。そして時頼に戒を授けたが、その翌年には永平寺に戻っている。権力から離れていたはずの道元にとって、この鎌倉行きはなにか苦い経験だったような気がする。

永平寺に戻った道元は、徹底した厳しい修行によって弟子たちを育てることに専念した。しかし、修行と北国の寒気は道元の体をむしばみ、病におかされていった。

建長五年（一二五三）、道元は療養のために上京したが、在家の弟子の家で五十四歳の生涯を閉じた。

『法華経』を釈迦の教えの正統とした日蓮宗

南無阿弥陀仏に対する南無妙法蓮華経

日蓮宗の宗祖はもちろん日蓮聖人だ。日蓮宗の教義は、「南無妙法蓮華経」と唱えればだれもが救われるというものだ。賢明な読者は、「南無阿弥陀仏」と称えればだれもが救われると説いた浄土教の教えと似ていることにお気づきだろう。

法然が多くの釈迦の教えの中から浄土教だけを選択し、「南無阿弥陀仏」と称えればだれもが救われると言ったのに対して、日蓮は多くの釈迦の教えの中から『法華経』だけを選び、「南無妙法蓮華経」と唱えればだれもが救われると主張したのだ。

基底に流れる現実肯定の思想

日蓮は「南無阿弥陀仏」を模写して「南無妙法蓮華経」という言葉を作ったといわれているが、模写したわりには徹底的に法然の浄土宗を攻撃した。念仏は地獄に堕ちる種だと言って幕府にその禁止を訴え、『法華経』による政治を行なうようにいさめた。なぜか。

第5章の3「『法華経』の思想」のところでも触れたように、『法華経』は声聞も縁覚も菩薩もそれぞれが仏になれると言って肯定している。あらゆる存在はみなそれぞれに光り輝いているという現実肯定の思想が根底に流れているのだ。

それに対して、浄土教は現実を否定する。この現世では救われるはずがないから、阿弥陀仏の手で極楽浄土に救い取ってもらい、来世で成仏するというのが浄土教だ。日蓮にしてみれば、現実の中にこそ浄土は存在しているのであり、現実を否定して人間の救いがあるはずはないと考えるから、浄土教を認めることができなかったのだろう。だから激しく浄土教を攻撃した。そんな日蓮の思想を生んだ軌跡を見てみよう。

漁師の子に生まれ、鎌倉で仏教を学ぶ

日蓮は貞応元年（一二二二）に、安房国小湊（千葉県鴨川市天津小湊）の貧しい漁師の子として生ま

『法華経』を釈迦の教えの正統とした日蓮

日蓮（1222～1282年）

「南無妙法蓮華経」と唱えればだれもが救われる

↓

浄土教の否定

現実の中にこそ浄土は存在しているのであり、現実を否定して人間の救いがあるはずはないと考える

日蓮宗	VS	浄土宗
南無妙法蓮華経	⟷	南無阿弥陀仏
現世利益	⟷	来世での成仏
現実肯定	⟷	現実否定

▲日蓮が少年時代に修行した清澄寺

れた。そして十二歳のときに近くの清澄寺に入り、道善の弟子となって天台宗の教学を勉強した。

彼はとても熱心な学徒であり、また才能もあったようだ。あるとき日蓮が虚空蔵菩薩に、「仏教に関するさまざまなことがらを日本中のだれにも負けないくらい教えてほしい」と祈ると、明星のような大きな宝珠が袖に飛び込んできたという逸話がある。

それ以来仏教経典の大全集である「一切経」を読むと、その内容が理解でき、優れた点や劣った点がよくわかるようになったという。日蓮の法を求める熱心さと秀でた理解力を表わす逸話だ。

日蓮は十六歳のときに剃髪したが、その知識欲はもはや安房の片田舎で満足させられるものではなかった。彼は現在の東京湾を渡って鎌倉の寺院を回り、勉強を繰り返していたが、それではもの足りず、十七歳のときに鎌倉に移り住み、遊学する。このときは禅宗や浄土宗の教えを学んだという。

仏教の正統は『法華経』にあると確信

その後いったん清澄寺に戻り、密教関係の本を書いている。一応仏教のすべてを勉強していたわけだ。そして今度は京都の比叡山に登る。日蓮もまた最澄（さいちょう）の比叡山で学んだのだ。また、奈良や京都の諸寺でも勉学を重ねる。

日蓮は釈迦の正統の教えを求めた。すると、そこで『法華経』に突きあたった。釈迦の目的は『法華経』を説くことにあり、ほかの経典はそのための方便として説いたと考えたのだ。これは中国の天台大師（てんだいだいし）智顗（ちぎ）が「五時」の教えとして明らかにしてくれた考え方だ。

その天台大師の教えを日本にもたらしたのは、伝教大師最澄だ。だから、釈迦の正統は『法華経』であり、中国仏教の正統は智顗であり、日本仏教の正統は最澄であると理解したのだと思う。

しかし、比叡山には密教もあり、戒律もあり、禅もあり、浄土教もあった。日蓮は、この状態の中から仏教の正統を選択することを自分の課題とした。そして日蓮が選んだのは、『法華経』という経典一点だった。釈迦の教えにはさまざまなものがあるが、仏教の正統は『法華経』にあると確信したのだ。

日蓮の生涯を特徴づける「法難」

立教開宗へ

建長五年（一二五三）四月二十八日の早朝、三十二歳のときに日蓮は安房に帰り、清澄山に登った。そして海に昇る朝日に向かい、「南無妙法蓮華経」と十遍ほど唱えた。これが実質的な日蓮宗の立宗宣言だ。

その日の午後、日蓮は清澄寺に集まった人々に話をした。それは人々を驚かすものだった。当時日本中で流行していた念仏の教えを真っ向から否定し、『法華経』に帰依するように勧めたのだ。

その席には、熱心な念仏の信者である地頭の東条景信もいた。景信は怒り、刀に手をかけて道善に日蓮を追放するように迫った。

『法華経』には、この経を信じ、広めようとするものは迫害を受けると予言されているが、まさにこの予言どおりの立宗開始となったわけだ。この迫害を「法難」と呼ぶ。

日蓮の生涯を際立たせる他宗非難と法難

四箇格言（しかかくげん）
- 念仏無間（ねんぶつむけん）　念仏を称えるのは無間地獄への道
- 禅天魔（ぜんてんま）　禅宗は仏を騙る天魔の教え
- 真言亡国（しんごんぼうこく）　真言密教は国を滅ぼす教え
- 律国賊（りつこくぞく）　律宗は国家の財を掠（かす）める国賊

日蓮の法難
- 松葉ケ谷（まつばやつ）の法難
- 伊豆の法難
- 小松原の法難
- 竜の口（たつのくち）の法難

▼鎌倉で辻説法をする日蓮

憂国の書、『立正安国論（りっしょうあんこくろん）』を著わす

追放された日蓮は、鎌倉に逃れて松葉ケ谷（まつばがやつ）の草庵に住み、小町街道で辻説法を行なった。その説法は激しいものだった。「南無妙法蓮華経」と題目を唱え、「念仏無間（ねんぶつむけん）、禅天魔（ぜんてんま）、真言亡国（しんごんぼうこく）、律国賊（りつこくぞく）」と言って他宗を非難した。これを「四箇格言（しかかくげん）」という。

最初は狂人扱いされたが、次第に弟子や武士を中心にする信者たちが増えていった。

文応（ぶんおう）元年（一二六〇）、日蓮は『立正安国論』をまとめ、北条時頼に献呈した。当時打ちつづいていた天変地異は、『法華経』をないがしろにして邪教にうつつを抜かしているせいだとして、『法華経』にのっとった政治を行なわなければ他国から侵略されるであろうと予言したのだ。邪教とは念仏の宗団だと断じた。

日蓮は浄土教を奉じる人々の怒りを買い、松葉ケ谷の草庵を火で焼かれた。かろうじて暗殺の手から逃れ、下総（しもうさ）に逃れるが、彼の激しい説法は変わらなかった。

弘長元年（一二六一）、幕府は日蓮を危険人物とみなし、伊豆に島流しにした。これを「**伊豆の法難**」という。

しかし、翌年赦免になって鎌倉に帰ると、ますます舌鋒鋭く『法華経』を宣揚した。そして故郷に帰ったとき、東条景信に襲われて九死に一生を得る。これを「**小松原の法難**」(一二六四)という。

日蓮は、数々の法難に遭うたびに、これは『法華経』に予言された行者の宿命であり試練だと考えて、自分が法華の行者であるという確信を強めていったのである。

「竜の口の法難」で起こった奇跡

文永五年(一二六八)、元(蒙古)の使者が国書を持ってやって来た。日本に服従を求めてきたのだ。日蓮は『立正安国論』で指摘した予言が的中したとして、幕府や諸寺に『法華経』への帰依を迫った。

しかし、幕府や諸寺はこれを無視、自説を曲げない日蓮を逮捕し、鎌倉の竜の口で打ち首の刑に処することになった。これを「**竜の口の法難**」という。

首切りの役人が刀を振り上げたとき、奇跡が起こった。空から光るものが飛来し、刀にあたって折れてしまったという。このため日蓮は罪一等を減じられ、佐渡に流された。文永八年(一二七一)のことだった。

佐渡での生活は、日蓮に思想的な開花をもたらすことになる。佐渡にやって来た各宗派の僧たちと理論闘争を行なったり、自分の考えを著述としてまとめて体系化していくのだ。彼の代表的な著書である『**開目抄**』『**観心本尊抄**』は佐渡で書かれている。

文永十一年(一二七四)、日蓮は赦免されて鎌倉へ帰った。ここで日蓮は、幕府に対して最後の諫言を行なう。

『法華経』による政治を執るように勧めたのだが、聞き入れられなかった。そこで、日蓮はついに信者の波木井氏の領地である甲斐国(山梨県)の身延山に隠棲する。ここで弟子たちを養成し、日蓮宗の基礎を作ることに心血を注いだのだ。

現世主義がもたらした宗教エネルギー

この年、日蓮の予言どおり蒙古軍が日本に来襲し

日蓮宗の系譜

- 日蓮
  - 日郎（にちろう）
    - 日像（にちぞう）
      - 日実（にちじつ）— 日奥（にちおう）
        - 日樹（にちじゅ）
          - 本化日蓮宗（石塔寺）
          - 日蓮宗不受不施派（妙覚寺）
        - 日習（にっしゅう）— 不受不施日蓮講門宗（本覚寺）
      - 日真（にっしん）— 法華宗〔真門流〕（本隆寺）
      - 日慶（にっけい）— 本門法華宗（妙蓮寺）
      - 日隆（にちりゅう）— 法華宗〔本門流〕（本能寺）
        - 日扇（にっせん）— 本門佛立宗（宥清寺）
    - 日輪（にちりん）— 日蓮宗（本門寺・妙本寺）
    - 日印（にちいん）— 日陣（にちじん）— 法華宗〔陣門流〕（本成寺）
  - 日興（にっこう）
    - 日目（にちもく）— 日蓮正宗（大石寺）
      - 創価学会（後に離脱）
    - 日尊（にちそん）— 日蓮本宗
  - 霊友会
    - 霊友会
    - 立正佼正会
  - 日向（にっこう）— 日蓮宗（久遠寺）
    - 日蓮宗（久遠寺）
    - 日蓮宗（法華経寺）
    - 日蓮本宗（要法寺）
    - 日蓮真宗（総本院）
    - 法華日蓮宗（宝龍寺）
    - 日本山妙法寺大僧伽
    - 正法法華宗（大教寺）
    - 本化日蓮宗（妙見寺）
    - 最上稲荷教（妙教寺）
    - 日蓮宗最上教（龍泉寺）
    - 顕本法華宗（妙満寺）
  - 日常（にちじょう）— 中山妙宗
    - 日什（にちじゅう）— 顕本法華宗（妙満寺）
  - 国柱会
    - 正法会
    - 本化妙宗連盟
    - 国柱会

た。これを「文永の役」というが、大風のために蒙古軍は退散した。

七年後の弘安（こうあん）四年（一二八一）にも再び攻め入ってきたが、このときも大風が吹いて蒙古軍は退散したという。こちらは「弘安の役」と呼ばれる。日蓮は必至で日本の無事を祈ったというが、それが功を奏したのかどうかはわからない。

その翌年の弘安五年、体を壊した日蓮は療養のために身延を下り、常陸国（ひたちのくに）（茨城県）へ向かおうとしたが、途中武蔵国（むさしのくに）千束（せんぞく）の池上氏の屋敷（現在の池上本門寺）に立ち寄ったときに六十一年の生涯を閉じた。

戦後、日本では日蓮宗系の新興宗教が数多く興り、復興にパワーを発揮したが、その理由は、日蓮の持っていた現実改革という考え方に源があるのだと思う。

＊

現在ある日本の仏教宗派はほとんどがいままで話した鎌倉時代までにできあがり、信仰の対象として現在まで伝わっている。一種の奇跡ではなかろうか。あるいは仏の配慮によるといえるのかもしれない。

5 鎌倉時代以後の日本仏教の変遷

身分を問わず教えを共有した室町時代

民衆にまで浸透した仏教

蒙古の来襲（元寇）は、鎌倉幕府を疲弊させた。後醍醐天皇はこの時を逃さず、足利尊氏、新田義貞らに呼びかけて挙兵する。

この結果、元弘三年（一三三三）に鎌倉幕府は滅亡した。

その後、後醍醐天皇による建武の新政が行なわれるが、これもわずか三年で崩壊。南朝と北朝に分裂して戦いを繰り返す動乱の南北朝時代を迎える。六十年ほど続いたこの混乱は、足利尊氏の孫で足利幕府三代将軍の義満によって一三九二年に収拾され、室町時代がスタートする。

この時代は、平安時代から続いてきた荘園制度が揺らぎ、崩壊する時代でもあった。公家や大寺院が所有する荘園と、武家である守護・地頭が管理する荘園とに奴隷的に縛りつけられていた農民が、一時的とはいえ自己解放をめざしうるチャンスの時でもあった。

彼らは一揆という手段で支配者と戦い、力をつけていった。

その背景に、鎌倉新仏教が果たした影響を指摘しなければならない。平安時代には国家鎮護と支配階級の守護の役割を担っていた仏教を、鎌倉時代の祖師たちは個人の救済というレベルにまで高めた。個人の自己追究の道となった仏教は、室町時代に民衆の間にも浸透していったのである。

ただし、それは室町時代の民衆が鎌倉仏教の祖師たちの思想をそのまま理解したことを意味するものではない。仏教が民衆の間に浸透していくためには、日本古来の宗教である神道と習合していく過程が必要だった。

神仏習合の「本地垂迹説」

本地垂迹とは
- 仏教の仏と神道の神は一体視され、寺と神社が合体
- 絶対的な存在である仏（本地）が日本の神々の姿をとって現れ（垂迹）、人々を救う

仏教が民衆に浸透するために、神道と習合していく過程は必然ともいえた

- 両部神道…密教と神道
- 山王神道…延暦寺と日吉神社
- 法華神道…日蓮宗と神道

神仏習合の理論的根拠「本地垂迹説」

神道の特徴は祖先崇拝と自然崇拝にある。この時期、仏教は祖先崇拝と自然崇拝を教理や儀式の中に取り入れ、ご利益祈願を肯定して呪術的な要素を身にまとっていった。

仏教の仏と神道の神は一体視され、寺と神社が合体した。その理論的根拠は、「本地垂迹説」に求められた。絶対的な存在である仏（本地）が日本の神々の姿をとってこの世に現れ（垂迹）、人々を救うと考えられたのである。

こうして両部神道や山王神道、法華神道などが流行し、宗教は支配者階級から農民に至るまでおしなべて共有される時代を迎えたのであった。

室町文化の一端を担った臨済宗

室町時代は、足利幕府を頂点とする武家文化が全盛を迎えた時期だった。武家文化とともに勢いがピークに達したのが臨済宗だった。

足利尊氏・直義の兄弟は、甲斐出身の臨済僧である夢窓疎石（夢窓国師）に帰依し、その勧めで元寇

の死者を弔うために全国六十六カ国と二島に安国寺を建立した。夢窓疎石には武家だけではなく公家の帰依者も多く、そのため臨済宗は次第に鎌倉から京都へ中心を移したといわれている。

足利義満は中国の宋にならい、臨済宗における**五山十刹**の制を定めて寺院を秩序立てた。鎌倉では建長寺・円覚寺・寿福寺・浄智寺・浄妙寺を鎌倉五山とした。京都では南禅寺を五山の上とし、天竜寺・相国寺・建仁寺・東福寺・万寿寺を五山とした。十刹はこの時期以降に定められた。

五山の臨済禅は次第に貴族化し、仏教を離れて政治や文化の拠点となっていった。そのため独特の文学や儒学が栄え、「五山文学」と呼ばれた。仏教から離れた五山はやがて応仁の乱後に衰え、臨済宗の中心の座は大徳寺・妙心寺に移っていく。

二派に分裂した曹洞宗

禅宗の一方の雄である曹洞宗は、地方の大名や農民たちの間に浸透していった。道元の没後、弟子の**懐弉**は忠実に道元の教えを守ったが、そのあとに出た**義介**は加賀大乗寺を拠点として祈祷や念仏、民間信仰などを取り入れた呪術的な禅を興した。これが庶民に受け入れられ、衰退する永平寺とは対照的に繁栄する。

義介の系統からは**瑩山紹瑾**が出て能登に総持寺を開き、曹洞宗を飛躍的に発展させる。その後曹洞宗は保守的な永平寺派と革新的な総持寺派に分かれ、両寺を本山として民衆の間に深く浸透する。

「五重相伝」で広まる浄土宗

浄土宗には第七祖の聖冏が出て、「五重相伝」という法会を開発した。これは浄土宗の奥義を伝える儀式で、全国に浄土宗を広める原動力となった。

聖冏の弟子の聖聰は武蔵国に増上寺を建立し、弟子の育成に努めた。また、京都では一条派等熙が皇室や公家に布教し、東北では名越派が教線を伸ばした。

本願寺八世蓮如と一向一揆

浄土真宗（一向宗）も二派に分かれていた。親鸞の

臨済宗全盛の室町時代、五山十刹の制

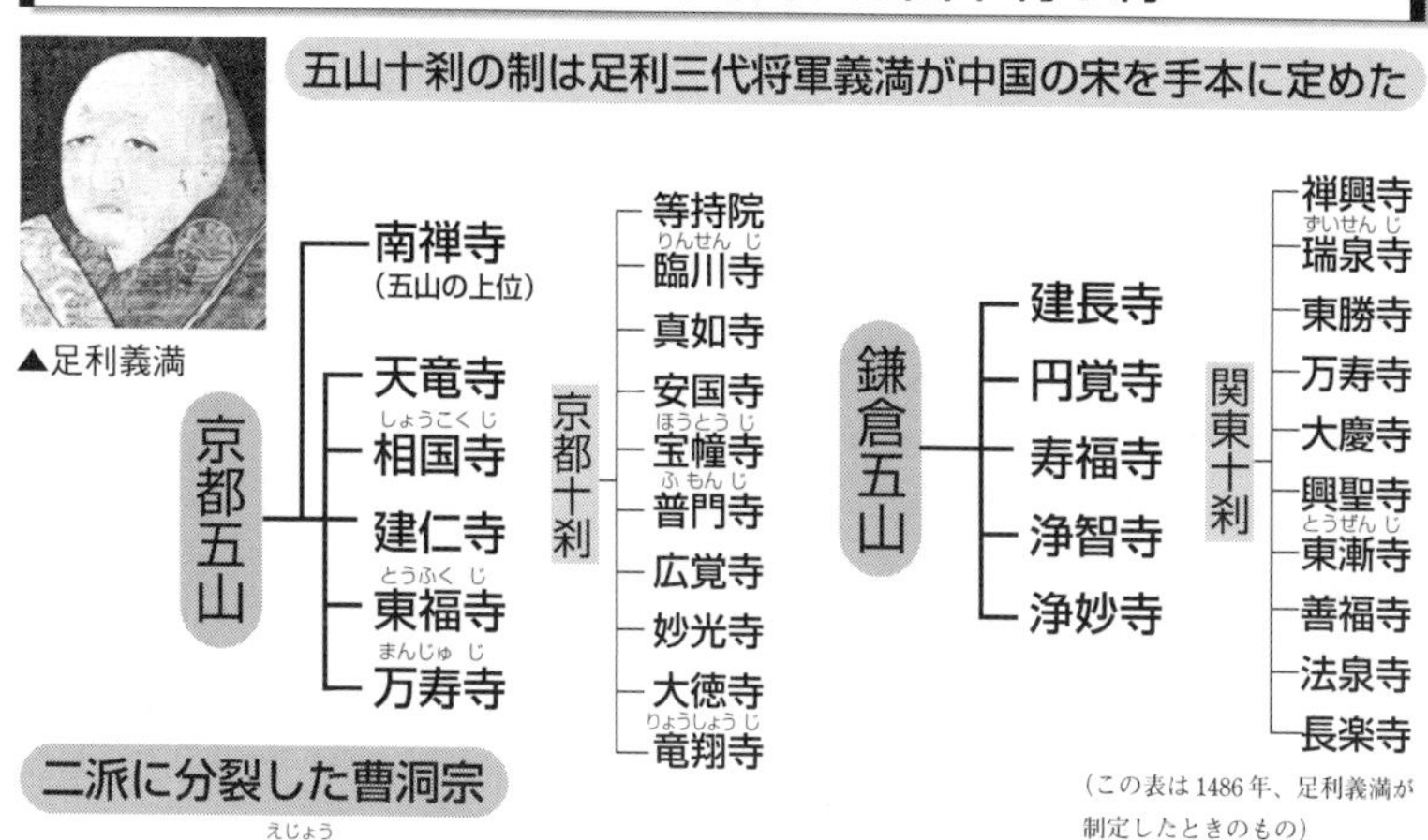

道元
- 懐弉（忠実に道元の教えを守る）
- 義介（呪術的な禅を興す）― 瑩山紹瑾

子孫が受け継ぐ京都東山大谷の**本願寺派**と、親鸞が関東時代に布教した下野（栃木県）の専修寺を中心とする**専修寺派**である。ここでも親鸞の教えに忠実な本願寺派は衰退の傾向にあり、民間信仰を受け入れる専修寺派は栄えていた。（197ページの図参照）

しかし、本願寺第八世の**蓮如**が出てこの事態を一変させる。時は十五世紀後半、天下は西軍と東軍に二分され、応仁の乱の火ぶたが切って落とされた。世は戦国時代に突入するのである。

この混乱の中、積極的に民衆の間に入り込み、手紙による布教や寄り合いなどを開いて門徒を増やしていったのが蓮如だった。平易な手紙による布教はおおいに功を奏した。現在、大谷派ではこれを「御文」と呼び、本願寺派では「御文章」と呼んでいる。

比叡山はその勢いを恐れ、大谷の本願寺を破壊する。蓮如は琵琶湖を伝って三河に逃げ、やがて越前の吉崎に本願寺を移す。吉崎御坊と呼ばれたこの別院はおおいに栄え、全国から数え切れないほどの参拝者が集まったという。

このころ、専修寺派には**真慧**が出て拠点を下野か

ら伊勢の一身田に移し、**高田派**と自称して京都や北陸に勢力を伸ばしていた。この高田派と本願寺派の間で衝突が起きる。応仁の乱に巻き込まれていた加賀国の守護富樫政親は、高田派の力を利用しようとして手を結ぶ。しかし、これが本願寺派の**一向一揆**を引き起こすこととなり、自刃に追い込まれるのである。

その後およそ百年間、加賀は織田信長に敗れるまで、浄土真宗の門徒や農民たちの自治国となる。

このとき、蓮如は混乱を避けて吉崎を抜け出し、山科に本願寺を移す。さらに大坂に石山の坊を建て、本願寺の基礎を作る。

※比叡山・日蓮宗・浄土真宗の相克

蓮如の滅後、比叡山と日蓮宗の宗徒は近江の守護の六角氏と手を結び、山科の本願寺を焼き払う。しかし、そのため石山の坊が本願寺となり、浄土真宗はさらに繁栄することになる。

比叡山とともに山科の本願寺を焼き払った日蓮宗だが、逆に比叡山からその発展を警戒され、京都の二十一カ寺を破壊されて堺に移動し、京都の日蓮宗は衰退する。これを「**天文法華の乱**」という。

※徹底的に仏教勢力を弾圧した織田信長

応仁の乱は戦国時代をもたらし、戦国武将による天下争奪戦が始まる。その先陣を切ったのが織田信長で、彼は仏教勢力を非常に警戒し、徹底的に弾圧する。

まず元亀元年（一五七〇）に石山本願寺と戦いの火ぶたを切る。この戦いは十年にも及ぶが、結局顕如の率いる本願寺勢は敗れる。信長はその翌年には比叡山を焼き討ちにし、さらにその二年後の一五七三年に足利義昭を京都から追放して室町時代を終焉させる。

信長が本能寺の変で明智光秀に殺されたあとは、豊臣秀吉が天下を握る。信長がキリスト教を保護したのに対して、秀吉は外国の侵略を警戒してこれを禁止した。

秀吉の死後、天下は徳川家康によって統一された。彼は慶長八年（一六〇三）に征夷大将軍となり、江戸時代がスタートする。

世俗権力の統制下に置かれた江戸仏教

※徹底した江戸幕府の宗教統制

江戸幕府は緻密な宗教政策をとった。そのブレーンとなったのは僧侶たちだった。**金地院崇伝**、**沢庵**、**天海**などが知られている。

江戸幕府は秀吉と同様キリスト教を禁止し、徹底的に弾圧した。仏教に対しては、江戸幕藩体制に組み入れるため、まず「**本山末寺の制**」（本末制度）を実施した。寺院に本山と末寺を設定し、寺院本末帳を作ってこれを管理したのだ。

寛永十二年（一六三五）には**寺社奉行**が設置され、僧侶や神官がその管理下に置かれた。各宗派には江戸に触頭寺院という出先機関を設置させ、寺社奉行がこれを管理して各宗派を抑えた。すべての宗教が幕府の統制の眼下におさめられたのである。

寛永十四年（一六三七）には、切支丹である天草四郎時貞を中心とする島原の乱が起きた。幕府はこの乱をきっかけに、隠れ切支丹を取り締まるためとして**宗門改役**を設置し、**寺請制度**と**宗旨人別帳**を作った。すべての人がいずれかの寺の檀家にならなければならず、それを証明する寺請証文が寺から発行された。旅をするときなどは、これを携行しなければならなかった。

江戸時代の仏教

本山末寺の制

寺社奉行 ― 世俗権力による宗教の管理
宗門改役 ― キリスト教の禁圧
寺請制度 ― 檀家制度の確立
宗旨人別帳 ― 寺院による戸籍事務代行

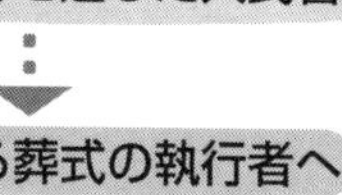

徳川幕府による寺を通じた人民管理システム

魂の救済から葬式の執行者へ

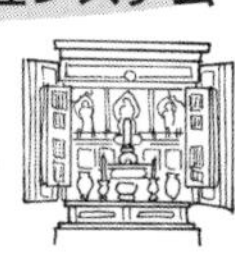

その台帳が宗旨人別帳で、人々は名前・年齢・家族構成などを各家ごとに記して菩提寺に届け、確認印をもらって宗門改役に提出しなければならなかったのだ。要するに、幕府は寺を通じて全人民を管理するシステムを作ったのである。

檀家制度によって「葬式仏教」に傾斜

この、寺院と檀家の関係を取り結ぶ制度を寺檀(じだん)制度・**檀家制度**といい、寺は自分の檀家の葬式や法事を務めなければならなかった。現在に至る寺院と葬式の関係は、このときに始まったのである。そして、「葬式仏教」と揶揄(やゆ)される寺院の体質はこの制度によって作られたといっていい。

寺院はこれらの制度によって経済的な基盤を得たが、権力機構の中に組み込まれ、御用宗教となってしまったことは否めない。

大衆仏教の開花——市民が宗教を娯楽化した時代

寺檀制度によって、庶民の生活の中に葬式や年忌法要、お盆やお彼岸などの仏教行事が習慣として浸透していった。また、灌仏会(かんぶつえ)や成道会(じょうどうえ)、涅槃会(ねはんえ)なども庶民が参加する行事となり、そのほかの年中行事や月次(つきなみ)行事も庶民の生活に溶け込んでいった。

縁日参りやご開帳なども例外ではない。縁日参りとは、観音さまの日やお薬師さんの日、お地蔵さんの日などという縁日に寺院を参拝することである。

ご開帳とは、日を決めて本尊や祖師の像を信者に公開することで、信者はその日に寺院をお参りするのだ。

さらに、西国三十三番札所や板東三十三番札所などの巡礼も流行し、**四国八十八カ所**をめぐる**遍路行**や**お伊勢参り**なども民衆の娯楽となっていった。

江戸という時代は、庶民が宗教を娯楽化した時代だったといえる。人々は講(こう)という集まりを作り、親戚や友人、隣近所どうしでともに寺社を参拝し、飲み食いをして楽しんだのだ。

そして同時に、彼らは家内安全や商売繁盛、厄除けなどを祈願し、神仏を拝んだ。

この江戸期に、神仏の習合した仏教は民衆の生活に入り込み、真の意味で大衆化したのである。

江戸時代にも輩出した名僧

幕府のブレーン

金地院崇伝（こんちいんすうでん）—臨済宗。宗教行政と外交のブレーン

天海（てんかい）—天台宗。家康を東照権現として祭ることを決める

沢庵（たくあん）—臨済宗。徳川家光の心の師

金地院崇伝
（1569〜1633年）

天海
（?〜1643年）

反骨の名僧

鈴木正三（すずきしょうさん）—曹洞宗。仁王禅を提唱

盤珪（ばんけい）—臨済宗。禅を庶民にわかりやすく説く

白隠（はくいん）—臨済宗中興の祖。禅の近代化に尽くす

良寛（りょうかん）—曹洞宗。和歌や書に作品を残す

円空（えんくう）—天台宗。独特の鉈彫り（なたぼり）仏像で知られる放浪の僧

良寛
（1758〜1831年）

白隠
（1685〜1768年）

数々の名僧も輩出した江戸時代

幕藩体制の管理下にあったとはいえ、江戸時代は数々の名僧も輩出した。

日常の仕事が仏道だと主張して仁王禅を提唱した**鈴木正三**（すずきしょうさん）や、募金活動を続けて経典の全集である大蔵経（だいぞうきょう）を作った**鉄眼禅師**（てつげんぜんじ）、平易な禅を説いて庶民を救った**盤珪**（ばんけい）や、臨済宗を中興した**白隠**（はくいん）などの活躍には注目すべきものがある。

また、体制外で独特の事跡を残した僧たちもいる。十二万体の仏像を制作し、奉献するという誓いを立てて旅の人となり、仏像を作りつづけた**円空**（えんくう）や、木の実や果実だけを食べて生命をつなぎ、旅をして仏像を作った**木喰五行**（もくじきごぎょう）、国上山（くがみ）に隠棲して多くの和歌や漢詩、書を残した**良寛**（りょうかん）などである。

江戸という時代の精神的な豊かさを掘り起こす必要性を感じる。

＊

明治以降も波乱の時代は続いたが、ここでは紙数の関係で割愛させていただく。

日本仏教宗派の現況

南都六宗

華厳宗　卍:60 信徒:3.9万
律宗　卍:26 信徒:3.0万
真言律宗
　卍:90 信徒:10.6万
法相宗
　卍:55 信徒:52.0万

密教系

天台宗系

天台宗
　卍:3344 信徒:153.1万
天台宗寺門派
　卍:198 信徒:37.7万
天台宗真盛派
　卍:410 信徒:4.5万

真言宗系

高野山真言宗
　卍:3496 信徒:548.6万
真言宗醍醐派
　卍:867 信徒:54.3万
真言宗東寺派
　卍:73 信徒:未詳
真言宗泉涌寺派
　卍:64 信徒:4.1万
真言宗山階派
　卍:121 信徒:5.0万
真言宗善通寺派
　卍:238 信徒:27.1万
新義真言宗智山派
　卍:2896 信徒:151.2万
新義真言宗豊山派
　卍:2626 信徒:114.8万

浄土教系

浄土宗系

浄土宗
　卍:6909 信徒:602.2万
浄土宗西山禅林寺派
　卍:365 信徒:21.8万
西山浄土宗
　卍:593 信徒:15.0万
浄土宗西山深草派
　卍:247 信徒:8.2万
融通念仏宗
　卍:357 信徒:12.9万
時宗
　卍:411 信徒:5.7万

浄土真宗系

真宗本願寺派
　卍:10301 信徒:694.1万
真宗大谷派
　卍:8647 信徒:553.3万
真宗高田派
　卍:626 信徒:22.4万
真宗興正派
　卍:502 信徒:3.7万
真宗仏光寺派
　卍:358 信徒:4.6万
真宗出雲路派
　卍:57 信徒:1.1万
真宗山元派
　卍:21 信徒:0.2万
真宗誠照寺派
　卍:52 信徒:2,5万
真宗三門徒派
　卍:37 信徒:1.3万

日蓮宗系

日蓮宗
　卍:4634 信徒:385.3万
顕本法華宗
　卍:218 信徒:10.1万
日蓮正宗
　卍:661 信徒:36.2万
本門法華宗
　卍:94 信徒:3.0万
法華宗（本門流）
　卍:392 信徒:56.4万
法華宗（陣門流）
　卍:169 信徒:18.4万
法華宗（真門流）
　卍:168 信徒:9.7万
日蓮宗不受不施派
　卍:17 信徒:3.3万
日蓮宗不受不施講門派
　卍:4 信徒:0.3万

禅宗系

臨済宗系

臨済宗天龍寺派
　卍:105 信徒:9.0万
臨済宗相国寺派
　卍:93 信徒:0.7万
臨済宗建仁寺派
　卍:70 信徒:2.7万
臨済宗南禅寺派
　卍:426 信徒:4.1万
臨済宗妙心寺派
　卍:3389 信徒:33.7万
臨済宗建長寺派
　卍:407 信徒:26.3万
臨済宗東福寺派
　卍:363 信徒:5.7万
臨済宗大徳寺派
　卍:201 信徒:9.8万
臨済宗円覚寺派
　卍:211 信徒:10.8万
臨済宗永源寺派
　卍:128 信徒:0.6万
臨済宗方広寺派
　卍:171 信徒:5.8万
臨済宗佛通寺派
　卍:50 信徒:3.8万
臨済宗向嶽寺派
　卍:61 信徒:2.6万
臨済宗国泰寺派
　卍:33 信徒:未詳

黄檗宗系

　卍:455 信徒:35.0万

曹洞宗系

　卍:14664 信徒:155.0万

凡例：卍のあとの数字は寺院数。信徒数は100人以下を四捨五入

数値は文化庁編『宗教年鑑・平成15年版』（ぎょうせい）による

第7章◉

お経と仏典に関する基礎知識

釈迦の教えを伝える原始仏典の数々

釈迦の弟子によって紡ぎ出されたお経

※経・律・論をまとめた「お経」

釈迦入滅後、高弟のマハーカーシャパ（摩訶迦葉）はラージャグリハ（王舎城）の七葉窟に五百人の阿羅漢を集めて経典の編集会議を開いた。これを「第一結集」という。

この結集において、釈迦の教えである「経」と、教団（サンガ）の規則である「律」が成立した。さらに後年、仏弟子たちは師の教えをさまざまに解釈した。それが膨大な仏教思想を形成することになる。これらは「アビダルマ」と呼ばれ、「論」と訳された。

この経・律・論は「三蔵」と呼ばれ、広義では三蔵を「経」と呼ぶ。いわゆる「お経」がこれである。

結集はその百年後にもなされ、そのあとも行なわれている。経典とは、そのようにして釈迦の後継者たちによって紡ぎ出されてきたのだ。

※翻訳仏典とは別に中国で作られた「偽経」

大乗仏教経典は、紀元前後ごろ、自利にのみ偏った従来の仏教を批判し、利他を求める菩薩たちが瞑想によって釈迦の真の教えを感得し、記述したものだ。

その後仏教が中国や日本に伝わると、それぞれの国でも経典が作られた。中国で作られたものは、インドの原典を翻訳したものと区別し、「偽経」と呼ばれている。偽経とはいえ、信仰心に基づいて釈迦の後継を自覚するものが作ったのであれば、それも経典といえるのではないかと思う。

日本で作られたものは、祖師方が記述したものが多い。その意味ではお経とはニュアンスが異なるが、特に日本人にとって味わい深い名文ばかりである。

以下、ここではごく簡単にお経のプロフィルを紹介する。

お経の成り立ち

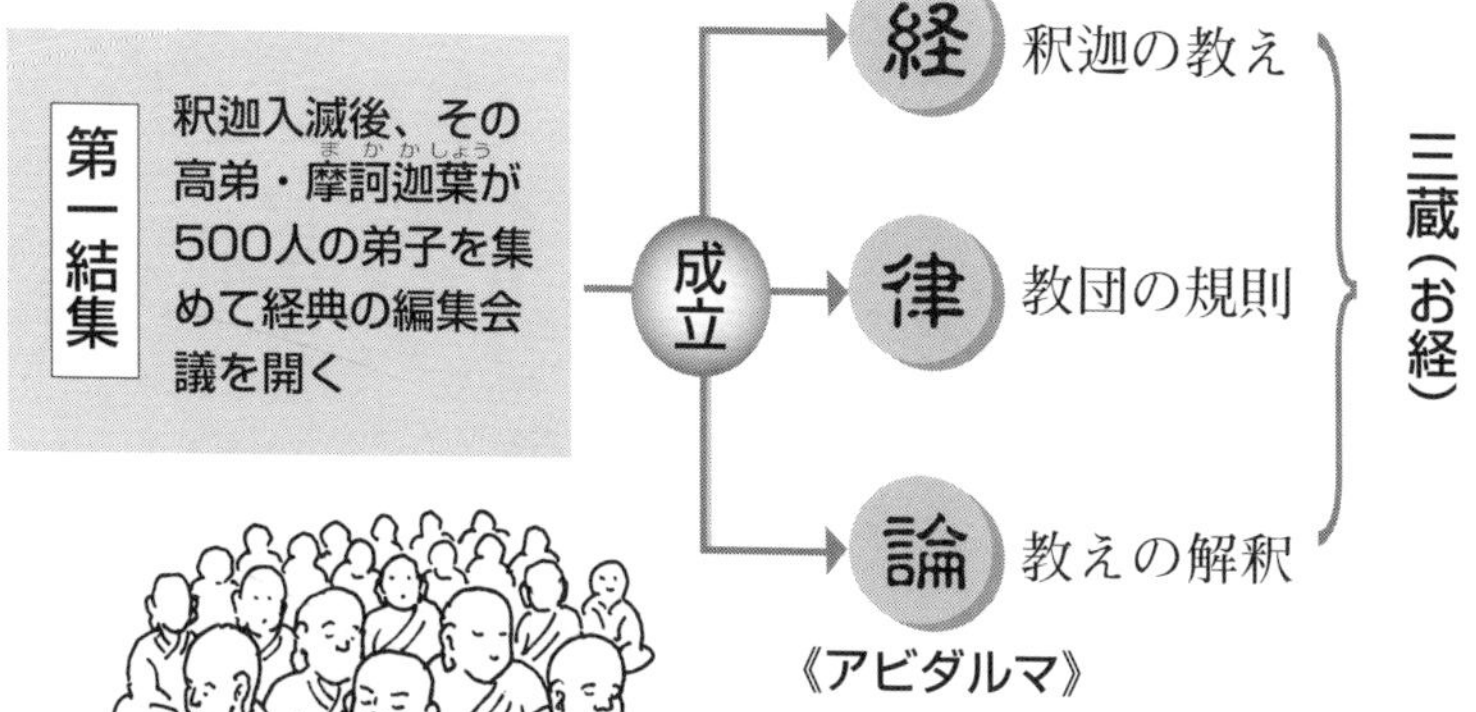

第一結集　釈迦入滅後、その高弟・摩訶迦葉（まかかしょう）が500人の弟子を集めて経典の編集会議を開く

→ 成立 → 経：釈迦の教え／律：教団の規則／論：教えの解釈《アビダルマ》 ＝ 三蔵（お経）

◀最初の経典編集会議である第一結集は500人の弟子を集めて開かれたという

原始仏典と呼ばれるもの

※釈迦の前世のドラマ「ジャータカ物語」

釈迦がこの世で尊い悟りを開けたのは、悟りを開く前の王子ガウタマ・シッダールタとしての生だけではなく、前世でも、そのまた前世でも、幾生にわたる前世でも、菩薩であったときに厳しい修行を続けてきたからに違いないという信仰が生まれた。

そのような信仰は、当時インドに流布していた伝説や民話などの説話群と混交し、主人公が前世の釈迦と入れ替わって人々に愛された。釈迦はあるときは猿に生まれ、あるときは王として生まれ、あるときは木の精として生まれて修行を続ける。この説話群が「ジャータカ物語」である。

パーリ語聖典には五百四十七もの話が掲載されており、漢訳経典にも「本生経（ほんじょうきょう）」として多くの話が取り上げられているれっきとした経典である。

「ジャータカ物語」は、「イソップ」や『アラビアンナイト』、わが国の「今昔物語集（こんじゃくものがたりしゅう）」などに直接・間接の大きな影響を与えている。

※釈迦の生の声を反映する『経集』

『スッタ・ニパータ』の原典名で親しまれている。最古の層に属する経とされ、釈迦の生の声が多く反映しているのではないかといわれている。南伝仏教の「小部経典」（クッダカ・ニカーヤ）におさめられている韻を踏んだ詩集で、五章七十二経一一四九詩からなる。このうちの第四章は、漢訳の『義足経』に相当する。

倫理的な警句、日常の生き方の指針、心打たれる人生哲学的言葉など、われわれのよどんだ暮らしを覚醒させてくれる書である。例をあげれば、

「この世において欲望を制することなく、美味を貪り、不浄の（邪悪な）生活をまじえ、虚無論をいだき、不正の行いをなし、頑迷な人々、――これがなまぐさである。肉食することが〈なまぐさい〉のではない」（第二章二四三）

などがある。

※釈迦の言葉がきらめく『法句経』

『ダンマ・パダ』が原名。前出の『経集』（スッタ・ニパータ）と同様、南伝仏教の「小部経典」に含まれ、やはり最古層に属する経典といわれる。二十六章四二三の詩からなり、教理として重要な言葉が多く見られる。釈迦の言葉がちりばめられているのであろう。

このお経ががぜん脚光を浴びるようになったのは、明治になって西洋の学問が導入され、原始仏教の研究がなされるようになってからである。

大正十三年（一九二四）に常磐大定の『南北対照英漢和訳法句経』が刊行されて注目された。また、昭和九年（一九三四）には、友松円諦師がNHKラジオで「法句経講義」を放送し、人気を博して日本中に知られるようになった。この経典を座右の銘にしている人は多い。

「ものごとは心にもとづき、心を主とし、心によってつくり出される。もしも清らかな心で話したり行なったりするならば、福楽はその人につき従う。――影がそのからだから離

原始仏典の特徴

経典	特徴
経集（きょうしゅう）	釈迦の生の声を反映する最古の経。倫理的な警句、日常の生き方の指針、人生哲学的言葉など、暮らしを覚醒させてくれる
法句経（ほっくきょう）	最古層に属する経典。26章423の詩からなり、教理として重要な言葉が多く見られる
長老偈（ちょうろうげ）	釈迦の弟子たちの信仰告白の言葉を集めたもの。全編が韻を踏んだ美文調の詩
長老尼偈（ちょうろうにげ）	尼僧の信仰告白書。女性ゆえの苦境、愛憎や老醜の苦しみ、孤独などを乗り越えた崇高な心映えを表現
六方礼経（ろっぽうらいきょう）	親子、子弟、夫婦、親族、僧俗の間のあるべき関係を説く。人間関係におけるモラルの問題に言及
百喩経（ひゃくゆきょう）	思わず吹き出したくなるような百の風刺の効いた小話集
遺教経（ゆいきょうぎょう）	釈迦がクシナガラの沙羅双樹（さらそうじゅ）の下で涅槃（ねはん）に入るとき、弟子たちに説いた教えとされる
大般涅槃経（だいはつねはんぎょう）	釈迦がアーナンダたちを連れて、北に向かって最後の旅に出る様子を感動的に描く

れないように」（第一章二）

などという言葉にはうなずかせられる。

※比丘（びく）たちの信仰告白書『長老偈（ちょうろうげ）』

『テーラガーター』の原典名で親しまれている。長老とは男性の出家修行者（比丘）の尊称。『長老偈』は釈迦の弟子たちの信仰告白の言葉を集めたもの。これと対をなすものとして、尼僧（比丘尼（びくに））の言葉を集めた『長老尼偈（ちょうろうにげ）』（テーリーガーター）がある。南伝のパーリ語大蔵経におさめられている。

全編が韻（いん）を踏んだ美文調の詩でまとめられ、自己を貪欲（とんよく）・瞋恚（しんい）・愚痴（ぐち）などから抑制する功徳など、修養の成果が述べられている。

「知慧ある人々が、その名にふさわしく、その姓にふさわしく、定められたきまりのとおりに暮し、信受したとおりに、怠ることなく、日を送っていた」（序の詩句二）

など、比丘の静謐（せいひつ）な暮らしを彷彿（ほうふつ）とさせられる言葉に満ちている。

※比丘尼たちの信仰告白書『長老尼偈』

前述のように、『長老偈』（テーラガーター）と対をなす尼僧の信仰告白書。女性であるがゆえの苦境、愛憎や老醜の苦しみ、孤独などを乗り越えた崇高な心映えが表現されている。

『長老偈』は一般に外的体験を、『長老尼偈』（テーリーガーター）は内的体験を表出しているといわれている。

「プンナー〔尼〕よ。十五夜の月のように、もろもろの徳を完成せよ。知慧を完成して、〔無知の〕暗黒のかたまりをうち砕け」（序の詩句三）

などの一句はその例であろう。

※人間関係のモラルを説く『六方礼経』

「長阿含経」（第一一）におさめられている。親子、子弟、夫婦、労使、親族、僧俗の間のあるべき関係を説いている。人間関係におけるモラルの問題について具体的に言及されており、古来から人気が高い。

「災いが内からわくことを知らず、東や西の方角から来るように思うのは愚かである。内を修めないで外を守ろうとするのは誤りである」

など、日常の心構えを教示してくれる言辞が多い。

※風刺の効いた小話集『百喩経』

思わず吹き出したくなるような百の譬え話集。百とはいっても、実際には九十八しかない。風刺の効いた小話集で、落語の落ちを思わせるものが多い。

インドのサンガセーナ（僧伽斯那）の選で、四九二年にグナヴリッティ（求那毘地）が漢訳している。

例えば、

「金持ちの三階建ての家を見てうらやましくなった男は、大工を呼んで、一、二階はいらないから三階だけを造ってくれと頼んだ」

というような話である。

※釈迦の最後の言葉『遺教経』

釈迦がクシナガラの沙羅双樹の下で涅槃に入るとき、弟子たちに説いた教えとされる。この世の無常なることと仏の教えの常住なることを述べている。

はかない人生を嘆くのではなく、努めて煩悩の賊を破り、一刻も早く悟りを開くべきことを教えている。禅門では『四十二章経』『潙山警策』とともに「仏祖三経」と呼ばれ、よく読まれている。

「足るを知る人は、地上に臥すと雖も、なお安楽たり」

などは、小欲知足の思想を余すところなく表現している。

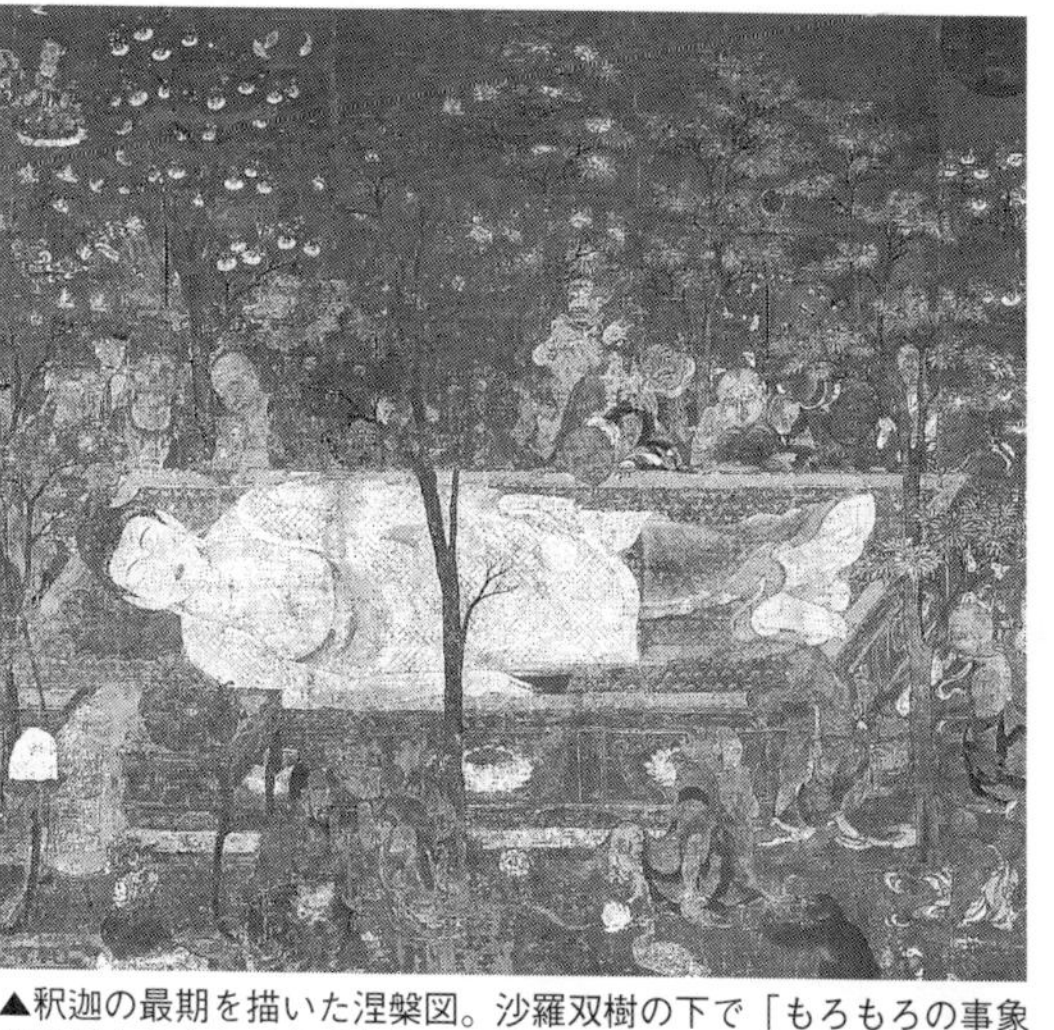

▲釈迦の最期を描いた涅槃図。沙羅双樹の下で「もろもろの事象は過ぎ去るものである」という言葉を残し、釈迦はその生涯を閉じた

※釈迦最後の旅のエレジー『大般涅槃経』（南伝）

南伝のパーリ語大蔵経、「長部経典」におさめられているお経。「長部経典」ではもっとも長い。「大般涅槃」とは「完全な涅槃」という意味で、肉体という最後の執着の火も吹き消した釈迦の入滅をいう。

釈迦がアーナンダ（阿難）たちを連れてラージャグリハ（王舎城）の霊鷲山をたち、北に向かって最後の旅に出る様子が感動的に描かれている。

途中さまざまな人と出会って教化し、病に犯された体を引きずりながらクシナガラの沙羅双樹の下で入滅する様子、そのあとの荼毘、遺骨の分配、ストゥーパ（仏塔）建立の事情まで述べられていて興味は尽きない。次のような釈迦の最後の言葉も載っている。

「さあ、修行僧たちよ。お前たちに告げよう。『もろもろの事象は過ぎ去るものである。怠ることなく修行を完成させなさい』と」

「空の思想」を表わす大乗仏教の経典

「空の思想」が基底をなす大乗仏教

※「悉有仏性」で有名な『大般涅槃経』（北伝）

まったく同じ題名の『大般涅槃経』を前節で取り上げたので、その違いを明らかにするためにここで触れておこう。

本経は、涅槃に入った釈迦の境地を示したもので、前項のパーリ語の『大般涅槃経』とは内容を異にする。ここには「仏身常住」「常楽我浄」「悉有仏性」という大乗仏教の思想が語られている。

「仏身常住」とは、沙羅双樹の下で亡くなった釈迦の死はあくまで方便であり、法身の釈迦は永遠に存在しているという主張である。

「常楽我浄」とは、理想の仏の世界のことである。すなわち、俗なるわれわれの世界は無常であり、苦であり、無我であり、不浄だが、仏の世界はそれらを超えた世界であることを強調している。

「悉有仏性」はこの経典で有名になった言葉で、すべての生きとし生けるものは仏になる可能性を有しているということで、「一切衆生悉有仏性」と述べている。

天台宗ではこれを発展させて「草木国土悉皆成仏」を説き、『法華経』とともに重要経典としている。

※「空」の思想が説かれたお経の総称「般若経」

大乗仏教は、「空」を強調することから始まった。部派仏教の最大派である説一切有部が実有論を説いていたこともあり、「有」の否定として空が強く主張されたが、それは大乗仏教思想の基礎をなす重要な考え方として定着した。

大乗仏教において、この「空」の思想が説かれたお経をすべて「般若経」と呼んでいる。つまり、

膨大な経典群である般若経

大乗仏教は「空」を強調することから始まった

般若経
空の思想を説くお経のすべて

＞

十本般若経
膨大な般若経を十に整理したもの

＞

- 小品般若経
- 大品般若経
- 仁王般若経
- 金剛般若経
- 般若心経
- 濡首般若経
- 文殊般若経
- 勝天王般若経
- 大般若経
- 理趣般若経

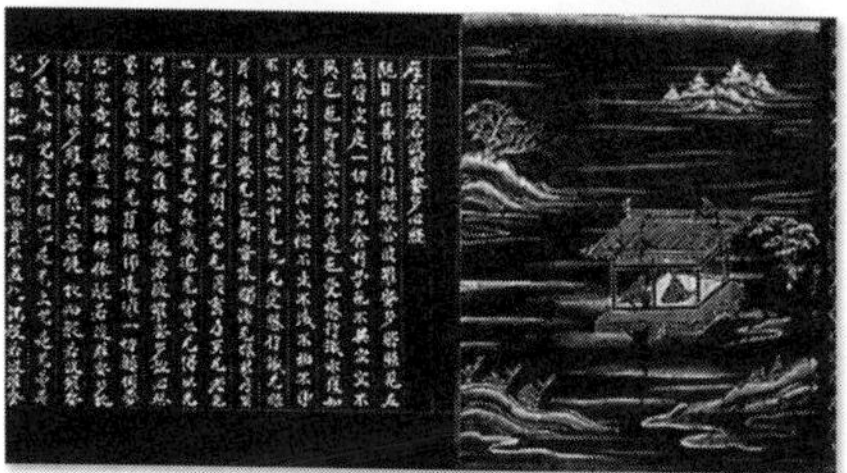

▲日本人にもっとも人気のある『般若心経』
（「紺紙金字般若心経」・熱田神宮宝物館所蔵）

「般若経」とは単独のお経の名称ではなく、「空」の思想が説かれた経典の総称なのだ。その主要なものは、十に整理されて「十本般若」といわれている。『小品般若経』『大品般若経』『仁王般若経』『金剛般若経』『般若心経』『濡首般若経』『文殊般若経』『勝天王般若経』「大般若経」『理趣般若経』の十である。

このうちもっとも長いものは「大般若経」で、六百巻ある。これこそ一本の経典ではなく、般若経典群の集大成である。仏典中最大の規模で、七世紀に玄奘三蔵が訳した。

逆にいちばん短いのが『般若心経』で、わずか二百六十余文字で成り立っている。これも玄奘三蔵の訳である。

「般若」とはサンスクリット語の「プラジュニャー」の俗語形「パンニャー」の音写で、「智慧」を意味する。

※わずか二百六十余文字のお経『般若心経』

前述のように、わずか二百六十余文字で成り立っており、日本人にもっとも好まれているお経である。正式には『般若波羅蜜多心経』という。「心」は真髄を表わし、「空」を説く般若経典群の核心を凝縮したお経であることを表明している。「色即是空・空即是色」の語は有名だ。浄土真宗、日蓮宗以外の宗派ではほとんど読誦されている。

なお、サンスクリット原典は、古くにわが国に伝わり、奈良の法隆寺と長谷寺に保存されてきたというから奇しき縁だ。「空」の思想はわが国で伝持されている。

※四十八願で有名な『無量寿経』

法然が「浄土三部経」と名づけた三経のうちの一つ。「大経」と呼ばれ、浄土教の聖典とされる。五つの漢訳本があるが、わが国に流布しているのは二五二年に康僧鎧が訳したもの。

無量寿仏、すなわち阿弥陀仏が法蔵という修行者だったとき、すべての衆生を極楽浄土に救い取る四十八の願を立ててこれを成就し、仏になるという話が中心をなしている。

その十八願では、

「説ひ我れ仏となるを得んとき、十方の衆生、至心に信楽して我が国に生れんと欲して乃至十念せん。若し生れずんば、正覚をとらじ」

と言い、十九願では、

「説ひわれ仏となるを得んとき、十方の衆生、菩提心を発し、諸の功徳を修し、至心に願を発して、わが国に生れんと欲せば、寿の終る時に望みて、もし大衆とともに囲繞して其の人の前に現ぜずんば、正覚を取らじ」

と言っている。

人々が極楽に生まれたいと思って念仏したのに極楽に生まれないなどということがあるならば、自分は仏にならないと言い、臨終のときに極楽往生を願うものを仏が迎えに行かないようなことがあるならば、自分は悟りを開かないと言っている。

阿弥陀仏はすでに仏になっているのだから、これらの諸願はもう達成されていることになる。その恩に感謝しようというのが親鸞聖人の教えだ。

大乗仏教経典成立の推移

初期大乗経典	中期大乗経典	後期大乗経典
般若経（はんにゃきょう）	涅槃経（ねはんぎょう）	大日経（だいにちきょう）〔密教系経典〕
維摩経（ゆいまぎょう）	勝鬘経（しょうまんぎょう）	金剛頂経（こんごうちょうきょう）〔密教系経典〕
華厳経（けごんぎょう）	金光明経（こんこうみょうきょう）　ほか	地蔵十輪経（じぞうじゅうりんぎょう）〔密教系経典〕
法華経（ほけきょう）		ほか
無量寿経（むりょうじゅきょう）　ほか		

般若経 →

金剛般若経	文殊般若経（もんじゅはんにゃきょう）	大般若波羅蜜多経（だいはんにゃはらみったきょう）
小品般若経（しょうぼんはんにゃきょう）	勝天王般若経（しょうてんのうはんにゃきょう）	（600巻）
大品般若経（だいぼんはんにゃきょう）	理趣般若経（りしゅはんにゃきょう）　ほか	

親子の確執の果てに阿弥陀仏を見る『観無量寿経』

前述の「浄土三部経」の一つ。略して『観経』といわれる。漢訳は畺良耶舍。「王舎城の悲劇」という物語が展開され、阿弥陀仏や脇侍の観音菩薩と勢至菩薩、極楽浄土の観想法が説かれている。

マガダ国のアジャータシャトル（阿闍世）王子は父のビンビサーラ王を幽閉し、夫を助けようとした母のヴァイデーヒー（韋提希）夫人をも幽閉する。

牢獄でのヴァイデーヒーの祈りに応じて釈迦が姿を現し、阿弥陀仏への信仰を勧めて観想法を教示する。

「いま、この仏は、ここよりはるか遠くのところにいるのではない。その仏の国ははるか遠くにあるけれども、仏を思い念じている者の心にもある」

という釈迦の教えは味わい深い。

極楽浄土のすばらしさを説く『阿弥陀経』

やはり「浄土三部経」の一つで、四〇二年ごろクマーラジーヴァ（鳩摩羅什）によって漢訳された。短いので、『大経』に対して『小経』と呼ばれる。

阿弥陀仏と極楽浄土のすばらしさが説かれ、「南無阿弥陀仏」と念仏を称えて極楽往生することを勧めている。

「池の中の蓮花の大きさは、車輪ほどもあり、青色の花には青い光、黄色の花には黄色い光、赤色の花には赤い光、白色の花には白い光がある」

という一語は有名である。

諸法実相を説く『法華経』

このお経については、158ページで詳しく紹介した。それでもお経の章があれば取り上げなければならないほど重要な経典なので、項目としてここに載せた。

正式なタイトルは『妙法蓮華経』で、わが国に流布しているのはクマーラジーヴァ（鳩摩羅什）訳のもの。

「方便品」「譬喩品」「信解品」など二十八章からなり、「一乗妙法」「久遠本仏」「菩薩行道」の三つを大テーマとしていることは159ページで述べたとおりである。アジア各国をはじめ、わが国の文化にも極めて大きな影響を与えた。

「仏の成就したまえるところは、第一希有難解の法なり。ただ仏と仏とのみ、乃し能く諸法の実相を究尽したまえり」（方便品第二）

の語は、あらゆるものに同等の存在価値があるという諸法実相の思想を表明した言葉である。

毘盧舎那仏の世界を描く『華厳経』

このお経も164ページで詳述したが、重要な経典なので再びここに取り上げるものである。正式なタイトルは『大方広仏華厳経』といい、ブッダバドラ（仏駄跋陀羅）の漢訳した六十巻本、シクシャーナンダ（実叉難陀）の漢訳した八十巻本、般若三蔵の漢訳した四十巻本がある。

ヴァイローチャナ・ブッダ（毘盧舎那仏）の功徳を説き、「十地品」では修行の階梯を、「入法界品」では善財童子の求道を述べている。

密教の経典（後期大乗仏教）のジャンル

大日経 真言宗の根本聖典	密教の教主である毘盧遮那仏が、宮殿で金剛薩埵などの菩薩たちに自分の悟りを説く
金剛頂経 大日経とならぶ真言宗の聖典	8世紀に不空が漢訳。大日如来が釈迦の問いに答え、自分の悟りの内容を明らかにして悟りを獲得する実践法を説く
理趣経 日本の真言宗で常時読誦される	8世紀に不空が漢訳。「妙適清浄句是菩薩位……」から始まる十七の清浄句がある。行者の内面を比喩的に表現したものと考えられ、入我我入、即身成仏の理想態を表わす言葉と解される

▲密教で尊ばれる大日如来

「衆生ひとたび如来の身を見れば、ことごとくよくおのれの煩悩を断除し、一切の魔事を遠離せん」

と、毘盧舎那仏の偉大さを謳歌する。

※真言宗の根本聖典『大日経』

『金剛頂経』と並び、真言宗の根本聖典である。正式なタイトルは『大毘盧遮那成仏神変加持経』。七二五年にシュバーカラシンハ（善無畏）が漢訳した。

お経は、密教の教主である毘盧遮那仏（マハー・ヴァイローチャナ・ブッダ＝大日如来）が、宮殿で金剛薩埵などの菩薩たちに自分の悟りを説くという内容になっている。

第一章の「住心品」には、

「**菩提心を因とし、悲を根とし、方便を究竟とする**」

という有名な一文がある。悟りを求める心をもって一切を哀れみ、あらゆる手段を用いてこれを実践するという意味である。二章以下で実践の具体的な内容である儀礼を取り上げ、それが即身成仏につながることを説く。

『大日経』によって諸尊を配した曼荼羅を「胎蔵界曼荼羅」という。

即身成仏の実践法を説く『金剛頂経』

『大日経』と並んで真言宗の聖典とされている。八世紀にアモーガヴァジュラ（不空）が漢訳。

大日如来が一切義成就菩薩（釈迦）の問いに答え、自分の悟りの内容を明らかにして悟りを獲得する実践法を説いている。

その悟りの内容を示したのが「金剛界曼荼羅」で、実践法は「五相成身観」をもって説明されている。これは、ヨーガ（瑜伽）をとおして、一見よごれたように見える行者の心を観察すれば、清浄でそのまま仏の智慧に由来していることがわかり、行者と仏が一体化して仏の智慧を見つけるという実践法だという。

欲望を悟りの契機とする『理趣経』

日本密教の真言宗で常時読誦される。正式なタイトルは『大楽金剛不空真実三摩耶般若波羅蜜多理趣品』。八世紀に不空が訳した。

このお経には
「**妙適清浄句是菩薩位……**」

から始まる十七の清浄句がある。「妙適」とは男女の性行為による快楽を表わすことから、このお経は性欲を肯定し、それによって悟りの境地をめざすと考えられがちだった。

しかし、現在は行者の内面を比喩的に表現したものと考えられ、入我我入、即身成仏の理想態を表わす言葉と解されている。

空海はこのお経を習慣的に唱えることを定めたが、それはこのお経の持つ罪障消滅、堕地獄防止という呪術的な効果をねらってのことと思われる。

「**蓮は体もとより染まりてあり、垢のために染まらざるが如く諸の欲の性もまた然り、染まらずして群生を利す**」

と、深慮を促す言葉が連ねられている。

3 名僧の編んだ珠玉の日本仏典

最澄と空海の仏典

※最澄の決意と誓いの書「発願文」

日本天台宗の開祖、伝教大師最澄が十九歳のとき、比叡山に草庵を結ぶにあたってみずからに誓った決意の文章。痛烈な自己反省のもと、菩薩としての生き方を表出している。

「愚が中の極愚、狂が中の極狂、塵禿の有情、底下の最澄、上は諸仏に違し、中は皇法に背き、下は孝礼を闕く」

と自己批判したうえで、次のような五つの誓いを立てている。

「我れ、未だ六根相似（悟りに近い）の位を得ざるより以還、出仮せじ（一）。未だ理を照らす心を得ざるより以還、才芸あらじ（二）。未だ浄戒を具足することを得ざるより以還、檀主の法会に預らじ（三）。未だ般若の心を得ざるより以還、世間人事の縁務に著せじ。相似の位を除く（四）。三際の中間にて、所修の功徳、独り己が身に受けず、普く有識に廻施して、悉く皆、無上菩提を得しめん（五）」

すさまじい迫力である。

※人作りの重要性を説く『山家学生式』

最澄は、奈良仏教の具足戒を小乗仏教の戒律だとして捨てることを宣言した。比丘の二百五十戒、比丘尼の三百四十八戒のことである。代わりに『梵網経』に基づく大乗菩薩戒で授戒することを主張し、朝廷には大乗戒壇院の設立を奏上した。この設立奏上の願文を総称して『山家学生式』という。

この中で最澄は、国のためになる人作りの重要性を説き、これを「国宝」と呼んでこう言っている。

「国宝とは何者ぞ。宝とは道心なり。道心ある人を名づけて国宝となす。故に古人の言く。経寸十枚これ国宝にあらず、一隅を照らすこれ即ち国宝なりと」

経寸（財宝のこと）などではなく、一隅を照らす道心ある人が国宝だというのである。

※即身成仏の原理を説く『即身成仏義』

弘法大師空海が書いた本。真言宗では極めて重要視されている。他の宗派では、天文学的な期間輪廻を繰り返して成仏するという「歴劫成仏」を唱えていたが、空海はこの身このままで仏になれるという「即身成仏」を主張した。

人も仏も地・水・火・風・空・識という六つの要素で成り立っているのだから同質であると主張し、成仏の原理を解き明かしている。

そのためには手に印を結び、口に真言を唱え、心を仏の境地に一体化させることが必要だという。そうすれば人の心は仏の心に清められて仏心が開かれるとしている。

「仏日の影衆生の心水に現ず」

はその心境をいっている言葉であろう。

※「十住心論」のダイジェスト版『秘蔵宝鑰』

全三巻の空海の著作。空海には『十住心論』という力作があるが、淳和天皇から各宗の教義の簡略な説明を求められたとき、『十住心論』のダイジェスト版として書いたのがこの書である。

真言宗では『十住心論』を「広論」、『秘蔵宝鑰』を「略論」と呼んで根本聖典の一つとしている。

人の心の発達を十段階に分け、その最高の境地を真言宗の「秘密荘厳住心」であるとしている。第一、第二、第三の住心はレベルの低い世間のものの心。第四、第五は小乗の二乗の住心。第六、第七、第八、第九はそれぞれ法相、三論、天台、華厳の住心。空海はここまでを「顕教」と呼び、第十住心を「密教」としている。

「自宝を知らず、狂迷を覚と謂えり」

は、仏であるはずの凡夫を言い得て余りある。

密教――最澄と空海の仏典

最澄(767～822年)

『発願文』……比叡山に草庵を結ぶにあたってみずからに誓った決意の文章。

『山家学生式』…朝廷に大乗戒壇院の設立をしたときの願文。国のためになる人づくりの重要性を説き、これを「国宝」と呼んだ。

愚が中の極愚、狂が中の極狂、塵禿の有情、底下の最澄、上は諸仏に違し、中は皇法に背き、下は孝礼を闕く
（最澄の『発願文』より）

空海(774～835年)

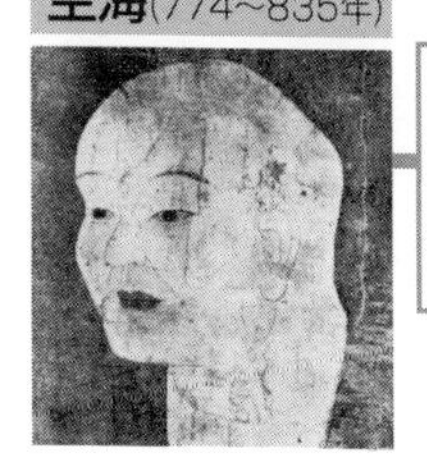

『即身成仏義』…この身このままで仏になれるという「即身成仏」を主張。

『十住心論』（広論）…人の心の発達を第一住心から第十住心に分け、第九までを「顕教」と呼び、第十住心を「密教」とする。

『秘蔵宝鑰』（略論）…『秘蔵宝鑰』は『十住心論』のダイジェスト。

念仏の教えを説く仏典

臨終の床で念仏の要諦を説いた「一枚起請文」

建暦二年（一二一二）一月二十三日、浄土宗の開祖法然上人は臨終の床にあった。そんな師に、勢観房源智は念仏行の要諦を問うた。すると、法然は一枚の紙にそれを記して源智に渡した。

「念仏を信ぜん人は、たとい一代の法を能く能く学すとも、一文不知の愚鈍の身になして、尼入道の無智のともがらに同じうして、智者のふるまいをせずして、只一向に念仏すべし」

紙にはこう書いてあった。これが「一枚起請文」である。

心に深く突き刺さる言葉『歎異抄』

浄土真宗の開祖親鸞聖人の言葉を集めたもの。親鸞の没後、信者の間には教えに異議を唱えるものが現れた。弟子の唯円はこれを嘆き、師の教えを思い出して『歎異抄』をまとめ、これらを批判した。

▲悪人正機説を説いた親鸞

十八条からなり、第九条までは親鸞の法語を並べている。第十一条から第十八条までは唱えられた異議に対して答え、批判している。第十条には、

「念仏には無義をもて義とす」

という法然の言葉が引用され、十一条以下のリード文となっている。

思想的に深い教えが多く、明治以後に再発掘されておおいに人々を感化している。悪人正機説を説く第三章の

「善人なをもて往生をとぐ、いはんや悪人をや」

の一節は有名である。

※専修念仏の正当性を説く『教行信証』

親鸞の主著。全六巻。正式名は『顕浄土真実教行証文類』。浄土真宗立教開宗の根本聖典とされている。『無量寿経』を唯一のよりどころとし、「教巻」「行巻」「信巻」「証巻」「真仏土巻」「化身土巻」で構成されている。親鸞独特のお経の読み方で、鋭く師の法然の専修念仏の正当性を説き、なおかつその思想を超克している。

師の十三回忌にささげる気持ちで書かれたが、結局死ぬまで補訂した未完の大作といわれる。

「誠に知んぬ、悲しきかな愚禿鸞、愛欲の広海に沈没し、名利の大山に迷惑して、定聚の数に入ることを喜ばず」

と真情を吐露する言葉は、人口に膾炙している。

日蓮宗と禅宗の仏典

※執権に提出した警告諫言の書『立正安国論』

日蓮宗の開祖日蓮の主著。天変地異が相次ぎ、不安定な治世が続いて人心が不安に陥る中、その原因は人々が『法華経』を信じないからだとして執権北条時頼に提出された警告諫言の書。

邪教である念仏を排し、『法華経』に基づいた政治が行なわれなければ、国内が戦乱に陥るという「自界叛逆難」を説き、外国の侵略があるであろうという「他国侵逼難」を説いている。『開目鈔』『観心本尊抄』とともに「日蓮三大部」の一つに数えられている。

「世皆正に背き、人悉く悪に帰す。故に善神国を捨てて相去り、聖人所を辞して還らず。是を以て魔来り、災起り難起る」

と、世間を厳しく断罪している

※禅の正当性と戒律の重要性を説く『興禅護国論』

日本臨済宗の宗祖栄西の著書。関白九条兼実に提出された。

わが国にとって、禅を興すことは国を守護することになるとしている。さまざまな経論を引用して禅の正当性を述べ、一宗として独立すべきことを主張した。

また、戒律の重要性を説き、それが国家を安定させるとした。栄西自身、持戒堅固の人であったとされる。

「それ太虚か、それ元気か、心はすなわち太虚を包んで、元気を孕むものなり」

という言葉は、栄西の禅理解を存分に表現し得ているものだと思う。

※道元の本領を示す『正法眼蔵』

日本曹洞宗の宗祖道元の主著。寛喜三年（一二三一）に「弁道話」を書きはじめ、建長五年（一二五三）に「八大人覚」を書き終えるまで九十五巻、百巻をめざしていたようだが、果たせずに亡くなったものと思われる。

極めて難解な思想書だが、道元禅の本領が説かれている。すなわち、ただひたすら坐禅することの意義（只管打坐）、仏になろうと意図する禅は間違いであること（不図作仏）、人は本来悟っているからこそ修行ができるという真理（本証妙修）などについて縦横無尽に語られている。

「仏道をならふといふは、自己をならふ也。自己をならふといふは、自己をわする、なり。

日蓮宗と禅宗の仏典

日蓮(1222〜1282年)

立正安国論

天変地異が相次ぐ不安定な世が続き、人心が不安なのは人々が『法華経』を信じないからだとして、執権北条時頼に提出された警告諫言の書。

栄西(1141〜1215年)

興禅護国論

禅を興すことは国を守護することになるとしている。さまざまな経論を引用して禅の正当性を述べ、一宗として独立すべきことを主張。

道元(1200〜1253年)

正法眼蔵

ただひたすら坐禅する只管打坐をはじめ、不図作仏、本証妙修といった道元禅の本領が説かれている。難解な思想書でもある。

自己をわする、といふは、万法に証せらる、なり」

「善悪は時なり、時は善悪にあらず。善悪は法なり、法は善悪にあらず」

など、珠玉の言葉がちりばめられている。

すべてを捨て去った一遍を追う『一遍上人語録』

時宗の開祖一遍上人の言行録。全二巻。「捨て聖」といわれ、すべてを捨てて念仏に生きた一遍は、死ぬときに自分の著書もすべて焼却させてしまったため、なにも残っていない。そこで江戸時代の宝暦十三年(一七六三)になってから、時宗を継ぐ一海によってまとめられたのが本書。

一遍の思想を伝える数少ない資料で、極めて重要視されている。

「信不信を言はず、有罪無罪を論ぜず、南無阿弥陀仏が往生するぞ」

「称ふれば仏も吾もなかりけり南無阿弥陀仏南無阿弥陀仏」

などの名句がある。

第8章◉お寺と仏像に関する基礎知識

お寺に関する基礎知識

寺院とお墓とはなにか

仏教の拠点としての「寺」

起源はインドの精舎や伽藍にあるが、「寺」という呼び名でその機能が発揮されるようになったのは中国においてである。

寺とは本来役所・官舎を意味した。後漢の明帝のとき、インドから初めて仏像と経典をもたらした僧を鴻臚寺という役所に泊めた。その後白馬寺を建てて彼らを住まわせたので、白馬寺が初めての仏教寺院となった。これが現在河南省洛陽にある白馬寺の前身といわれる。以後、初めての宿泊所にちなんで僧の住むところを「寺」というようになった。

日本で初めての寺院は、蘇我稲目の建てた向原寺とされる。五三八年、あるいは五五二年に百済の聖明王から仏像がもたらされ、欽明天皇はこれを試しに拝んでみるように稲目に言った。そこで稲目は自宅に仏像を持ち帰って祭り、ここを寺にしたといわれている。

ちなみに、日本語の「寺」は朝鮮語で「礼拝」を表わすchyŏl(thŏl)、あるいは「刹」を表わすcharから転訛したという説、またはパーリ語で「長老」を表わすtheraを音写した言葉から来たという説などがある。

在家信者から寄進された精舎と伽藍

釈迦の弟子たちは、もともと木の下や石の上、岩窟などで野宿生活をしていた。ところが在家の信者群が形成され、聖なるサンガ(僧伽)に布施を行なって功徳を積もうという習慣ができ、サンガの生活は一変する。遊行から定住へと変わったのだ。

こうして寄進されたのが「精舎」である。精舎はサンスクリット語で「ヴィハーラ」といい、寺院とか僧院と訳される。マガダ国王ビンビサーラの寄進した竹林精舎、コーサラ国のスダッタ(須達)長者とジェータ(祇陀)太子が寄進

古代寺院の伽藍配置の違い

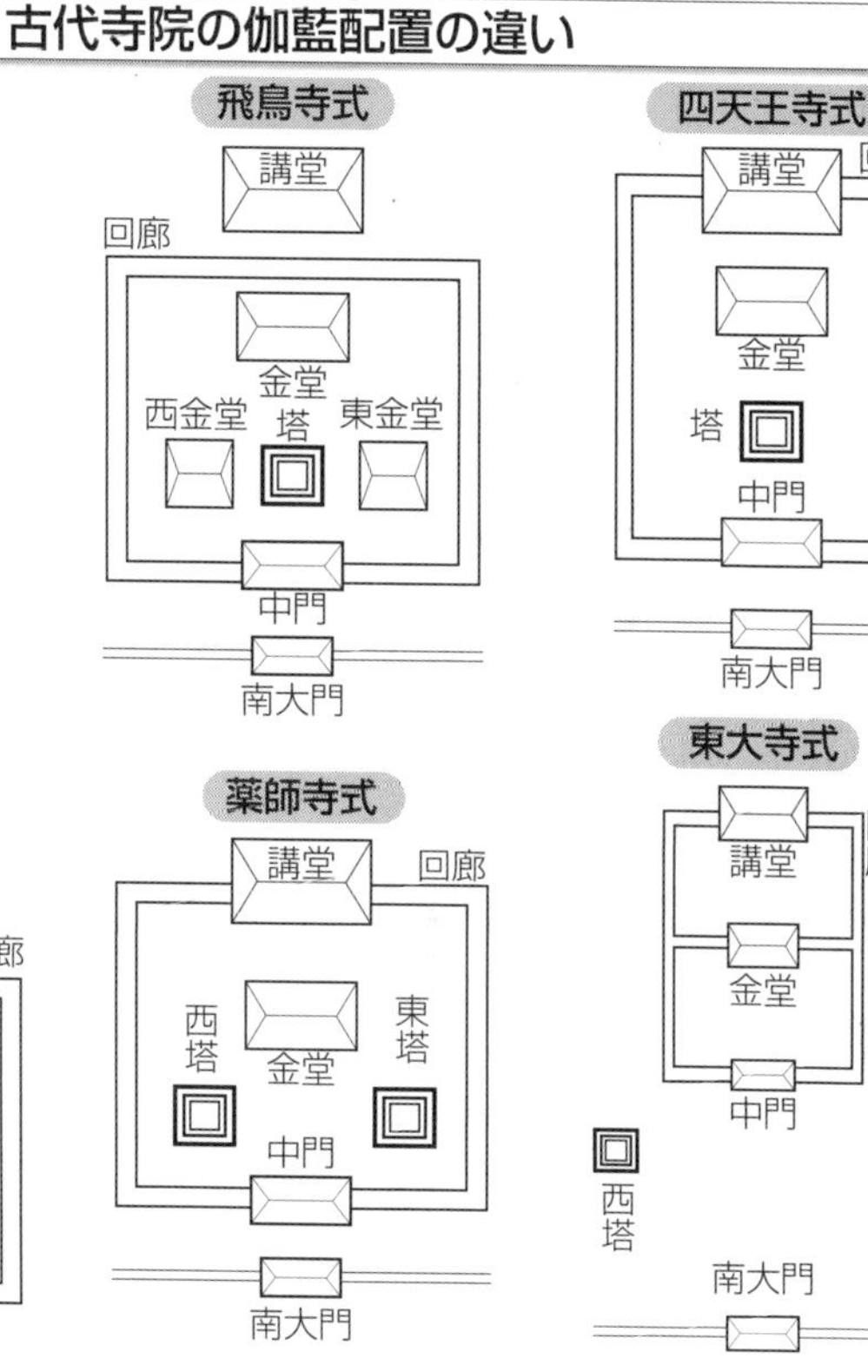

した祇園精舎などが有名である。

「伽藍」という言葉は、サンスクリット語の「サンガラーマ」が「僧伽藍摩（そうぎゃらんま）」と音写され、僧と摩が省略されたもの。「衆園（しゅおん）」「僧園（そうおん）」などと訳され、比丘（びく）や比丘尼（びくに）が集まって修行する場をいう。こちらは場所を表わすのだが、精舎も伽藍も意味が混じり合い、使い分けがはっきりしなくなったものと思われる。

※僧の住居としての院・庵・坊

院とは、もともと垣根をめぐらした建物のこと。中国の唐末には観音院、羅漢院などというように寺名に用いられるようになった。後世にはお寺の中の別舎とされ、全体を総称して「寺院」と呼ぶようになった。

庵は本来「いおり」であり、草や木などで野に作られた仮小屋である。出家者や隠遁者が住む庵室。

坊は区画された市街のことで、奈良、平安の都城制度の一単位だったが、のちに大寺院に属する小寺院を指すようになった。さらに僧の住む家をいうようになり、僧そのものをも坊と呼ぶようになった。「房」も僧の住居であり、使い分けは難しい。

聖者礼拝（らいはい）の対象、塔と卒塔婆（そとば）

インドでは、人が亡くなると火葬にする。理想はガンジス川河畔で荼毘（だび）に付されることだという。そしてお墓は造らない。煙が天に昇って輪廻転生（りんねてんしょう）するのだから、お墓は不要なのだ。

ところが、輪廻を解脱（げだつ）した聖者はもう転生しない。だから、聖者が亡くなった場合埋葬し、これを礼拝する対象があってもいい。それが**ストゥーパ**（**塔**）で、釈迦以前から存在していた。

釈迦が入滅したときも、遺骨が八つに分けられ、ストゥーパが建てられて祭られた。後年、アショーカ王（阿育王）はこれを八万四千に分骨し直し、インド中にストゥーパを建てた。ここから仏塔信仰が始まる。

ストゥーパは「**卒塔婆**」と音写され、のちには日本に渡り、追善供養のためにお墓に建てる細長い板をいうようになった。インドでいうところのストゥーパは日本では「仏塔」と訳され、五八五年に蘇我馬子（そがのうまこ）が建てたものがわが国最古と伝えられる。

檀家（だんか）と菩提寺（ぼだいじ）の関係

菩提寺とは、先祖代々帰依（きえ）して仏事を執り行なってもらうお寺。**檀那寺**（だんなでら）ともいう。帰依する側が檀家である。このような関係を「**檀家制度**」という。

檀家制度は、江戸幕府のキリスト教排斥政策に由来する。幕府はキリスト教を禁じ、取り締まるために「寺請（てらうけ）制度」と「宗旨人別帳（しゅうしにんべつちょう）」を作った。だれもがどこかの寺の檀家にならなければならないというのが前者であり、その台帳が後者である。

檀家制度は寺院の経済的安定を保証することになり、現在まで続くが、反面仏教は権力機構の中に組み込まれ、御用宗教となったことは否めない。「葬式仏教」と批判される遠因はここにあった。

ストゥーバから卒塔婆までの変遷

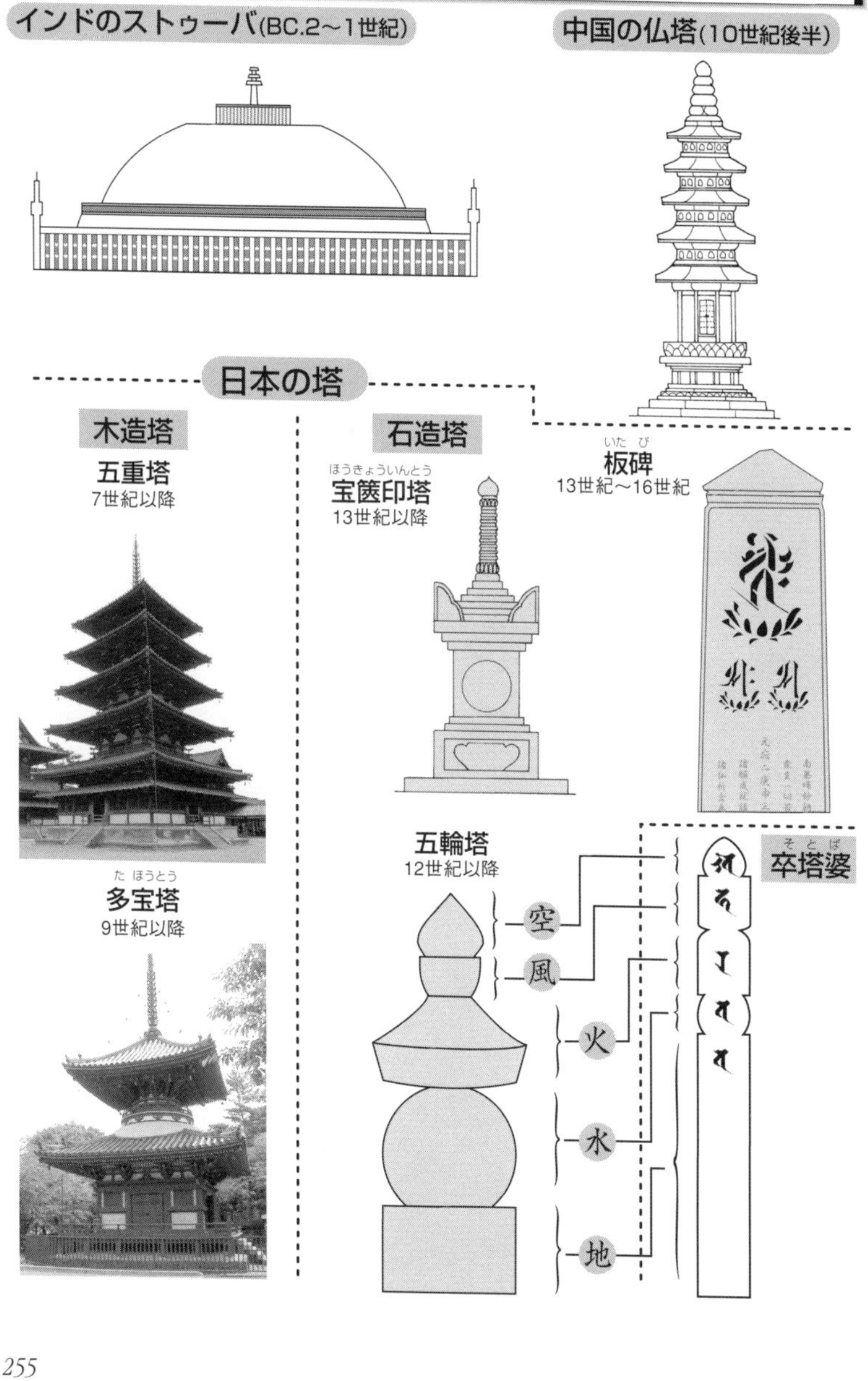

インドのストゥーバ(BC.2～1世紀)

中国の仏塔(10世紀後半)

日本の塔

木造塔

五重塔
7世紀以降

多宝塔(たほうとう)
9世紀以降

石造塔

宝篋印塔(ほうきょういんとう)
13世紀以降

五輪塔
12世紀以降

空
風
火
水
地

板碑(いたび)
13世紀～16世紀

卒塔婆(そとば)

梵鐘の部分名称

竜頭
饅頭形
上帯
乳
乳の間
縦帯
池の間
撞き座
中帯
草の間
下帯
駒の爪

※庶民の墓は江戸時代から

古来、日本人は霊魂を信仰してきた。遺体はその入れ物にすぎず、むしろけがれたものとみなされた。縄文時代の遺骸や遺骨は、捨てられたように貝塚や洞窟などから発見されている。

弥生時代になると、集落の近くにまとめて埋葬されるようになった。しかし、墓として定着するのは大化二年（六四六）の詔によって墳墓の制が定められてからであった。

初めて寺院の境内に墓が造られたのは、神護景雲四年（七七〇）、称徳天皇を大和の西大寺の東北に埋葬したときといわれる。仏教が国中に広まるようになった九世紀以降、墓地が寺院に造られるようになるが、庶民の墓がお寺と結びつくのは江戸時代の檀家制度を待たなければならない。

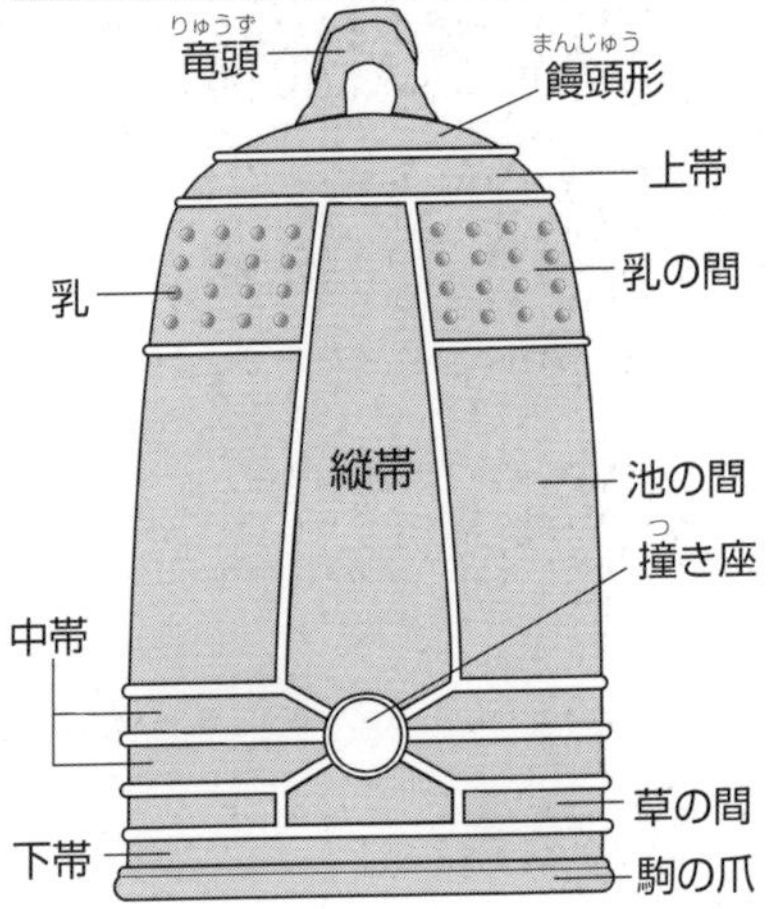

寺に欠かせぬ鐘と本尊

※お寺の鐘は時刻を知らせるため

お寺の鐘を「梵鐘」という。「梵」はサンスクリット語の「ブラフマン」の音写で、「神聖」「清浄」を意味する。神聖な仏事に用いられるから梵鐘と呼ばれる。

用途は時刻を知らせるためで、朝夕十八回、または三十六回、あるいは百八回突かれるという。百八とはわれわれの煩悩の数で、大みそかの除夜の鐘では新年を知らせるとともに煩悩を一つひとつ取り除いてくれるといわれる。

日本最古の梵鐘は法隆寺金堂の背後にあるものと伝えられるが、銘が入ったもので最古なのは妙心寺梵鐘。文武二年（六九八）作となっている。

※宗派や寺院によって異なる本尊

仏教では唯一絶対の一仏を置か

日本仏教の宗派別本尊のいろいろ

天台宗

一般に**釈迦牟尼仏**が本尊とされるが、ところによっては**阿弥陀仏**や**観音菩薩**

▲釈迦三尊像

浄土宗

阿弥陀仏か**阿弥陀仏と脇侍の観音・勢至菩薩**

▲阿弥陀仏

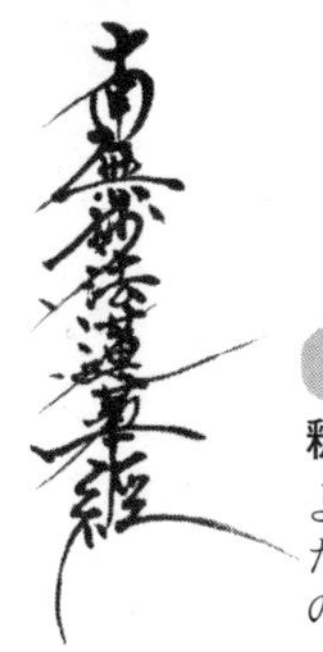

▲髭題目と呼ばれる南無妙法蓮華経の名号

日蓮宗

釈迦牟尼仏か文字による**十界曼荼羅**。または南無妙法蓮華経の**名号**

真言宗

大日如来。ただし諸菩薩や諸天もみな大日如来の化身とみなすので**本尊は多様**

▲胎蔵界大日如来（左）と金剛界大日如来（右）

臨済宗・曹洞宗

釈迦牟尼仏

浄土真宗

阿弥陀の仏像または画像。**南無阿弥陀仏の名号**を本尊とすることもある

▲阿弥陀来迎図

ない。三世十方に無数の仏がおわすと説く。したがって、帰依したり礼拝したりする対象も宗派や寺院、個人によって異なってくる。その対象が本尊である。

天台宗では、一般に**釈迦牟尼仏**が本尊とされるが、阿弥陀仏や観音菩薩を祭る場合もある。

真言宗では**大日如来**が本尊として祭られるが、諸菩薩や諸天もみな大日如来の化身とみなすから、実際の本尊は多様である。

浄土宗では**阿弥陀仏**か**弥陀三尊**（阿弥陀仏と脇侍の観音・勢至菩薩）。

浄土真宗では**阿弥陀仏**の名号を本尊とすることもある。

臨済宗・曹洞宗では**釈迦牟尼仏**。

日蓮宗では**釈迦牟尼仏**か文字による**十界曼荼羅**（大曼荼羅）を本尊とする。

2 仏教思想を具現化したさまざまな仏像

仏像はなぜ造られたか

ブッダへの讃仰が造らせた仏像

釈迦入滅後、五百年以上もの間、仏像は造られなかった。尊い悟りを開いたブッダを形象化することがためらわれたのだろう。

それでもブッダを慕う気持ちは募る（つの）し、具体的な対象を礼拝（らいはい）したいのが人情である。そこで、仏像が造られる以前は、釈迦がその下で悟りを開いた木である**菩提樹**（ぼだいじゅ）、教えが輪のように転がって広まる様子を象徴した**法輪**（ほうりん）、釈迦の教化の跡である**仏足跡**（ぶっそくせき）などが造られ、拝まれた。

一世紀ごろになると、堰（せき）を切ったように、西北インドのガンダーラや中部のマトゥラー、南部のアマラーヴァティーなどで釈迦像が造られるようになる。

ガンダーラはギリシャの影響を受け、ギリシャ彫刻のような像ができる。マトゥラーやアマラーヴァティーの像はインド的で、いずれも「**菩薩**（ぼさつ）」と呼んで礼拝された。

四世紀ごろのグプタ王朝の時代には、仏像は黄金期を迎えて量質ともに頂点に達するが、その後インドの仏像は衰退し、ガンダーラ仏は西域（さいいき）を経て中国や日本へ、南インドの仏像はスリランカやビルマ、タイなどに伝わって今日まで伝承されている。

バラエティ豊かな諸仏の像

大仏から野仏まで

仏教は三世十方（さんぜじっぽう）の諸仏諸菩薩の存在を説き、信仰を勧める。仏教の守護神や関係する諸尊まで含めると、その数は多い。

日本だけを見ても、奈良の大仏から路地裏の野仏まで多様である。後世の人はそれらすべてを仏像と呼び、それを次のように分類して体系づけた。

如来部像——如来とは仏の別称である。したがって、如来部の仏は悟りを開いてブッダとなった

仏像の種類と役割

如来部像

悟りを開いてブッダとなった仏。最高位に位置する

- 釈迦如来
- 阿弥陀如来
- 薬師如来
- 大日如来

など

菩薩部像

力があるのにあえて仏にならず、衆生の救済にあたる

- 観音菩薩
- 勢至菩薩
- 文殊菩薩
- 普賢菩薩
- 虚空蔵菩薩
- 地蔵菩薩

など

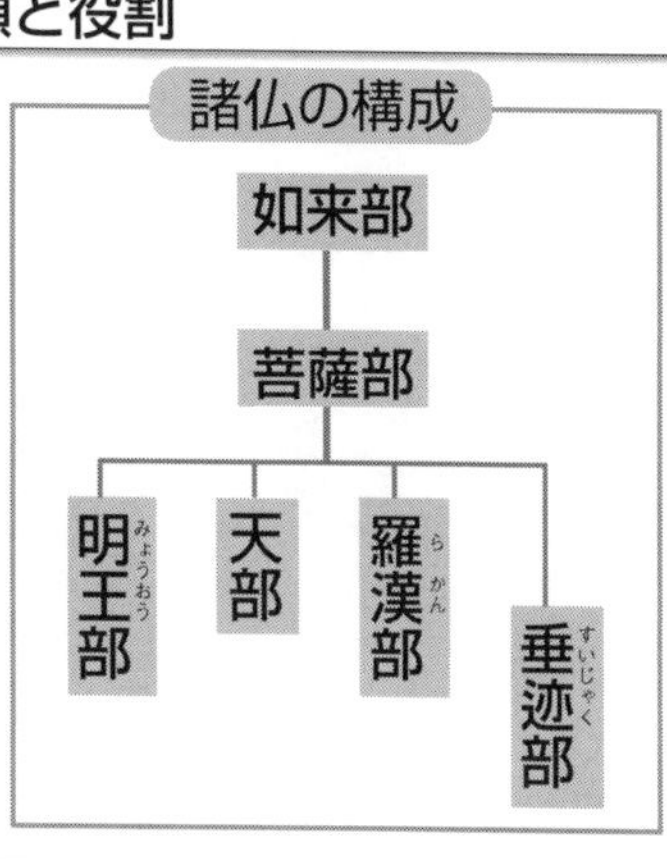

明王部像

仏に代わって、怒りの形相を示し、愚かな凡夫を目覚めさせる

- 不動明王
- 愛染明王

など

天部像

インド古来の神神が仏教に取り入れられたもの

- 帝釈天
- 吉祥天
- 弁才天

など

羅漢部像

釈迦の直弟子たち

- 十六羅漢
- 五百羅漢
- 釈迦の十大弟子

など

垂迹部像

仏が姿を変えて日本の神となったと解釈したもの

- 八幡大菩薩
- 蔵王権現

など

ものだけ。

すなわち、釈迦如来や阿弥陀仏、薬師如来などだ。

菩薩部像 —— ここに取り上げられるのは、仏に近い菩薩たちである。力があるのにあえて仏にならず、衆生の救済にあたっている。観音や勢至、文殊や普賢、虚空蔵や地蔵などの菩薩たちだ。

明王部像 —— 慈悲だけでは目覚めない愚かな凡夫も多い。そんなとき、仏に代わって怒りの形相を示し、目覚めさせるのが明王だ。仏の化身ともいわれる。

天部像 —— 古来からインドにあった神が、仏教が広まるにつれて仏教の守護神とされていった。それらの諸神が天部を構成する。

垂迹部像 —— 仏教が日本に伝わると、日本の神は仏が姿を変え

てわが国に現れたものと解釈し、神仏を混交することで仏教を受け入れていった。もとの仏を「**本地**」、姿を現した神を「**垂迹**」といい、このような考え方を「**本地垂迹説**」といった。

蔵王権現、青面金剛、僧形八幡神、三宝荒神などが垂迹である。

羅漢部像——羅漢は阿羅漢の略でサンスクリット語の「アラハット」の音写語。「尊敬に値する人」の意で、もとは仏の異名だったが、のちに釈迦の直弟子たちをいうようになった。十六羅漢や五百羅漢、釈迦の十代弟子などが含まれる。

では、それらの仏像がどのような特徴を持っているのか、具体的にその姿を見ていってみよう。

如来部像

釈迦如来

釈迦如来の像にも幾種類かあり、手の形（印）によって分けられていることが多い。

①**施願印の釈迦如来**——通印ともいい、右手を施無畏印、左手を与願印に組む。われわれの恐れを取り除き、願いをかなえてくれるのだ。もっとも多く見られる像。

②**誕生仏**——ルンビニー園でマーヤー夫人の右脇から生まれ出、七歩あゆんで右手で天を指し、左手で地を指して、「天上天下唯我独尊」と言ったという姿をかたどっている。

③**禅定印の釈迦如来**——ブッダガヤーの菩提樹の下で坐禅を組み、悟りを開いた姿。

④**説法印の釈迦如来**——サールナートの鹿野苑で最初の説法をしたときの姿。

⑤**涅槃像**——クシナガラの沙羅双樹の下で涅槃に入るときの姿。

＊

そのほか、釈迦の両脇には獅子に乗った文殊菩薩と象に乗った普賢菩薩が従っている。これを脇侍といい、合わせて釈迦三尊像と呼んでいる（薬王・薬上菩薩の場合もある）。

阿弥陀如来

①**定印の阿弥陀如来**——もっとも多く見られる。結跏趺坐した鎌倉の大仏の姿である。

②**来迎の阿弥陀如来**——臨終のときに極楽浄土から迎えに来る阿弥陀仏。立像と座像があり、通

諸仏の頂点——如来部像

釈迦三尊像（しゃかさんぞんぞう）

薬師如来（やくしにょらい）

胎蔵界大日如来（たいぞうかいだいにちにょらい）

金剛界大日如来（こんごうかいだいにちにょらい）

阿弥陀如来（あみだにょらい）

常は脇侍として慈悲を表わす観音、智慧を表わす勢至の両菩薩を従えている。

③九品仏（くほんぶつ）——阿弥陀如来が極楽に衆生（しゅじょう）を救い取るとき、相手によって九種類の受け入れ方があるという。上・中・下の三品（さんぼん）にそれぞれ上・中・下の生（しょう）があり、最高位が上品上生（じょうぼんじょうしょう）、最低位が下品下生（げぼんげしょう）である。

※薬師如来

正式には「薬師瑠璃光如来（やくしるりこうにょらい）」といい、東方浄瑠璃世界の教主とされる。菩薩のときに十二の願を立て、その中に人々の病を癒すというものがあったので医薬に効力のある仏ということになった。

印が釈迦如来と同じ施願印（せがんいん）であるため区別がつきにくかったが、

平安時代の初めころから左手に薬壺あるいは宝珠を持つようになったのでわかるようになった。

薬師如来の脇侍は日光菩薩と月光菩薩である。

※大日如来

真言密教の教主である。密教では、あらゆる仏・菩薩は大日如来の化仏であるとして、諸仏・諸菩薩の王と位置づけている。したがって、その姿も仏では唯一宝冠をつけ、装身具をまとっている。

169ページで、大日如来と毘盧舎那仏は同じ仏だと言った。毘盧舎那仏は奈良の大仏だから、同体の仏でも密教の表現になるとかなりの違いが出る。

大日如来には二種類ある。一つは智拳印を結んだ金剛界の大日如来、もう一つは法界定印を結んだ胎蔵界の大日如来である。

菩薩部像

※観世音菩薩

観自在菩薩ともいい、略して観音さまと呼ばれて親しまれている。勢至菩薩とともに阿弥陀如来の脇侍とされ、その右側に鎮座ましましている。

名前の由来は、世の人々の願いの声音を観じる、あるいは自在に観じるということで、人々をあらゆる災難や恐怖から救ってくれる菩薩であることがわかる。

『観音経』にはその功徳が説かれている。また、三十三もの姿に化身し、さまざまな人を救うというから、われわれのそばにいつも寄り添っているのかもしれない。

※地蔵菩薩

観音菩薩と人気を二分する菩薩である。釈迦入滅後、弥勒仏がこの世に降りてくるまでの期間は五十六億七千万年もあるといわれている。この無仏の時代、仏に代わって衆生を救済するように釈迦から委嘱されたのがお地蔵さん、地蔵菩薩なのだ。

お地蔵さんは、六道をあちらに行ったりこちらに来たりしながらそこに住むものたちを助ける。いろいろなお寺に六地蔵が祭られているのは、この六道を経めぐる地蔵菩薩を拝むためなのだ。それで身繕いする暇もないので、菩薩でありながら僧形なのであろう。

※弥勒菩薩

前述のように、釈迦入滅後五十

衆生の救済にあたる――菩薩部像

普賢菩薩

文殊菩薩

観世音菩薩(聖観音)

弥勒菩薩

虚空蔵菩薩

地蔵菩薩

六億七千万年たったときこの世に降りてきて仏となり、人々を救うといわれる未来仏。現在は兜率天という天界で修行を積んでいるという。

したがって、装身具をつけている「弥勒菩薩」の像と、法衣をつけている「弥勒仏」の像がある。

菩薩像では、半跏思惟像の京都広隆寺と奈良中宮寺のものが有名だ。

※虚空蔵菩薩

虚空のように広大な智慧と福徳をもって衆生を救済する菩薩。地に対する虚空だから、地蔵菩薩と対をなす存在である。

記憶力が抜群になるという「虚空蔵求聞持法」という修法をつかさどる。空海がこれを修したということで有名になった。

※普賢菩薩と文殊菩薩

釈迦牟尼如来の脇侍で、向かって右に普賢菩薩が、左に文殊菩薩が従っている。

普賢菩薩は慈悲や理性を表わし、白象に座している。文殊菩薩は、「三人寄れば文殊の智慧」といわれるように智慧を表わし、獅子の上に座している。

※日光菩薩と月光菩薩

薬師如来の脇侍で、向かって右が日光菩薩、左が月光菩薩である。日光菩薩は智慧を象徴し、月光菩薩は慈悲を象徴している。

両菩薩とも宝冠をかぶり、長い天衣をまとっているが、日光菩薩の宝冠には日輪が、月光菩薩の宝冠には月輪が配されていて区別がつくようになっている。

明王部像

※不動明王

明王とは、如来の教えを聞こうとしない凡夫の目を覚まさせるため、威嚇して仏道に導く役割を担った存在である。だから、如来の使者ともいわれる。

「お不動さん」と親しまれる不動明王はその代表格で、蓮華を載せた弁髪を左肩に垂らし、恐ろしい目つきでにらんだその左目は半眼、口には牙が光り、額にはしわが波打つ。

不動明王は大日如来の使者といわれ、降三世・軍荼利・大威徳・金剛夜叉の四明王とともに「五大明王」と呼ばれる。

怒りの形相で衆生を目ざめさせる——明王部像

※愛染明王(あいぜんみょうおう)

愛欲を浄化し、尊格化された明王。一面三眼六臂(ろっぴ)で、愛情を表わす真っ赤な円形光背を持つ。

わが国には平安時代にもたらされた。大日如来を中心に不動明王と三尊仏を形成する。

※孔雀明王(くじゃくみょうおう)

インドには毒蛇が多く、それを孔雀が食べることから、障(さわ)りを取り除く明王として孔雀が神格化されたもの。孔雀に乗った姿で表現される。

もともとは明王でなかったが、経典が中国で訳されるときに明王とされたため、優しい菩薩の表情になっている。

わが国では七世紀ころ、修験道の開祖役小角(えんのおづぬ)によって信仰され、普及した。雨乞いの本尊として知られる。

天部像

梵天

梵天はサンスクリット語で「ブラフマン」といい、宇宙の原理を表わす。バラモン教では最高神とされた。

この神が仏教に取り入れられ、帝釈天とともに仏教を守る護法神とされた。有頂天という天界に住むという。

帝釈天

葛飾は柴又題経寺にある帝釈天は、映画「フーテンの寅さん」シリーズですっかりおなじみになった。

帝釈天はインドラ神といい、バラモン教最大の神だった。雷霆神の性格を持つ。

のちに仏教に取り入れられ、梵天とともに護法神とされた。忉利天の主で須弥山頂上の喜見城に住み、阿修羅と戦うという。勧善懲悪の神である。

四天王

持国天・増長天・広目天・多聞天（毘沙門天）の四神。古代インドの宇宙観で、世界の中心をなす須弥山を守護する神。帝釈天の家来とされる。それぞれ東・南・西・北を守る。仏教に取り入れられて護法神となった。

吉祥天

インドの神ラクシュミーのこと。鬼子母神の娘で毘沙門天の妃といわれる。仏教に取り入れられて吉祥天となり、護法神となった。

室町時代ころから始まった七福神信仰では、一時寿老人と福禄寿が同体とされて一尊となり、吉祥天が入ったが、その後吉祥天は除かれた。

弁才天

「弁財天」とも書く。サンスクリット語では「サラスヴァティー」といい、サラスヴァティー河を神格化した神が仏教に取り入れられた。『金光明最勝王経』の「大弁才天女品」に詳しい。

水辺に住むといわれ、わが国では近江の竹生島・安芸の宮島・大和の天川・陸前の金華山・相模の江ノ島の弁才天を「日本五弁天」という。

インド土着神の末裔──天部像

※仁王

正式名は、執金剛神あるいは金剛力士という。『大宝積経』に、寺院の境内を悪から守ると説かれる。

もともとは一体だったが、中国で寺院の門の左右に安置されて二体になったという。一体は口を大きく開けた「阿形」、もう一体は口を閉じた「吽形」で造られ、それぞれ胎蔵界・金剛界を表わす。

わが国の五十音が「あ」で始まり、「ん」で終わるのは、宇宙のすべてがこの中に含まれるからといわれ、「阿吽」がこれを表現している。

阿吽の呼吸で寺を守る——仁王像

「阿形」の仁王

「吽形」の仁王

金剛力士ともいう。もともとは一体だったが、中国で寺院の門の左右に安置されて二体になった。口を開けた「阿形」と口を閉じた「吽形」の二体からなる。

本地垂迹説が生んだ日本の仏

蔵王権現

初めは慈悲深い地蔵菩薩だったが、のちに悪人を懲らしめる憤怒形になった

八幡大菩薩

九州の豪族宇佐氏の守護神だったが、のちに大和朝廷の西方の守護神となり、本地垂迹思想とともに僧形となった

垂迹部像

※蔵王権現

平安時代、修験道の開祖といわれる役小角が吉野の金峰山で千日の修行をしていたとき、この神を感得したという。初めは慈悲深い地蔵菩薩だったが、のちに悪人を懲らしめる憤怒形になったといわれる。本地は弥勒菩薩。

※八幡大菩薩

「八幡さま」と親しまれているこの神は、53ページでも取り上げた。かつては北九州の豪族宇佐氏の守護神だったが、数々の奇瑞を現して大和朝廷の西方の守護神となった。

平安時代以降、武士の尊崇を集めて全国に八幡神社が勧請されたが、本地垂迹思想が広まると、僧

仏像の手印が意味するもの

施無畏印
説法していることを表わす

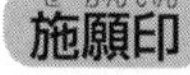

施願印
人々の願いをかなえてやろうという意志

説法印
釈迦が説法していることを表わす

禅定印
真実について思いめぐらしていることを表わす

阿弥陀如来の九品来迎印

阿弥陀如来が極楽に衆生を救い取るとき、信仰の度合いや生き方によって、上・中・下の三品と、上・中・下の三生の組み合わせで表わす。最高位が上品上生、最低位が下品下生となる。阿弥陀如来の手印はその違いを表わしている。　（　）内の説もあり

上品上生

上品中生
(中品上生)

上品下生
(下品上生)

中品上生
(上品中生)

中品中生

中品下生
(下品中生)

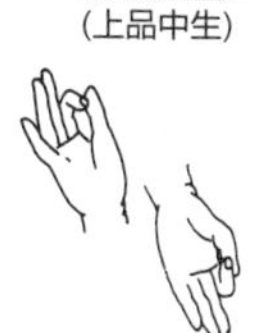

下品上生
(上品下生)

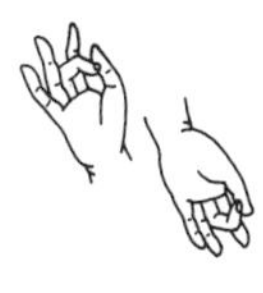

下品中生
(中品下生)

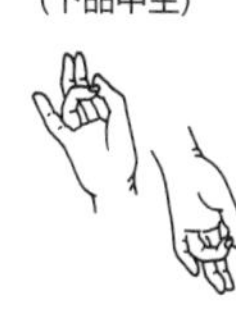

下品下生

▲川越市の喜多院にある江戸時代後期の五百羅漢像。こうした五百羅漢像は江戸時代に入って全国各地で造立された

形で表現されるようになった。これを「僧形八幡神」という。

羅漢部像

※十六羅漢

釈迦が入滅するとき、十六人の弟子たちを呼んで後事を託したことから十六羅漢信仰が始まったといわれる。

わが国には奈良時代ころ伝えられたらしいが、鎌倉時代に禅宗が興ると禅門で大事にされ、多くの寺院で祀られるようになった。

賓頭盧頗羅堕闍（賓頭盧）、迦諾迦伐蹉、迦諾迦跋釐堕闍、蘇頻陀、諾矩羅、跋陀羅、迦理迦、伐闍羅弗多羅、戎博迦、半咤迦、羅怙羅、那伽犀那、因掲陀、伐那婆斯、阿氏多、注茶半咤迦の十六人。

※五百羅漢

釈迦入滅後に催された「第一結集」（経典の編集会議）に、阿羅漢の悟りを開いた五百人の弟子たちが参加して師の教えをまとめた。

この逸話と十六羅漢信仰が合流して拡大し、五百羅漢信仰が栄えた。わが国では室町時代以降多くの寺院で祀られた

▲法隆寺五重塔の羅漢像

第9章◉葬儀・法要、仏教行事の基礎知識

1 仏教葬儀の実際と基礎知識

日本史に見る葬儀の変遷

江戸時代の檀家制度により仏教葬が盛んに

釈迦が最後の旅の途中で危篤状態に陥ったとき、侍者のアーナンダは泣きながら師にその葬り方を尋ねた。すると釈迦は、出家者が自分の葬儀に携わることをいさめた。自分の葬儀は在家のものが執り行なうであろうから、出家者は怠らずに修行に専念せよというのである。

以上の逸話からもわかるように、本来仏教は葬儀と深い関係を持ってはいなかった。だが、現実は葬式といえば「仏教葬」である。わが国においては、いつから仏教が葬式を担うという観念ができたのだろうか。

事実の問題としていえば、江戸時代の檀家制度にその根拠が求められるだろう。日本の住民は檀家としてある菩提寺に属し、葬儀や法事を行なうことが法で定められたのだからこれは決定的だった。

文献上や形式上の起源を訪ねれば、かなりさかのぼることができる。もっとも古い葬儀の記事は、中国の歴史書『魏志倭人伝』に見られる。三世紀ころ、日本で人が亡くなると、十日ほど喪に服して喪主は号泣する。ほかの人は棺の周りで酒を飲み、歌舞をする。死が確認されると埋葬し、身を清めたという。

日本最古の仏教葬儀は聖武天皇の崩御

『日本書紀』には、推古天皇の三十年（六二二）、聖徳太子の死にあたって僧が読経したという記録がある。これが仏式なら日本最古の仏教葬儀ということになるが、はっきりしない。

文献上もっとも古いものは、天平勝宝八年（七五六）、聖武天皇が崩御したときに焼香などをして仏式で葬られたというものだ。

仏教と葬儀の結びつき

意外に新しい葬式と仏教の結びつき

仏教と葬儀はもともと深い関係を持っていなかった

釈迦が危篤状態になったとき、侍者のアーナンダは泣きながら師の葬り方を尋ねた

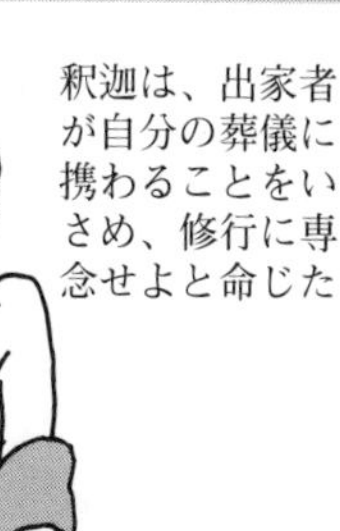

釈迦は、出家者が自分の葬儀に携わることをいさめ、修行に専念せよと命じた

江戸時代に強く結びついた葬儀と仏教

日本では死者の法要は古代から僧侶の大きな務めだった

江戸時代に入り、檀家制度によって寺と人々の結びつきが強まると、葬儀や法要が寺院と僧侶の最大の経済的支えとなった

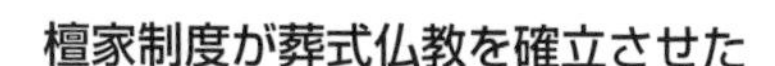

檀家制度が葬式仏教を確立させた

▲江戸時代の絵に描かれた葬式風景

死の意味を仏教的に追究した法会として、平安時代中期の僧である源信らの「二十五三昧会」をあげることができる。死に逝く人を念仏で見送り、往生を確認することを組織的に行なったのだ。

また、死者を受戒させて仏弟子とし、彼岸への引導を渡すという現行のひな型は、鎌倉・室町期の禅宗の「喪儀法」に求められるという。

このようなさまざまの伏線があって江戸時代の檀家制度に至り、仏教が葬式を担うことが宗教的、習俗的に定着したものと思われる。

仏教葬儀の実際

それでは、現在、仏教葬儀で一般に行なわれている儀式を解説し

よう。地域等によって違いのあることをお断りしておく。

臨終にあたって行なうこと

医者が「ご臨終です」と言うのは、医学的な死の確認だ。しかし、遺族がほんとうの意味で「終わりに臨む」のはそれからだ。大事な人を失う心の痛みを、死者の冥福を祈る気持ちに昇華させる数々の儀式が待っている。

臨終にまつわる儀式は、死というものを、看取りの段階からなだらかに受け入れていくための知恵に満ちている。

末期の水をささげる

人が亡くなって最初に行なわれるのが、「末期の水」をささげることだ。「死に水」ともいう。割り箸の先に脱脂綿を巻いて糸で縛り（または筆）、これに水を含ませて死者の唇を潤す。茶わんに樒の葉を浮かべ、それで潤すこともある。

危篤の釈迦が侍者のアーナンダに水を所望すると、濁っていた河の水がたちまち澄んだという故事に基づくと思われる。

遺体を洗い清める湯灌の意味

死者の体を洗い清める儀式を湯灌という。まず容器に水をくみ、これにわかしたお湯を入れて適温にする。普通とは逆のやり方なので、「逆さ水」と呼ばれる。遺体を清めたあとは、忌みを避けるため床下や掘った穴に捨てる。

本来は入棺の直前に行なわれるが、現在は病院で遺体を整えることがほとんどだ。これを「清拭」という。遺体をアルコール消毒し、体穴に脱脂綿をつめて体液が漏れないようにする。これを湯灌と呼ぶことも多い。

死者のお化粧・死化粧

死化粧は死出の旅路の準備である。死者の目と口を閉じさせてから男性はひげを剃り、女性は薄化粧して髪を整える。頬がこけている場合は口に綿を含ませ、爪を切りそろえる。かつては故人が出家したものとして剃髪したが、いまはあまり行なわれない。

最近では、これも清拭の一環として病院で行なわれる場合が多い。

変化しつつある死装束

白木綿に経文を記した経帷子と

臨終にあたって行なうこと

臨終の告知

医者による臨終の告知は儀式のスタート

葬儀は、悲しみを祈りの気持ちに昇華させる人間の知恵

末期の水（まつご）

人が亡くなって最初に行なわれる儀式

①割り箸の先に脱脂綿を巻いて白糸で縛る（新しい筆でも可）

②これに茶わんの水を含ませ、死者の唇を潤す

遺体を洗い清める湯灌（ゆかん）

①容器に水をくみ、これにわかしたお湯を入れて適温にする

※ただし、現在では病院で「清拭（せいしき）」と称して遺体を処置する例が増えている

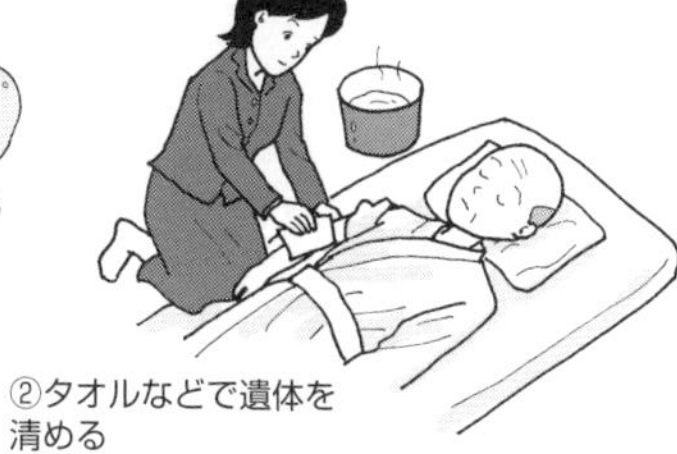

②タオルなどで遺体を清める

死化粧（しにげしょう）

死化粧は死出の旅路の準備

※最近では死化粧についても、清拭の一環として病院で行なわれる場合が多い

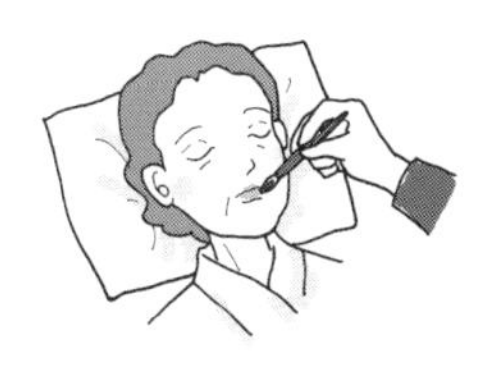

死者の目と口を閉じ、男性は髭を剃り、女性は薄化粧を施す

いう着物を着せる。かつては死者とゆかりの深い女性の手で縫われた。裁断にははさみを使わない、糸尻を止めないなどの風習がある。

これを死者に左前に着せ、額に三角頭巾をあてる。また、手甲、脚絆、白足袋にわらじ、数珠、杖、六文銭を入れた頭陀袋を身につけさせ、巡礼者の姿にする。

六文銭は三途の川の渡し賃、あるいは六道を守る六地蔵への賽銭といわれる。現在は六文銭は入れず、「六文銭」と印刷された紙を用いるのがほとんどだ。

なお、浄土真宗では死装束は用いない。死後は阿弥陀仏が救い取ってくれるので、死出の旅路は必要ないという教理に基づく。

最近では他の宗派でも正式な死装束を着せることが少なくなり、生前故人が好んだ衣服を着せ、その上に葬儀社が用意した紙の経帷子を略式にかけるというような例が増えている。

死者はなぜ北枕に寝かせるか

釈迦は亡くなるとき、二本のサーラ樹（沙羅双樹）の間に、頭を北に、右脇を下にし、顔を西のほうに向けて伏したといわれる。これを「頭北面西右脇臥」というが、死者を北枕に寝かせるのはこの釈迦の姿にならうものといわれる。

また、仏教が将来北方に栄えるという経典の記述があり、そこから生まれた風習ともされる。

いずれにしても、故人に対し、死後安楽の地に往生してもらいたいという願いの込められた儀礼である。

鎮魂の意味を持つ魔除け

北枕に寝かせた遺体の上、または枕元に守り刀を置く。魔除けと鎮魂の意味を持つ。刀の代わりに、カミソリ、包丁、はさみなども用いられる。最近は、葬儀社の用意した布袋入りの木刀を使用する場合も多い。

遺体の枕元に屏風を逆さにして立てる儀礼もある。これは「逆さ屏風」といわれるが、遺体を外部の悪霊から守り、また死者の霊が周囲に災いをもたらすのを防ぐ儀礼だという。

神棚と仏壇の扉の開閉

日本には神棚と仏壇が並置されている家が多いが、死者が出た場合は神棚の扉を閉め、白い半紙を張る。神道では死をけがれと見る

葬儀の前の儀式および習慣

ふだんとは逆さというしきたりが多い

死装束

①経帷子(きょうかたびら)を左前に着せる
②手には手甲(てっこう)、足には脚絆(きゃはん)
額に三角頭巾(さんかくずきん)を当てる
④数珠(じゅず)、杖、六文銭(ろくもんせん)を入れた頭陀袋(ずだぶくろ)を身につける

※現在では経帷子や三角頭巾は棺に入れるだけで、身に付けず、経帷子に替えて故人の愛用していた服を着せる例が多い

※浄土真宗では死後の旅という思想がないため、死装束は行なわない

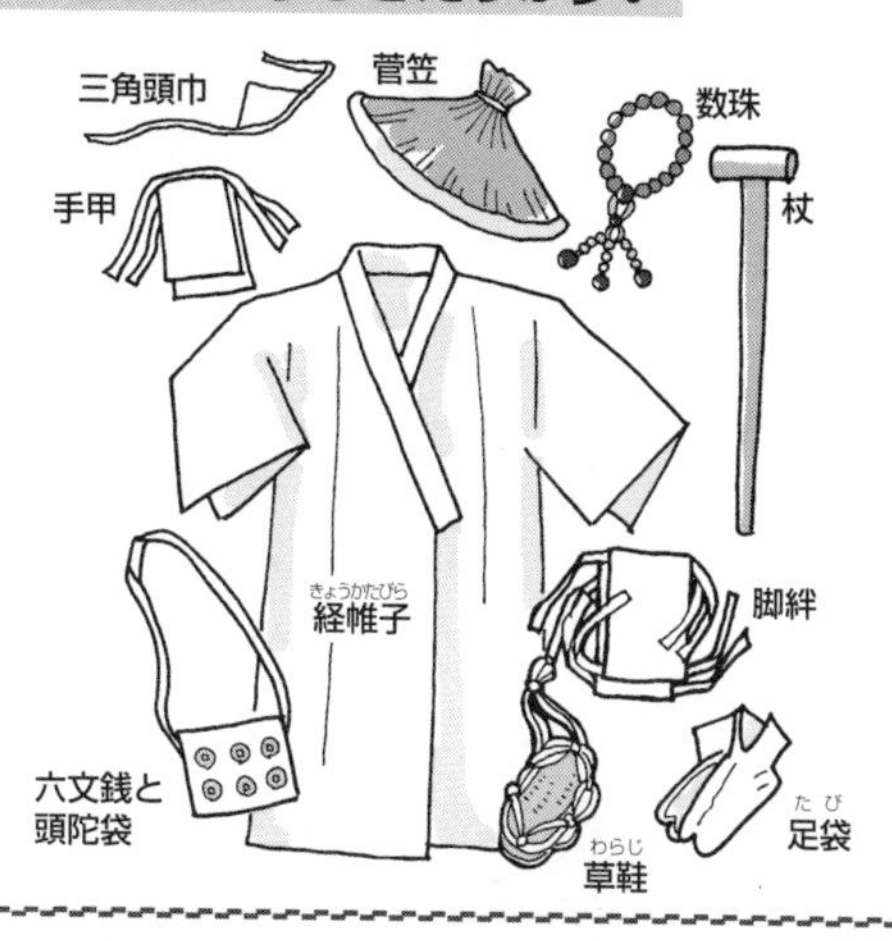

棺に入るまで

北枕

死者は頭を北側に向けて寝かせる

逆さ屏風

遺体の枕元に屏風を逆さにして立てる例もある。遺体を悪霊から守り、死者の霊が周囲に災いをもたらすのを防ぐという

魔除(まよ)け

遺体には魔除けと鎮魂のための守り刀を置く。刀の代わりに、カミソリ、包丁、はさみなども用いる

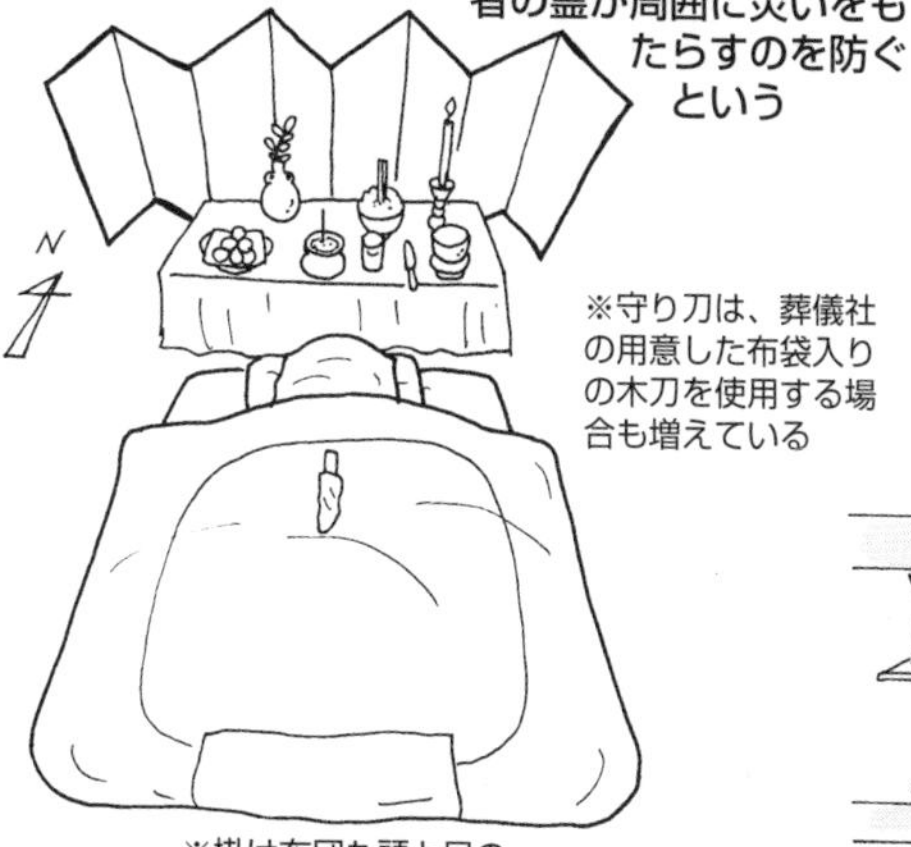

※守り刀は、葬儀社の用意した布袋入りの木刀を使用する場合も増えている

※掛け布団も頭と足の方向を逆に掛ける

神棚(かみだな)は隠す

神棚は扉を閉め、白い半紙を張って隠す

からだ。仏壇の扉は開けておく。

また、玄関には「忌中」と書いた紙を掲示する。その家が死穢に染まっていることを示すためだ。これも地方によってさまざまな形式がある。

※死者の霊を慰める枕飾り

通夜のとき、遺体の枕元に枕飾りを施す。白木、あるいは白布をかぶせた小さな台に、香炉、燭台、樒を供えた花立ての三具足を配置するのが一般的。

人は死ぬと香りしか食べられなくなるという。だから香炉の線香は絶やさないようにし、香りの強い樒を供える。

燭台のロウソクは暗い冥土を旅する死者の明かりだ。したがって、通夜では線香もロウソクも絶やしてはいけない。

※枕飯・枕団子の由来

ほかには、浄水、枕飯、枕団子などを供える。故人の茶わんに炊きたてのご飯を盛り、箸を一本立てるのが枕飯。人は死ぬとすぐに信濃の善光寺や熊野那智の妙法山に詣でるといわれ、その弁当として供えるという。

米には魂を鎮める力があるとされ、枕飯のほかに生米をついて枕団子を六つ作り、死者に供える。六という数字は六道に供養するということだ。

そのほかには白紙で作った「四華」を二台用意し、位牌の両側に供える。釈迦が亡くなったときに沙羅双樹が白変したという故事にちなむという。

通夜と葬儀の基礎知識

※生と死の境目にある通夜

遺族にとって、大事な人の死は受け入れがたい事実である。だから遺族は故人と最後の時を過ごし、ともに食事をし、別れを惜しんで徐々にその死を受け入れていく。それが通夜だ。したがって、通夜はまだ生と死の境目の時と場所といえる。

その心情はいまも昔も変わらない。古代、わが国では遺族が死者と別小屋で一定期間を過ごし、死者の鎮魂を行なった。これを「殯」といい、その場所を「殯宮」「喪屋」「霊屋」などと呼ぶ。通夜はそうした儀礼の遺習といわれている。「夜伽」などとも呼ばれ、本

通夜への準備

慰霊のための枕飾り

通夜の席では遺体の枕元に枕飾りを施す

この図は一般的に見られる枕飾りの例で、宗派や地域によって供えるものや配置順は異なる

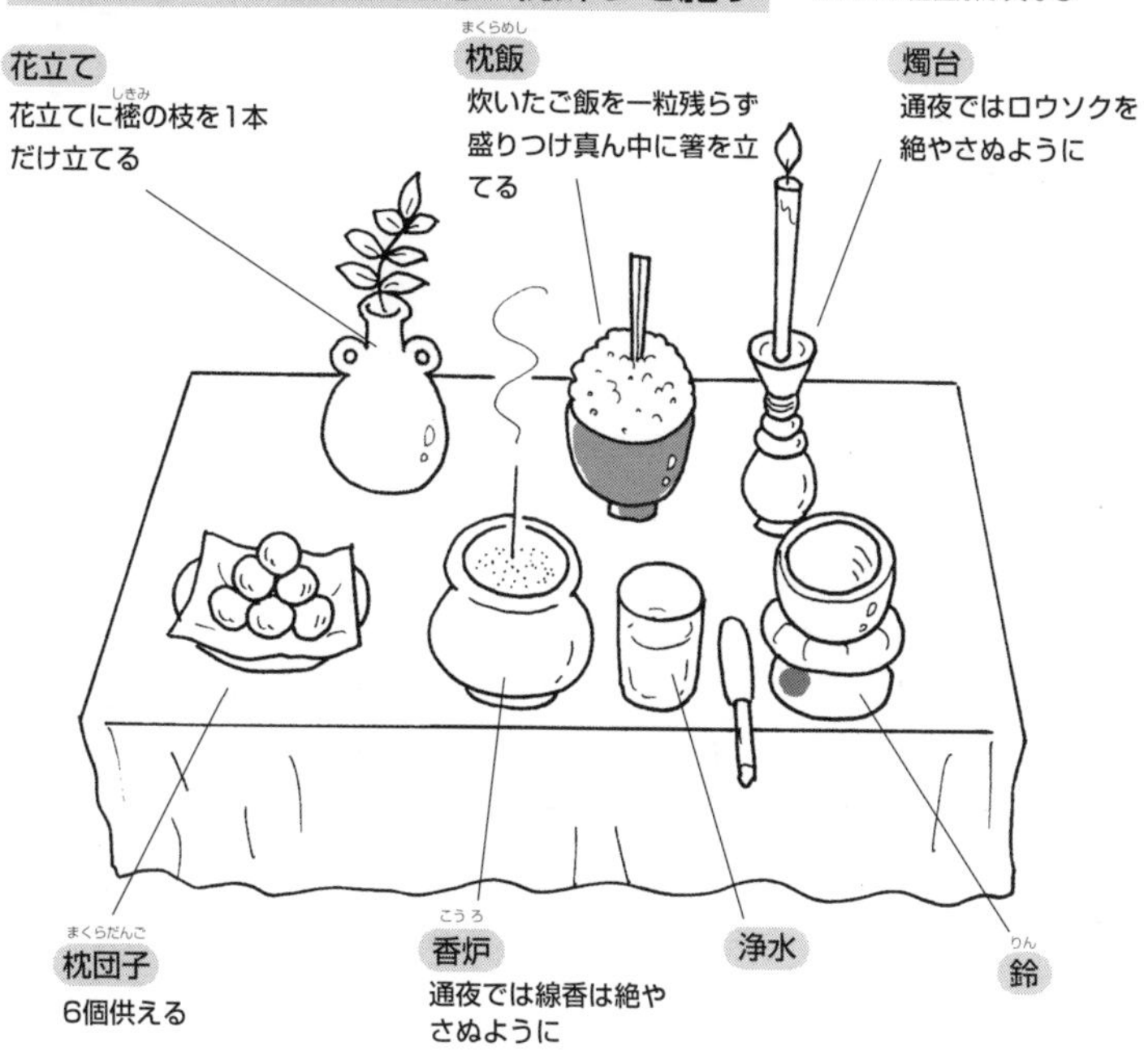

来は近親者だけで行なったが、いまは死者と親交のあった人々が文字どおり夜を通して死者を囲み、冥福を祈ることをいう。

現在では死の当日を「仮通夜」とし、葬儀の前日を「本通夜」とすることが多い。

※死者の鎮魂のための枕経（まくらぎょう）

枕飾りをした机の前で、死者の鎮魂のために最初に唱えられるお経を枕経という。中世の浄土信仰の時代には、臨終のときに本人とともに読経したといわれるが、今日では通夜のときに僧侶が唱える。

本来夜を徹して読経するものだったが、今では『般若心経（はんにゃしんぎょう）』などを読む程度に簡略化されることも多い。日蓮宗では臨終経ともいう。

※戒名は出家のあかし

浄土に往生しても、われわれはすぐに仏になれるものではない。その浄土を主宰する仏の弟子になって修行しなければならないのだ。つまり、一度仏弟子になることが必要になる。

だが、在俗の人が簡単に出家するわけにはいかない。そこで、死んだときに出家したことにする風習ができたのだ。

出家するときには授戒しなければならない。授戒すると、仏弟子としての名を授かる。これが「**戒名**」だ。したがって、死んで戒名を授かるということは、仏弟子になることを意味するのである。

ただし、浄土真宗と日蓮宗では授戒は不要としており、戒名ではなくそれぞれ「**法名**」「**法号**」と呼んでいる。

※儒教と混交した位牌の慣習

戒名（法名・法号）や俗名、没年や年齢などを書いて仏壇に祀り、供養の対象とする板が**位牌**だ。日本古来の霊の依代が起源だという説と、儒教の祖先祭のときに用いた官位や氏名を記す板が起源だという説があるが、両者が習合してできたものであろう。祖先祭の板は南北朝時代に禅僧によって日本にもたらされ、江戸時代に庶民に普及した。

一般に、四十九日までは白木の**仮位牌**（内位牌）を用い、忌明けとともに寺に納め、それ以後は**本位牌**と呼ばれる塗り位牌を仏壇に安置する。これとは別に**野位牌**が作られ、埋葬地に置かれることもある。野位牌は忌明けのときに墓に埋めるか焼く。

浄土真宗では位牌の代わりに「**法名軸**」を用い、仏壇の側面にかける。

※お別れの納棺

かつては遺体をすぐに棺に納めず、家族が一晩中死者との別れを惜しんだが、近年は遺体を棺に入れて通夜を行なうようになった。

棺の上に白い布団か毛布を敷き、その上に遺体を乗せる。この敷物を「一重衾」という。棺にはふたをするが、くぎは打たず、僧の最高位の袈裟である「七条袈裟」で覆う。

※通夜振る舞いと精進落とし

通夜振る舞いも精進落としも、

位牌と戒名の基礎知識

戒名とは戒律を授かった仏弟子としての名前

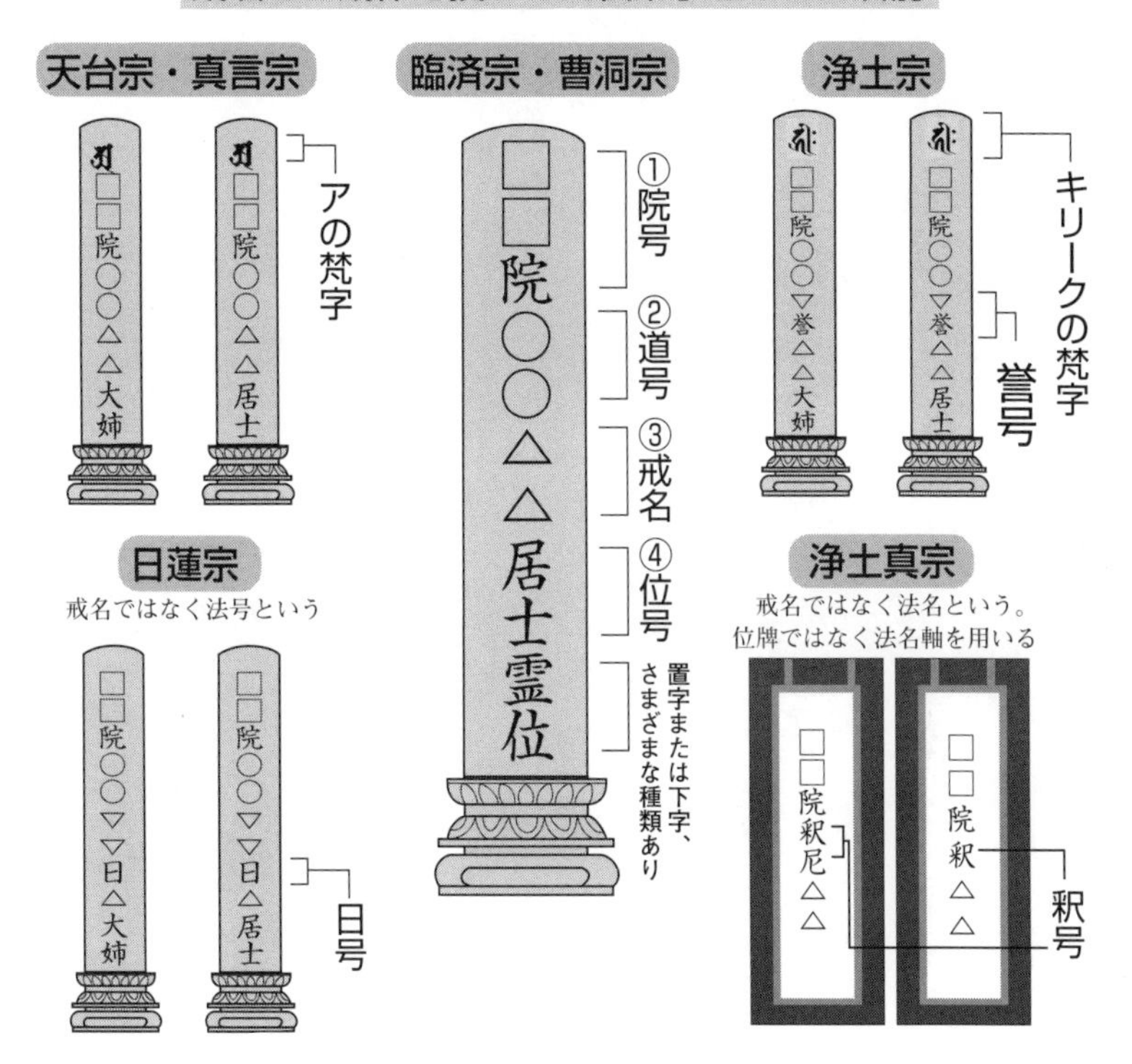

①院号―本来は貴族や武士が寄進した寺院の名前だった。社会的な貢献をした人などにつける

②道号―戒名の上につけるもうひとつの名前。仏道を修めたものに付す

③戒名(法号)―本来の戒名はこの2文字の部分。俗名と仏典で使われている文字とを組み合わせる

④位号―戒名の下につける。さまざまな種類があり、はっきりとした使用基準はない

※位号の種類：大居士(だいこじ)・居士(こじ)・信士(しんじ)などが成人男性。清大姉(せいだいし)、大姉(だいし)、信女(しんにょ)などが成人女性。15歳以下の子どもの場合は童子(どうじ)・童女(どうにょ)・孩子(がいし)・孩女(がいにょ)

現在では参列者や手伝ってくれた人へのお礼の意味が前面に出ている。しかし、本来は死者との共食を意味する。ともに飲食することで魂を鎮めるのだ。

　通夜の食事を「通夜振る舞い」、葬儀の食事を「出立ち(いでた)の膳」、葬儀後の食事を「精進落とし」という。

葬儀と告別式は別もの

　本来、葬儀と告別式は「葬儀式」「告別式」という二つの別々の儀式だ。葬儀式は死者を成仏させ、あの世へ送る宗教儀礼であり、家族など故人の身近な人によって営まれた。

　一方、告別式は死者と縁を結んだ人たちが焼香や献花をし、死者に別れを告げる社会的な儀礼だ。

　現在では、その二つが渾然(こんぜん)一体となって営まれているのが実情である。

最近は通夜で用意される祭壇

　近年は、通夜のときに祭壇が用意されていることが多い。通夜の参会者が増えたのでしかたがないが、本来通夜に祭壇は作らなかった。

　前述のように、通夜のときはまだ遺族が故人の死を受容できず、生死の境にいる感覚なのに、祭壇を作れば死を認めてしまうことになるからだ。だから通夜には平服で行き、香奠(こうでん)は持っていかないのが常識だった。

　かつて通夜は枕飾りのもとで行ない、葬儀当日に出棺後葬列を組んで葬場に行き、そこに「野道具(のどうぐ)」を立てかけて葬儀を執り行なった。この枕飾りと野道具の合わさったものが現在の祭壇だといわれる。今日見られるようになった祭壇が作られるようになったのは、ごく近年のことである。

香りを死者に捧げる供花(きょうか)

　仏典には、釈迦の誕生や成道(じょうどう)、涅槃(ねはん)の折には地面が六種に振動し、天から種々の花が降り注いだと書いてある。そんなところからも、仏教では花は供物(くもつ)として欠かせないものとなった。

　葬儀では、全国的には花環や生花、中部地方や関西では樒(しきみ)が死者に供えられる。樒はモクレン科の常緑樹で、春には黄白色の花を咲かせる香木だが、実はその葉は有毒だ。

　死者にその香りを供養し、同時

通夜・葬儀で欠かせない焼香の作法

①遺族に一礼してから祭壇に一礼

②焼香台の前で合掌

③抹香をつまんで額におしいただく

※浄土真宗では抹香をおしいただかずに香炉にくべる

④抹香を香炉にくべる

⑤合掌一礼の後、下がる

●焼香の回数は？

宗派によって1～3回とさまざま。3回が天台・真言。2回が浄土真宗大谷派。浄土真宗本願寺派と臨済宗は1回。ただし焼香者が多く混み合っている場合は、いずれの宗派であっても心を込めれば1回でもかまわない。

に樒の毒性が悪鬼や悪霊から死者を守ると考えられ、供えられるようになったものと思われる。

死出の旅の食料だった焼香

何度か述べたように、死者は死出の旅路中、香しか食べられない存在になる。だから「食香」といわれる。食香に香を焚いて供養するのが焼香だ。

また別の由来として、釈迦入滅のときに人々が香木を積み上げて荼毘に付そうとしたが火がつかず、高弟のマハーカーシャパ（摩訶迦葉）が到着すると火がついたという。これが焼香の起源になっているという説もある。

告別式での焼香は、宗派や地方によって異なるが、まず焼香台を前にして本尊または遺影を礼拝し、香をつまんで香炉にくべる。このとき、浄土真宗以外では頭上に押しいただくようにする。

※香奠の書き方

死者の霊前に香を手向け、仏に布施をして死者の滅罪を祈るというのが本来の香奠（典）の意味だ。それが、いつしか香を買う資金として金品が供えられるようになったのである。

現在では喪家の経済的負担を助ける意味合いが大きいが、もともとは布施であり、かつては葬儀のあと、余った香奠を菩提寺に寄進することも行なわれた。香奠返しという習慣も、そうした心性から生まれたものと考えられる。

香奠の表書きは「御霊前」「御仏前」が一般的とされるが、「御霊前」は四十九日まで、四十九日以後は「御仏前」を用いるのが一般的である。宗派によっても見解が異なるので、「御香資」「御香奠」なども用いられる。

出棺から荼毘への儀式

※出棺にあたっての儀式

葬儀式・告別式も終わり、棺はいよいよ火葬場に向かうために出棺される。遺族や関係者は遺体と最後の別れをする。「お別れの儀」だ。

祭壇の花を棺に入れ（別れ花）、棺にふたをして遺族が石でふたの釘打ちをする。棺を封じるのだ。

もとは死霊を閉じこめるため、棺とふたを縄で縛っていたらしいが、石には呪力があるとされるため、死者を悪霊から守るという意味でこのような風習ができたようだ。釘は最後に業者が金槌で止める。

遺族代表のあいさつのあと、故人と縁の深かった男性が棺を持ち、霊柩車まで運ぶのが一般的。かつては玄関からではなく、縁側や窓、仮に設けた門などから搬出していた。

死は非日常の出来事だから日常のやり方と変えるとか、死霊が家に戻れないようにするためなどと説明されている。

出棺の際に故人の茶わんを割ることがあるが、これも同様の理由といわれる。

地方によっては、葬儀・告別式の前に遺体を火葬にすることもある。これを「骨葬」といい、東北地方を中心として各地で行なわれている。この場合、出棺して火葬

死者を送る礼――出棺と香奠

出棺まで

①別れ花

遺族と親しい会葬者が、祭壇の花を用いて故人の棺を埋める

②釘打ち（くぎうち）

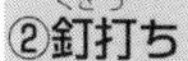

石で棺のふたに釘を打つ。喪主、家族、親族の順に2回ずつ打つ

③出棺

棺を霊柩車に運ぶ。遺族・親族親しい友人ら男性5〜6人で行なう

④野辺送り（のべおくり）

喪主が位牌を、遺族の中で血縁の濃い人が遺影を持ち、告別式の会場から火葬場へ向かう

香奠（こうでん）の作法

もっとも無難な表書きは「御霊前」

「御香料・御香奠（典）」という書き方もある

「御仏前」は四十九日以後に使う

浄土真宗では四十九日以前であってもご仏前でかまわない

●表書きの各種

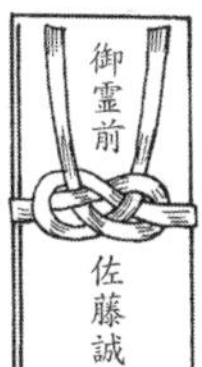

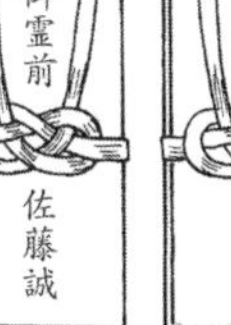

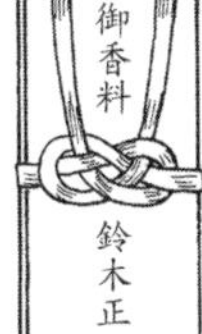

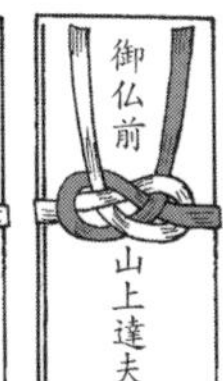

表書きは薄墨を使うのが正式

●香奠袋裏の折り方

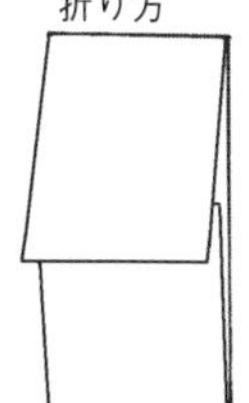

香奠袋は上の折りが下の折りの上に重なるようにする

にするまでを「密葬（みっそう）」といい、葬儀・告別式を「本葬」ということが多い。

※死出の旅路を見送る野辺（のべ）送り

縁者が死者の死出の旅路を見送る儀式が野辺送りだ。これはあの世への道行きを模している。

かつては、葬列を組んで遺体を埋葬地まで運んだ。地方によって異なるが、「道切り」といい、先頭に灯籠（とうろう）やちょうちん、たいまつを掲げていき、墓の入り口や埋葬地に立てる。灯籠やちょうちんは、帰りには霊がついてこないように破られる。

念仏を称えながら歩くことが多い。位牌は相続人、膳は妻、香炉（こうろ）は姪（めい）や孫、棺は近隣の人が持ち、男は頭に三角巾をつけ、女は頭から肩に白布をかけるところもある。

埋葬後はわらじを捨ててきたり、後ろを振り返らない、来た道とは違った道を通って帰るなどという決まりがあったようだ。霊が迷ってついてこないようにしているのだろう。

現在では、代わりに霊柩車を先頭にし、次に位牌を持った喪主と遺影を持った遺族、僧侶が乗った車が続き、さらに近親のものや葬儀委員長の乗った車、そのあとを関係者がマイクロバスや車で火葬場へ向かうという例が多い。

往復、別な道を通るという風習は、現在、車によっても踏襲されているようだ。

※荼毘（だび）（火葬）に付す

遺体を火葬にすることを「荼毘」というが、火葬が全面的に普及したのは戦後のことだ。ただし、わが国の火葬の歴史自体は古く、千三百年ほど前までさかのぼるという。

古来、わが国では死をけがれととらえ、死霊を封じ込めるために遺体を穴に埋め、大きな石を乗せたり遺体に抱かせたりして埋葬した。だから、わが国の葬送の基本は土葬である。

しかし、仏教が伝わってくると火葬が行なわれるようになった。古来よりインドでは火葬が行なわれており、釈迦自身も火葬だったという伝統があるからだ。

記録では、法相宗（ほっそうしゅう）を起こした道昭（どうしょう）が荼毘に付されたのがわが国の火葬の始まりとされている。その後、持統（じとう）天皇、文武（もんむ）天皇、元明（げんめい）天皇、聖武（しょうむ）天皇が火葬にされたというが、それは一部の僧侶や貴族だけで、ほとんどは土葬だった。

　わが国で火葬の率が五〇パーセントを超えたのは、一九四〇年のことだ（一九九四年の調査では九八・三パーセント）。現在の火葬では、炉前か告別ホールで僧侶の読経があり、焼香が行なわれて終了を待つ。火葬には四十分から二時間程度と幅がある。

火葬と拾骨の実際

火葬に際しての儀式

炉の前か告別ホールで僧侶の読経があり、焼香が行なわれる

拾骨は二人一組で

原則的に男女が一組になってひとつの骨をつかんで骨壺に入れる

※火葬骨を箸で拾う「拾骨」

　火葬した骨を二人一組になって箸で拾い、骨壺に納めることを「拾骨」または「骨上げ」「箸渡し」という。「箸渡し」は「橋渡し」に通じ、死者が三途の川を無事に渡れるようにという願いの託された風習だという。

　最後に喪主と故人の近縁の人とで「のど仏」を拾う。のどの骨が坐禅をする仏の姿と似ているところからつけられた名だ。「舎利」ともいわれる。

　のど仏や歯骨など一部だけを拾骨するところ、胴骨と歯骨を分けて拾骨するところなど、地方差がある。

法事と忌日に関する基礎知識

四十九日までの法事

※祖先の礼を供養する法事

斎（さい・とき＝供養食）を設けて教えを聞き、仏・菩薩や祖先の霊を供養することを**法事**という。日本の場合は特に遺族が故人の幸せを祈り、神仏に供物をささげ（供養）、その功徳を死者に振り向ける（回向）形が主だ。このような風習は、日本古来の祖霊崇拝がベースになっている。

死者のみならず、法事は残されたものにも大きな意味を持つ。身近な人を失った心の痛みは、死者の幸福を祈ることで癒されていく。

また、法事は死者を孤独にさせないという側面も持つが、それは残されたものに、自分が死ぬときも孤独ではないという安らぎをもたらす。

ただし、形式にばかりとらわれたり、「供養をしなければたたりがある」といった妄信にとらわれることは厳に慎むべきである。

※あの世での初審日——初七日

人は死ぬと、現世でも来世でもない中途半端な世界に入り込むという。この期間は四十九日あるといわれ、「**中有**」とか「**中陰**」と呼ばれている。

死者は、死んだとき死装束に身を包んだはずなのに、どこにもその姿が見あたらない。実は、死ぬと人間の目には見えない意識だけの存在になってしまうのだ。だからこれを「意生身」と呼ぶ。また、香しか食べられないので「食香」ともいう。

食香となった死者は薄暗い**中陰**の世界を旅する。冥土の旅、あるいは死出の旅と呼ばれる。まず「死出の山」のすそ野を歩いていくと、七日目に秦広王という裁判官のところに着き、生前の罪が裁かれる。ただし、書類審査のみでパスができ、次に進むといわれる。

こうして死者は七日ごとに七回

裁判を受けるのだが、最初の七日目、秦広王の裁判が**初七日**にあたる。遺族は、これらの裁判で死者がよりよい判決を受けるよう、供養し、回向するのだ。

※最終審判日の四十九日

初七日が終わって死者が旅を進めると、大きな川にさしかかる。三途(さんず)の川だ。川の手前の賽(さい)の河原では鬼に子どもたちがいじめられているが、お地蔵さんがこれを守ってくれている。

そんな様子を見ながら橋を渡ると、奪衣婆(だつえば)と懸衣翁(けんねおう)という老婆と老人が待っている。老婆は死者の着物をはがして老人に渡し、老人はそれを衣領樹(えりょうじゅ)という木にかけて罪の重さを量る。そして**死後十四日目**の裁判を担当する初江王(しょこうおう)の法廷に報告する。

　このようにして、死者は七日ごとに七回裁判にかけられる。この最後の七七、四十九日目に泰山王によって最終判決が下され、六道のいずれかに行き先が決まる。四十九日とはこの日をいう。だから、供養は中でも丁寧を極めるのだ。

四十九日以後の各種法事

※忌日、月忌、祥月命日の意義

　死者は四十九日目には輪廻転生するのだから、法事はそこで終わっていいはずだが、遺族の気持ちはそれではすまず、一定期間ごとに法事が行なわれるようになった。それには、日本古来の霊魂観が大きく影響しているものと思われる。

　つまり、死者の魂は最初荒御霊となり、三十三回忌をもって和御霊となるという信仰である。神仏習合はこの矛盾を抱えながら百カ日、一周期、三回忌、七回忌、十三回忌、十七回忌、二十三回忌（二十五回忌、二十七回忌を行なう場合もある）、三十三回忌、あるいは五十回忌、百回忌まで行なうようになった。

　初七日から始まってこれらの年忌、さらに命日を含めて「忌日」という。

「月忌」とは月ごとにめぐってくる命日で、故人の亡くなった日のこと。「祥月命日」とは毎年の亡くなった月日をいう。七月十二日に亡くなったのなら毎月十二日が月忌であり、毎年七月十二日が祥月命日となる。故人をしのんでお参りを続ける日である。

※十三仏と十三王

　初七日から四十九日までの七人の裁判官に、百カ日、一周期、三回忌、七回忌、十三回忌、三十三回忌を担当する裁判官を加えたのが十三王だ。列挙すればこうなる。

①秦広王、②初江王、③宗帝王、④五官王、⑤閻魔王、⑥変成王、⑦泰山王、⑧平等王、⑨都市王、⑩転輪王、⑪蓮華王、⑫慈恩王、⑬祇園王の十三王。

　本地垂迹説が隆盛すると、これら十三王の本地が設定される。それが十三仏で、次のとおりである。

　①不動明王、②釈迦如来、③文殊菩薩、④普賢菩薩、⑤地蔵菩薩、⑥弥勒菩薩、⑦薬師如来、⑧観音菩薩、⑨勢至菩薩、⑩阿弥陀如来、⑪阿閦如来、⑫大日如来、⑬虚空蔵菩薩の十三仏。

忌日と法要・早わかり

主な法要と忌日（きにち）

名前	亡くなった日を加えた日数	法要の内容
初七日（しょなのか）	7日	近親者・知人を招いて法要。最近は告別式と同時に済ませる例が多い
二七日（ふたなのか）	14日	遺族・近親者のみで行なうことが多い
三七日（みなのか）	21日	遺族・近親者のみで行なうことが多い
四七日（よなのか）	28日	遺族・近親者のみで行なうことが多い
五七日（いつなのか）	35日	遺族・近親者のみで行なうことが多い。忌み明けを行なう宗派もある。
六七日（むなのか）	42日	遺族・近親者のみで行なうことが多い
四十九日（しじゅうくにち）（七七日忌）	49日	近親・知人を招いて行なう忌明けの法要。白木の位牌を菩提寺に納め、本位牌を仏壇に供える
百カ日（ひゃっかにち）	100日	近親・知人を招き法要
一周忌	満1年目	近親・知人を招き法要
三回忌	満2年目	近親・知人を招き法要
七回忌	満6年目	近親・知人を招き法要
十三回忌	満12年目	近親・知人を招き法要
十七回忌	満16年目	近親・知人を招き法要
二十三回忌	満22年目	二十三回忌から五十回忌で法要を終え、永代供養とする
三十三回忌	満32年目	二十三回忌から五十回忌で法要を終え、永代供養とする
三十七回忌	満36年目	二十三回忌から五十回忌で法要を終え、永代供養とする
五十回忌	満49年目	二十三回忌から五十回忌で法要を終え、永代供養とする
百回忌	満99年目	通常は行なわない

十三仏と十三王

忌日	十三王	十三仏
初七日	秦広王	不動明王
二七日	初江王	釈迦如来
三七日	宗帝王	文殊菩薩
四七日	五官王	普賢菩薩
五七日	閻魔王	地蔵菩薩
六七日	変成王	弥勒菩薩
四十九日	泰山王	薬師如来
百カ日	平等王	観音菩薩
一周忌	都市王	勢至菩薩
三回忌	転輪王	阿弥陀如来
七回忌	蓮華王	阿閦如来
十三回忌	慈恩王	大日如来
二十三回忌	祇園王	虚空蔵菩薩

法事以外のさまざまな仏教行事

土着信仰と混淆した仏教行事

※門松の由来と「初詣」

正月は歳神さまの降臨する月だ。歳神さまは歳徳神ともいわれ、その年の福徳をつかさどる神だ。正月はこの神に来てもらい、豊年満作をもたらしてもらわなければならない。

そのために立てられる依代が**門松**である。起源ははっきりしないが、本来二本立っていたわけではなく、二本立つようになったのは江戸時代からといわれる。

正月の**初詣**は、もともと「恵方詣」といい、歳神さまの宿る神社仏閣を参拝して一年の無事と平安を祈る行事だった。歳神さまは年によって宿る方角が違うので、その「吉方」にあたる神社仏閣を参拝したのだ。それが今では有名な神社仏閣に詣でることのように変質している。

※寺で行なわれる正月行事・修正会

お寺で行なわれる正月の行事は**修正会**だ。年始めに旧年の悪を正し、新年の幸せを祈る。通例は元旦から七日間だが、五日、三日といった例も見られる。

浅草の浅草寺では除夜から正月六日までの七日間、法隆寺金堂では一月八日から十四日までの七日間法会が営まれる。

起源は中国の年始の儀式にあり、日本では天平宝字三年（七五九）以前から官大寺で行なわれていたという。平安中期以後一般に行なわれるようになり、次項にあげる「追儺式」を施行する例も見られた。

※鬼を追い、福を招く「節分」

節分の豆まきは、立春の前日に行なわれる儀式である。太陰暦では一年を二十四節気に分け、それぞれの節気の前日を節分と呼んでいる。だから節分は二十四回あるのだが、特に作物の育つ立春の前日が重視され、この日を**節分**というようになった。

日本独特の仏教行事――彼岸

彼岸とは

此岸（しがん）　迷いの岸 ―修行→ 悟りの岸　彼岸（ひがん）

彼岸に至るために布施（ふせ）・持戒（じかい）・忍辱（にんにく）・精進（しょうじん）・禅定（ぜんじょう）・智慧（ちえ）という六波羅蜜（ろくはらみつ）を修することを彼岸会（ひがんえ）の行といった

↓

平安時代に、春分と秋分を中日とする前後3日間、計7日間行なわれる祖霊供養の法会に変化

↓

江戸時代に庶民の間に普及

お盆とならぶ民間最大の仏教行事となる

▲墓参でにぎわう彼岸の中日のお寺

祖霊を供養する彼岸

彼岸会の行事
- 墓参 ┐
- 法要 ┘― 先祖への感謝
- 生き物を慈しみ、施しを行なう。念仏や題目を唱える ― 信仰の実践

節分は百鬼夜行のときといわれ、鬼を追い払う必要があった。平安時代には、大みそかに宮中で「鬼やらい」が行なわれた。前述の「追儺（ついな）」のこと。

大舎人（おおとねり）が鬼に扮し、殿上人（てんじょうびと）がこれを桃の弓と葦（あし）の矢で射る行事だ。これが現在の節分の豆まきの始まりで、室町時代ころから行なわれるようになった。

豆は「魔滅（まめ）」に通じるので用いられるようになったという。

※釈迦の命日「涅槃会（ねはんえ）」

中国や日本では、釈迦が入滅し、涅槃に入った日を二月十五日として、これを涅槃会と呼んで追悼法会を行なっている。

一般に、涅槃図を掲げて『仏遺教経（ぶつゆいきょうぎょう）』を唱える。平安時代、興

福寺の涅槃会が有名だったという。

※日本独自の「彼岸会」

春分(三月)と秋分(九月)を中日として、前後三日間、計七日間行なわれる法会。寺や墓をお参りする日本独特の行事である。

聖徳太子のころから始まったといわれるが、平安初期から朝廷で行なわれ、江戸時代に庶民にも定着した。

彼岸とは、迷いの岸である此岸に対する言葉で、悟りの岸という意味である。

サンスクリット語の「パーラミター」は「到彼岸」と訳され、「波羅蜜」と音写されるが、彼岸に至るために六波羅蜜を修するのが彼岸会の行といえる。布施・持戒・忍辱・精進・禅定・智慧である。

※釈迦の誕生日「お花祭り」

四月八日、釈迦の誕生日を祝うのが**お花祭り**だ。降誕会、灌仏会ともいう。釈迦は、ルンビニー園でマーヤー夫人の右脇から誕生したという。そのとき、竜が天から降臨して香湯を注いだという故事から、誕生仏を安置して甘茶をかけるようになった。

誕生仏は、花で飾った花御堂に置かれる。これはルンビニー園をかたどったもの。

※功徳の集積「四万六千日」

七月十日は**観音の日**だ。この日に観音を祀ってある寺院を参拝すると、四万六千日分の功徳が得られるという。東京の浅草寺では七月九日がほおずき市。また、大阪の天王寺や京都の清水寺などが有名。

東京の愛宕神社(六月二十四日)や京都の愛宕神社(七月三十一日)などでは「千日詣」ともいわれ、神社の縁日でもある。

浅草寺のほおずき市は、もとは芝の愛宕神社で売られていたものが浅草に移り、こちらが有名になってしまったという。ほおずきは、害虫よけ、雷よけに効験があるといわれる。

国民的行事「お盆」の迎え方

※祖霊信仰が変化した「お盆」

お盆は「盂蘭盆会」という先祖供養の行事である。自然崇拝と祖先崇拝を尊んできた古代の日本人は、かなり古い時期から盆と正月を祖霊祭として祭ってきたものと思われる。しかし、起源ははっき

国民的仏教行事――お盆のしくみ

お盆の源流 …日本古来の習俗とインド仏教の伝説にある

古代日本人の祖霊信仰

仏教の伝来以前から、夏と冬に行なわれていた祖霊に対する供養の習慣

お盆のインドにおける源流

仏説盂蘭盆経に伝えられる仏弟子目連とその母のエピソード

餓鬼道に堕ちた目連の母を、釈迦の弟子たちが7月15日に供養して餓鬼道から救う

仏説盂蘭盆経とともに目連と仏弟子による追善供養の風習が伝来

↓

お盆＝盂蘭盆会の定着

餓鬼道に墜ちた目連の母は、食べ物がすべて火になってしまうという責め苦を受ける

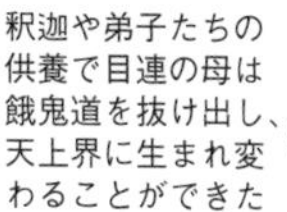

釈迦や弟子たちの供養で目連の母は餓鬼道を抜け出し、天上界に生まれ変わることができた

りしない。

そのお盆に明確な輪郭を与え、意味を明瞭にして行事化させたのは仏教である。仏教が入ってくると、『仏説盂蘭盆経』というお経が伝えられ、お盆が意味づけされた。盂蘭盆とは「ウランバナ」というサンスクリット語の音写で、逆さにつるされた苦しみを意味する。

釈迦の十代弟子の一人で、神通第一といわれたマウドガルヤーヤナ（目連）が、ある日死んだ母の姿を観察してみると、なんと、餓鬼道に墜ちて苦しんでいた。食べ物がすべて火になってしまい、なにも食べられないのだ。

マウドガルヤーヤナが師に相談すると、釈迦は僧たちの雨期の修行が明ける七月十五日に、僧たちに供養するように告げる。そこで

言われたようにすると、母は餓鬼道から抜け出すことができた。この故事にのっとり、お盆が行なわれるようになったという。

※先祖をもてなす「精霊棚（しょうりょうだな）」

お盆（盂蘭盆会）は、七月（または八月）十三日から十六日まで行なわれる。十三日を迎え盆、十六日を送り盆という。

事前に墓を掃除し、十三日には精霊棚（盆棚）を飾る。地方や宗派によってさまざまだが、最近は仏壇をそのまま用いることも多い。

新たに飾る場合の一例を言えば、台の上に真菰（まこも）を敷き、その上に野菜や果物を供える。

また、四隅に笹竹を立て、上を縄で囲んでソーメンや昆布、ほおずきなどをつるす。棚の脇には盆灯籠（ぼんとうろう）を飾る。

※迎え火と送り火

墓参りがすみ、精霊棚を飾ったら、十三日の夕方に家族で**迎え火**をたく。麻の苧殻（おがら）を門口でたき、迎え団子を供えて先祖の霊を迎える。十五、十六日には**送り火**をたくが、いずれも先祖の足下を照らし、道案内をするためだ。それらは門火（かどび）といわれる。

門前に盆ぢょうちんをかざすところもある。この場合、長いさおの先に縛って高く掲げる。先祖の霊が高い所から降りてくるからだ。

十五、十六日の夕方には、精霊流し（しょうろうながし）（灯籠流し）を行なう地方もある。小さな船に供物を乗せたものや、火をともした盆灯籠を川や海に流して先祖の霊を送る儀式だ。

※盆踊りの由来

夏の風物詩である**盆踊り**は、仏教が起源だという説がある。マウドガルヤーヤナ（目連）は餓鬼道の母を救うことができたとき、感極まって踊り出したという。これが起源だというのだ。

また、日本では平安時代に空也（くうや）上人の始めた踊り念仏が鎌倉時代の一遍（いっぺん）上人に引き継がれ、盆踊りに発展したという。室町時代に囃（はや）しものが取り入れられ、江戸時代に娯楽的な踊りとなって定着したものと思われる。

※餓鬼道に供養する「施餓鬼会（せがきえ）」

餓鬼道の生き物に供養することで、「**お施餓鬼**」ともいう。本来は決まった日はなかったが、年中行事として盂蘭盆会に行なわれる

精霊棚の飾りかた

お盆の進行

（一月遅れの8月13日から16日までとするところも多い）

7月13日――迎え盆（お盆の入り）
精霊棚（しょうりょうだな）を飾る、夕方には門口で迎え火をたく

7月15日――お盆
僧侶を呼んで経を上げる

7月16日――送り盆（お盆の明け）
送り火をたいて先祖の霊を送る

先祖を迎える精霊棚（しょうりょうだな）

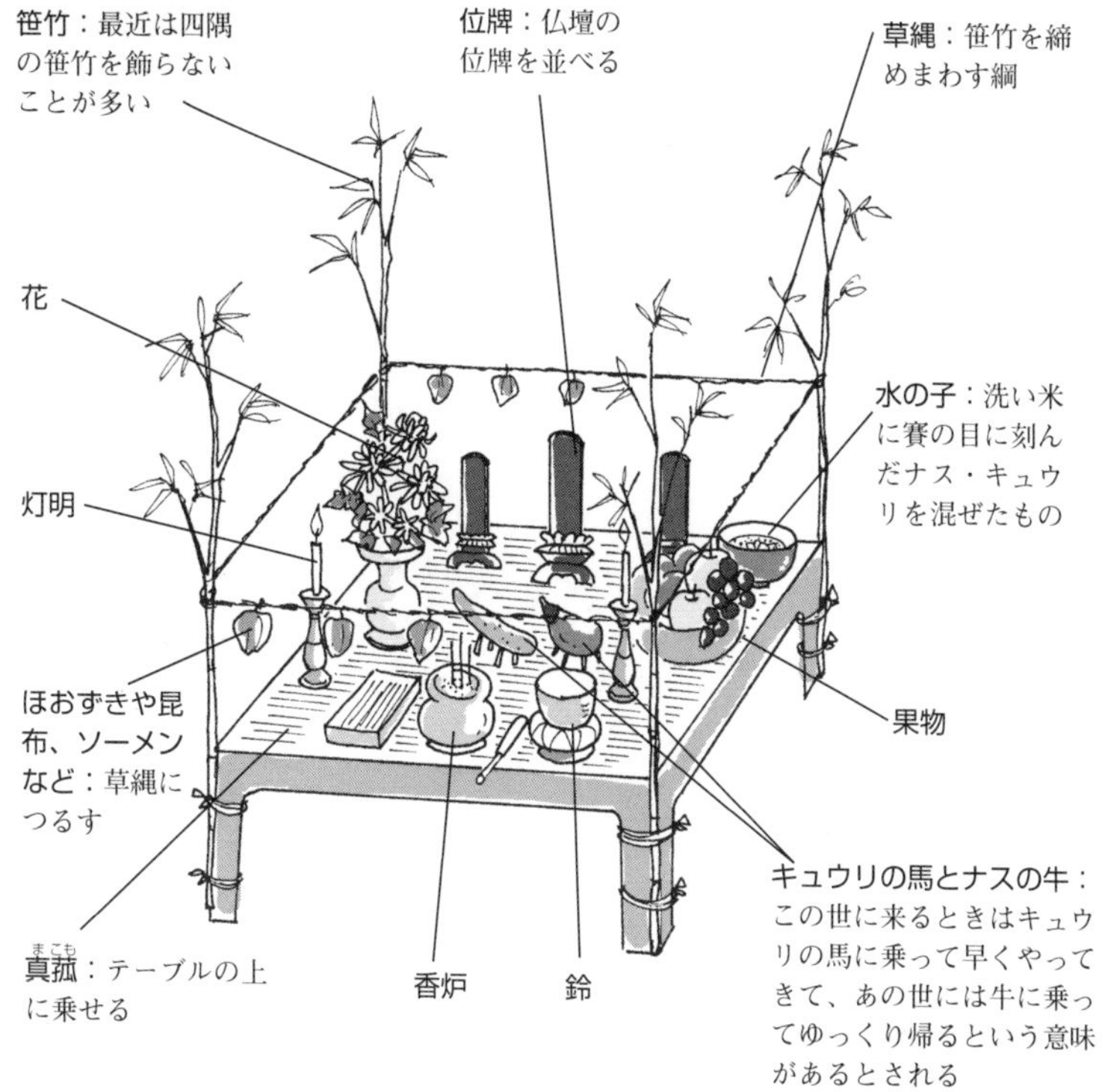

※このほかに故人の好物などを飾ってもよい

ことが多い。浄土真宗以外の各宗派で行なっている。

施餓鬼棚（精霊棚）を設け、先祖の霊とともに訪れてくる無縁仏や餓鬼、供養するもののいない霊魂に食物を施す。禅宗では「生飯（さば）」といい、食事のたびに数粒の飯を生き物に施すが、これも施餓鬼の一種と考えられている。

冬の仏教行事、「成道会（じょうどうえ）」と除夜

※釈迦の悟りを祝う「成道会」

成道とは悟りを完成させること。釈迦が悟りを完成させたことを記念し、十二月八日に各寺院で祝う。

この日は、釈迦が悪魔をくだし、明けの明星が輝くころにブッダガヤーの菩提樹（ぼだいじゅ）の下で悟りを開いたといわれる。

※年をおさめる「除夜（じょや）」の由来

一年の最後の日を「大みそか」「おおつもごり」などという。年越しの日だ。別に「**除夜**」とも呼ばれるが、これは過ぎた一年を除くからだとも、鬼などを追い払うからだともいわれる。節分が鬼やらいという年末の行事だったことは前述のとおりだ。

年末には年越しそばを食べる。これはそばのように細く長く生きられるように願って食べるという説もあるが、江戸時代の金銀細工師に起源を求める説もある。彼らは毎年大みそかの夜にそば粉をまいて金粉や銀粉をかき集めたため、そばを食べると金が集まるという俗説ができたというのだ。

いよいよ年の瀬も深まると、**除夜の鐘**が突かれる。鐘は百八回突かれるが、これは煩悩の数を表わすという。一つずつ煩悩を取り除くので、百八回突かれる。

インドでは、百八という数字が重要視された。真言を百八回唱えたり、数珠の数を百八個にしたり、法門や煩悩を百八としたりした。

これが中国に伝わり、寺院で朝夕百八回鐘を突くようになった。のちには十八回に省略されたという。

さらに日本に伝わると、年末の行事となった。一年の欲や執着を捨て、清らかな気持ちで新年を迎えようという風習となって定着したのだ。

われわれにとって、儀礼や儀式、行事などは、常に自分の心身を新たにし、生まれ変わって現実に臨むという性格を持っているのである。

第10章 ◉ お墓と仏壇・仏具の基礎知識

お墓の歴史と建墓の基礎知識

お墓の歴史

上層階級のものだった古代の墓

256ページでも述べたように、お墓が一般の庶民にまで普及したのは江戸時代になってからである。檀家制度によって、日本国民はいずれかの菩提寺に属さなければならないことになり、同時に葬儀が僧侶の仕事となって普及したのだ。

お墓の歴史はそれ以前にかなりさかのぼることができるが、あくまで特殊な人々のお墓だったことを忘れてはいけない。

文献的には『日本書紀』に墓という言葉が出てくるので、七世紀にはあったことになる。「王以上の墓は広さ九尺四方、高さは五尋、外回りは九尋四方」とある。一尋は約一・五メートルだから、四方は十メートル以上あったことになる。これは古墳だったと考えるべきだろう。

しかし、このような葬られ方をするのは貴族か豪族であり、ほんのひとつまみの人間だ。ほとんどの人は、死ねば山野に捨てられていたものと思われる。このような葬り方を「遺棄葬」というが、遺体には死穢がまとわりつき、荒御霊となってたたりをなすと考えられたから遺体は遺棄されたのだろう。

日本人は祖先を崇拝するが、それにはプロセスがあり、死んだばかりの祖先は恐ろしい荒御霊だったのである。和御霊となってはじめてありがたい祖先となるのだ。

平安時代にも行なわれた火葬

やがて土葬が生まれるが、屈葬といって遺体を折り曲げ、石を抱かせたり土饅頭を築いて遺体の悪霊を封じ込めようとした。平安時代に仏教の影響で一部火葬が行なわれたが、全体的には遺棄葬と土葬が中心だったと思われる。

仏教が定着すると、支配者階級は仏の加護を求め、豪華な供養塔を造るようになった。だが、中世末期から浄土教が栄えはじめるとだれもが浄土へ往けることになり、

日本の墓葬制度の変遷

遺棄葬

自然のままに死体を放置

荒御霊（あらみたま）への畏怖

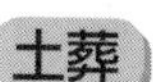

土葬

仏教以前

古代豪族は甕棺墓（かめかんぼ）や古墳に埋葬

仏教導入以後

古墳が消滅。供養のための石造塔が発達

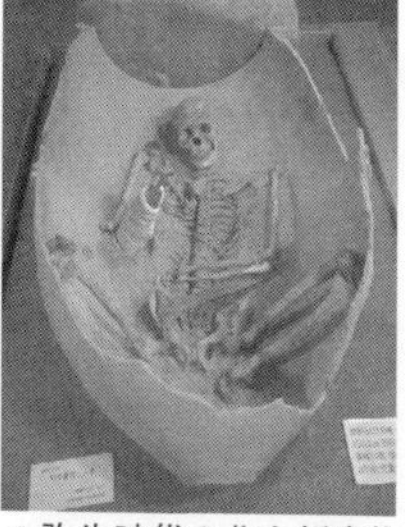
▲弥生時代の北九州豪族の葬制である甕棺墓

▼一遍上人の墓所に建立された石造五輪塔（「一遍上人絵伝」）

火葬

- 平安時代に始まるが普及せず
- 明治時代後半から奨励され、都会で普及
- 戦後、土葬が法的に規制され、火葬が大部分を占める

供養塔がやがて死者の成仏を示す石碑へと変化していった。

※庶民がお墓を持った江戸時代

江戸時代には檀家制度によって庶民もお墓を建てるようになった。明治時代になっても実質的な檀家制度は維持され、菩提寺による檀家の葬儀、お墓の維持が行なわれてお墓は増加していった。

明治三十年（一八九七）に「伝染病予防法」が施行され、火葬場が全国に普及すると、火葬が大半を占めるようになった。同時に複数の納骨が可能なカロート（納骨室）が出現し、「○○家先祖代々の墓」という家族墓が一般化されていった。

現在はどんどん進行する核家族化の影響を受け、霊園を中心に墓

は急激に広まりつつある。

現代人にとってのお墓

※お墓の大団地「霊園」

核家族化は墓地を分散させる。相続者が今までの家の墓を守ることになるが、ほかのきょうだいはそれぞれ自分の家の墓を希求する。

その結果、近年では寺院墓地や地方自治体の共同墓地のほかに、「○○霊園」というような大規模墓地が都市近郊に数多く見られるようになった。

霊園には私営も公営もあるが、いずれも従来のように宗派を問うことがなくなった。「イエ」に縛られなくなった分、宗旨・宗派の選択の幅は広がったが、逆になにを選ぶか、選択の質が問われるようになったともいえる。

霊園を選ぶにあたっては、パンフレット類を取り寄せて検討するとともに、現地に出向いて実際に見てみることが肝要だ。私営の場合は、経営主体の基盤をチェックすること。倒産すれば大きなトラブルのもとになる。

なお、墓地の取得は、普通の土地の取得とは違って売買されるものではなく、土地の永代使用権を得るのだということをしっかりと認識しておく必要がある。

※墓石の形と墓碑のいろいろ

石材では、御影石（花崗岩）が使われることが多い。硬質で、磨くと光沢が出て風化に強い。ほかには安山岩、斑糲岩、閃緑岩などが使われるが、最近では輸入物が五割を超えている。インド、韓国、南アフリカ共和国の三国で約七割を占めるという。

墓石の形に決まりはないが、一般的なのは、「**角石塔型**」と呼ばれる和型だろう。江戸中期以来続いている形だ。

土台となる芝石の上に二段の台石が乗り、その上に棹石が乗るのが基本。「**位牌型**」「**角柱型**」「**板碑型**」などに分けられ、棹石の頭頂部の加工によってもいくつかの種類がある。

洋型も近年は人気が高い。一段の台石の上に、横長の石碑を乗せる。**ストレート型**と**オルガン型**が基本となる。そのほかにも自然石をそのまま用いたものや、石仏型、奇抜なデザインのものも目立

お墓の構造としくみ

標準的な墓所の構成

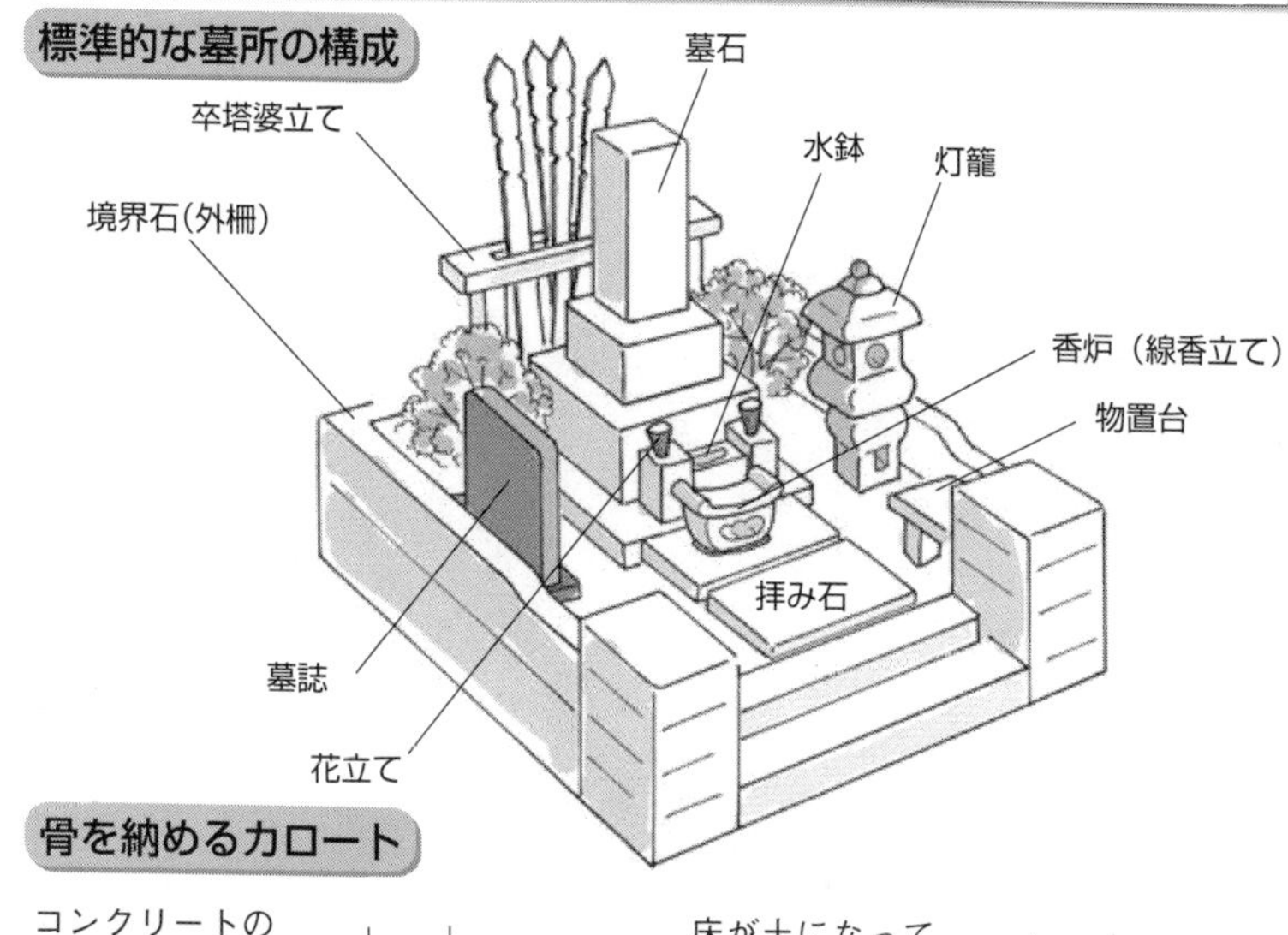

骨を納めるカロート

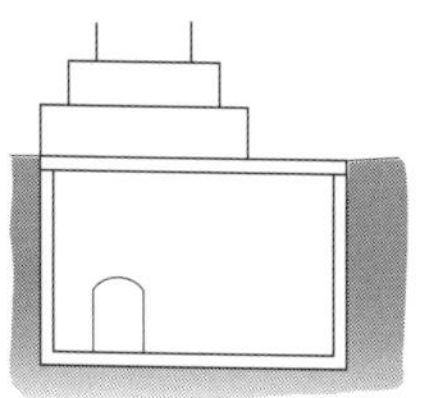

コンクリートの床を打って骨壺を置く形式。内部に棚をもうけて2段になっているものもある

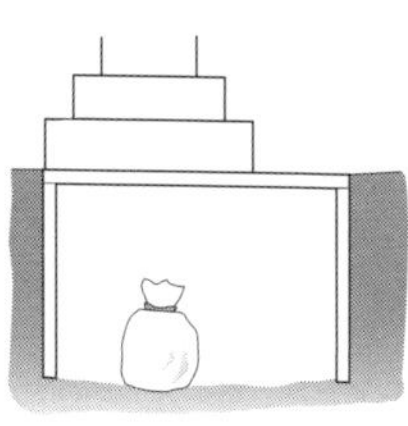

床が土になっているカロートの場合は、遺骨を布にくるむか直接土の上に置いて、自然に土に帰すようにする

つようになってきた。

お墓を建てる時期

お墓をいつ建てるかに決まりはない。考え方と決断、それに経済的な問題次第といえる。それにしても高額なものだし、人任せにはできない。計画的に用意したいものだ。

家に不幸があったときに、法事に合わせて造るという例がいちばん多いようだ。四十九日、一周期、三回忌などに合わせる。また、墓参りの機会ともいえるお彼岸（ひがん）やお盆のときに造るのも気持ちの切り替えにはいいかもしれない。

生前に建てる場合もある。これは「寿冢（じゅちょう）」「寿陵（じゅりょう）」「生前墓」などと呼ばれ、生前にいただいた戒名を朱墨で墓碑銘や墓誌に刻む。

この場合、授戒（じゅかい）する師僧を見極めることが重要であろう。

※お墓の開眼供養（かいげんくよう）の仕方

新しいお墓ができあがったら、開眼供養を行なう。「（お）魂（たま）（霊（たま））入れ」「お性根入れ（しょうねいれ）」などといい、お墓に宗教的な機能を持たせる儀式だ。

花立てに季節の花を飾り、墓前に簡単な台を用意して白い布をかけ、その上にロウソクや線香、お菓子や果物などを供える。

僧侶の読経が始まったら全員が焼香し、読経が終わったら礼拝（らいはい）する。地方によってはお墓に白いさらしを巻き、それを施主が取り除く除幕式を行なうところもある。

宗派によっては、開眼供養のときに卒塔婆（そとば）を建てて供養する場合もある。

※死者を供養するための卒塔婆（そとば）

長さ一、二メートルの「板塔婆（いたとうば）」のこと。お墓は家のために建てられることが多いが、塔婆は死者の供養のために建てられる。

語源はサンスクリット語の「ストゥーパ」（仏塔）。釈迦の遺骨を八分骨したときに建てられた塔を模したものだ。

表には仏教の宇宙観を示す梵字や経文、戒名などを書き、裏には施主名や起塔日などを書くが、宗派によって内容は異なる。

形は五段に分けられ、下から地・水・火・風・空の「五大」を表わす。五大とは、この宇宙のあらゆるものを構成する元素である。

※納骨は一年以内に行なう

現在は、半数以上が火葬直後に墓地に行って納骨しているが、遅くとも四十九日、百カ日など、一年以内には納骨したいものだ。

普通は、火葬のときに埋葬許可証が発行されるので、それを墓地の管理者に預けて納骨する。

納骨の仕方は、骨壺をそのままカロートに納める場合と、遺骨を骨壺から出して納骨する場合とがある。後者の場合、戒名を書いた白い布に遺骨を包んで納骨したり、箸を使ってカロート内の土に返したりする方法もある。

まだ墓地が確保できていないような場合は、自宅の仏壇に安置することになる。仏壇に入らなければ、床の間などに簡単な祭壇を設けて安置してもいい。

墓石の形式いろいろ

基本的な墓石の構成

〔角石塔形〕

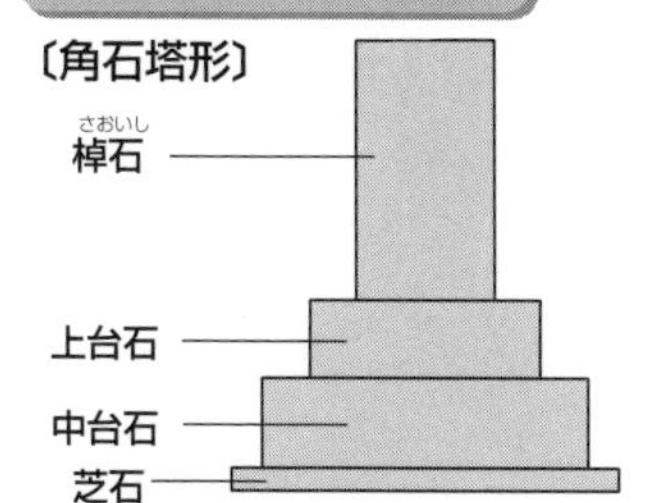

伝統的な墓石の形式

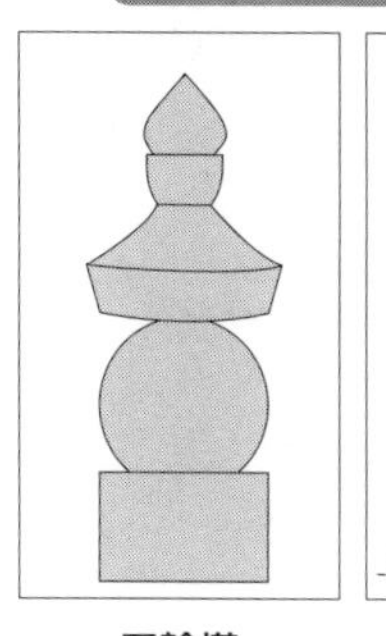

五輪塔

宝篋印塔（ほうきょういんとう）

無縫塔（むほうとう）（卵塔（らんとう））

宝塔

墓石に刻む文字

●墓石正面に刻む文字

○○家之墓、○○家先祖之墓
○○家累代之墓 など

●宗派の題目を入れる場合

宗派	題目
天台宗	南無阿弥陀仏
真言宗	南無大師遍照金剛
浄土宗	南無阿弥陀仏
浄土真宗	南無阿弥陀仏
禅宗	南無釈迦牟尼仏
日蓮宗	南無妙法蓮華経

現代の墓石さまざま

和形

角石塔形

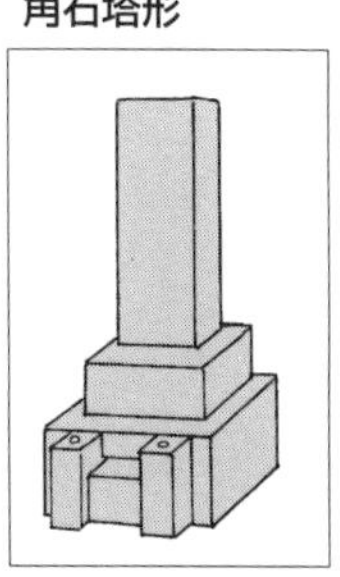

位牌形

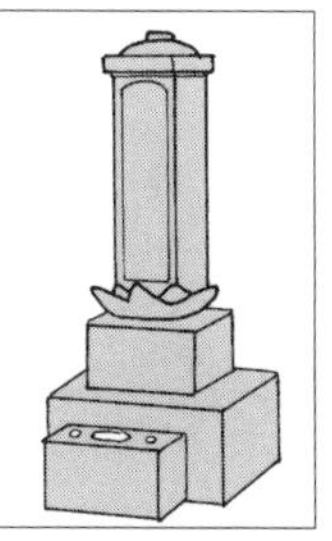

板碑形

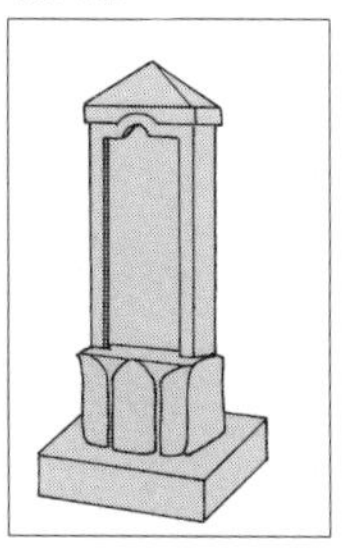

洋形

オルガン型

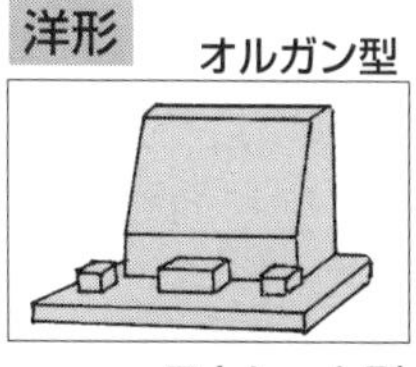

ストレート型

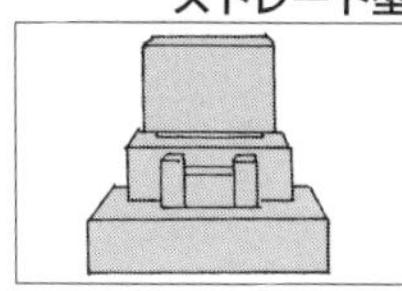

お墓参りの作法と常識

墓参の時期

- **必ずお参りしたい日**――お盆・お彼岸・祥月命日（しょうつきめいにち）
- **墓参に吉凶日はない**――お参りしたい日が「吉」

お墓に行ったら

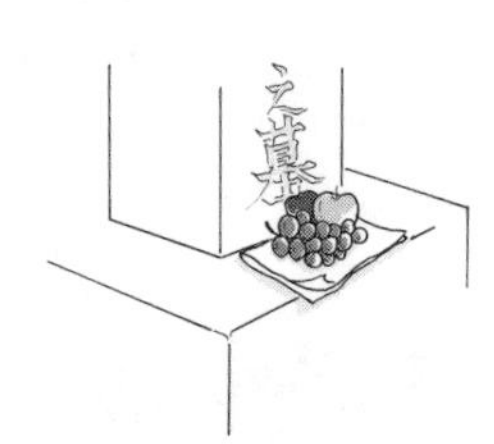
食物は二つ折りの半紙にのせて供える。墓参後は持って帰るようにする

①お墓の掃除　墓所のゴミを取り除き、墓石を洗って最後に雑巾（ぞうきん）でふく

②花などを供える　花立てと水鉢に水を満たし、花立てに花を供える。菓子や果物は半紙に乗せて供える。供えた食物は礼拝がすんだら必ず持ち帰る

③線香を供える　線香の束に火をつけて線香立てに供える。線香は吹き消さないで必ず手で払って消す。また参列者全員に線香を持たせる

墓石より背を低くして合掌する

④墓石に水をかける　柄杓（ひしゃく）で墓石に水をかける

⑤合掌・礼拝（らいはい）する　ひとりづつ墓前にしゃがみ、墓石より背を低くして合掌する。合掌の順番は個人と親しかった順に行なう

また、菩提寺に頼んで安置してもらうこともできる。この場合、命日やお彼岸、お盆のときには布施を包み、お参りすべきだ。お寺だけではなく、最近では霊園でも「預骨（よこつ）」といい、埋葬するまでの期間、遺骨を預かってくれる施設が増えているという。

お墓参りの作法

種々の法事やお彼岸、お盆などにはお墓参りに行くべきだ。墓参のときに大事なのは、お墓をきれいに保ってお参りするということだろう。

そのためには、鎌やほうき、たわしやぞうきんなどを用意し、墓所の掃除をしたいものだ。霊園などでは、掃除道具を貸してくれるところもある。

落葉や古い花、卒塔婆なども整理する。掃除がすんだら花や供物を供え、順番に線香をあげて拝む。供え物の中で、カラスのえさとなる果物や生ものなどは、持ち帰ったほうがいい。

2 仏壇と仏具の基礎知識

仏壇の持つ意味

※仏壇は家庭の本堂であり本尊

諸仏はそれぞれの浄土におわす。そこで常にわれわれの願い事を聞き、かなえようとしてくれている。

寺院は仏に仕えるサンガ（僧伽）の修行道場であり、在家信者の参拝の場だ。だから、そこには本堂があり、本尊が祀られている。これは、仏像自体が仏なのではなく、浄土におわす仏を象徴するものであることはいうまでもない。

僧は象徴である仏像を通して仏を拝み、衆生の救済と自己の悟りを求める。

われわれにとっての仏壇は、家庭における本堂であり本尊だ。毎日寺院を参拝するわけにはいかない多忙な日々、仏壇を通して本堂と本尊を拝するのだ。

寺院の本堂は、仏教の宇宙観で世界の中心をなすという須弥山をかたどって造られている。だからこれを「須弥壇」といい、その中央に信仰の対象である本尊が鎮座している。

仏壇は、家庭における須弥壇である。浄土と本尊仏の象徴であり、礼拝の対象なのだ。

※仏壇の主役は本尊仏

したがって、仏壇（須弥壇）の主役は当然**本尊仏**である。位牌に記された故人は本尊仏によって浄土に救済され、その弟子となって悟りに導かれている身だ（あるいはすでに達しているかもしれない）。

本尊を置かず、位牌だけを祀っている家もあるようだが、それが間違いであることは明白であろう。礼拝するときも、まずは本尊を礼拝し、それから位牌を拝むべきだ。

※仏壇には金仏壇と唐木仏壇が

仏壇には、漆塗りに金箔が施された**金仏壇**と、木目を生かした重厚な**唐木仏壇**がある。浄土真宗が盛んな関西や近畿、北陸、東海には豪華な金仏壇が多く、関東以北には渋好みの唐木仏壇が多い。

金仏壇には主にヒノキや杉、ケヤキなどが使われ、唐木仏壇には黒檀や紫檀、桑やクルミ、桜などが使われる。

この二種類を基本に、上置き仏壇と台つき仏壇に分けられ、それに大・中・小の種類が加わるので仏壇の種類は多様になる。

近年は住宅事情を反映し、スペースを取らないユニークな新仏壇も多種登場している。壁掛け式やコーナーに置けるもの、家具とセットになったものなどだ。合板やアルミニューム、プラスチック素材のものも目立つ。

※開眼供養と遷座法要が仏壇供養

新しく仏壇を購入したり買い替えたとき、開眼供養を行なう。墓地の場合と同じで、本尊や位牌を対象に入魂するのだ。儀式は仏に仕える僧侶に依頼する。だから、家の宗派なり自分で選んだ宗派なりを決めておく必要がある。選択の幅が広がった分、選択の質が問われると言ったのはこういうことだ。

開眼供養は、浄土真宗本願寺派では**「入仏式」**、真宗大谷派では**「御移し」**、その他の宗派では**「(お)魂(霊)入れ」「お性根入れ」**などといわれている。

古い仏壇を買い替えたときは、前の仏壇に入っていた本尊や位牌の**「遷座法要」**をする。古い仏壇も勝手に廃棄してはいけない。仏具屋か菩提寺に頼み、供養したうえで処分する。古い仏壇をお焚き上げする**「仏壇供養」**は、春秋の彼岸や涅槃会、仏壇仏具の日とされている三月二十七日などに、全国各地で行なわれている。

仏壇に安置するもの

※宗派に応じた本尊と脇侍

本尊は信仰の対象としている仏・菩薩・天部などのことで、脇侍はその両脇に立ち、本尊を補佐する菩薩などをいう。「きょうじ」とも読む。

天台宗では本尊を**釈迦牟尼仏**とするが、阿弥陀如来や観音菩薩を祀ることもある。釈迦牟尼如来の脇侍は文殊・普賢、あるいは薬王・薬上の二菩薩、阿難、迦葉などがあり、**「釈迦三尊」**と呼ばれる。

真言宗では**大日如来**を本尊とする。高野山真言宗では右に弘法大

基本的な仏壇の構造

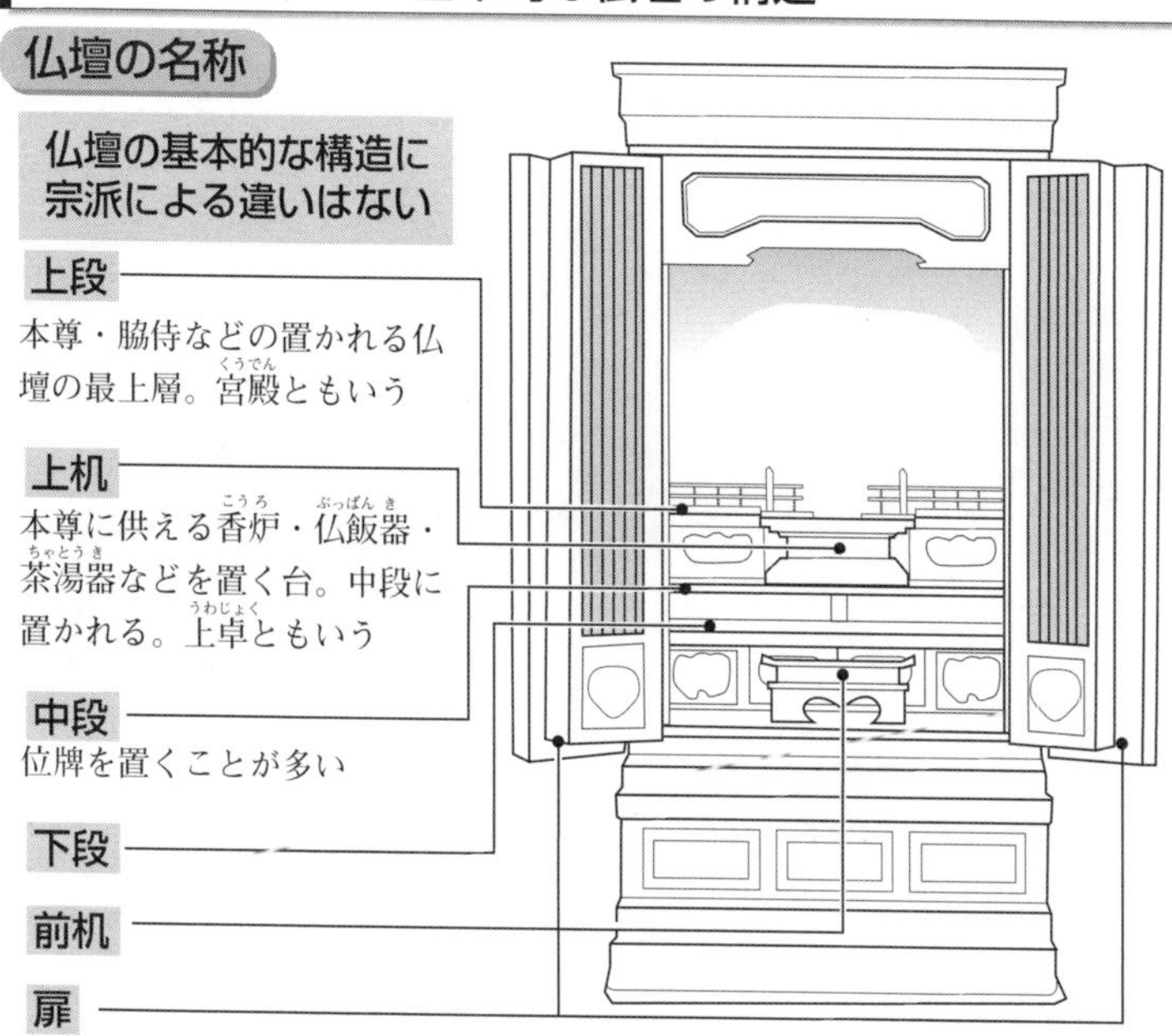

仏壇の材質

黒漆と金箔で覆った**金仏壇**と、黒檀や紫檀などを使った**唐木仏壇**とに分けられる

師、左に不動明王を祀る。真言宗智山派では金剛界大日如来を中心に右に弘法大師、左に興教大師、弘法大師の代わりに不動明王や観音菩薩、地蔵菩薩を祀る場合もある。

浄土宗では**阿弥陀如来**。立像が多く、観音・勢至の両菩薩を脇侍とする。

浄土真宗本願寺派は**阿弥陀如来**（方便法身の尊像）。一般家庭では仏画が多く、脇掛けとして右に「帰命尽十方無碍光如来」の十名号か親鸞聖人の画像、左に「南無不可思議光如来」の九名号か蓮如上人の画像を掲げる。

真宗大谷派は**阿弥陀如来**（方便法身の尊像）に脇掛けとして右に「帰命尽十方無碍光如来」の十名号、左に「南無不可思議光如来」の九名号。

宗派別仏壇の飾りかた①

仏壇の飾りかたは同じ宗派でも地域などによって異なります。ここに掲げたのは一例です

天台宗

①本尊　釈迦牟尼仏を本尊とする。阿弥陀如来や観音菩薩を祀ることもある

②脇侍　本尊が釈迦の場合は文殊・普賢菩薩。ほかに薬王・薬上、阿難・迦葉の例もある

③燭台　④香炉　⑤位牌

⑥茶湯器　⑦仏飯器　⑧花立て

⑨高坏（たかつき）　⑩過去帳　⑪線香立て

⑫前香炉　⑬鈴（りん）　⑭経机

線香は1本か3本。鈴は始める前に2回、お経の終わりに1回、最後に3回鳴らす

真言宗

①本尊　大日如来を本尊とする。

②脇侍　高野山真言宗では右に弘法大師、左に不動明王。智山派では右に弘法大師、左に興教大師、弘法大師の代わりに不動明王や観音菩薩、地蔵菩薩を祀る場合もある

③仏飯器　④茶湯器　⑤高坏

⑥位牌　⑦過去帳　⑧燭台　⑨香炉　⑩花立て　⑪線香立て　⑫前香炉　⑬鈴　⑭経机

線香は3本供える。香・花・灯（とう）燭（しょく）・浄水・飲食のお供えを特にたいせつにする

宗派別仏壇の飾りかた②

仏壇の飾りかたは同じ宗派でも地域などによって異なります。ここに掲げたのは一例です

浄土宗

①本尊　船形の光背がついた阿弥陀如来立像
②脇侍　右に観音、左に勢至菩薩
③位牌　④華瓶（けびょう）　⑤燭台
⑥香炉　⑦花立て　⑧高坏
⑨過去帳　⑩前香炉
⑪線香立て　⑫経机
仏飯器・茶湯器は燭台・香炉とともに中段の前机上に置くが、狭い場合は上段の本尊前でも可

線香の本数や、焼香の回数についてとくに決まりはない

浄土真宗本願寺派

①本尊　阿弥陀如来の画像
②脇掛け　右に「帰命尽十方無碍光如来（きみょうじんじっぽうむげこうにょらい）」の十名号か親鸞聖人の画像、左に「南無不可思議光如来」の九名号か蓮如上人の画像
③花立て　④華瓶　⑤燭台
⑥香炉　⑦仏飯器　⑧供笥（くげ）　菓子や果物を乗せる台　⑨御文書箱
⑩和讃箱　⑪過去帳　⑫線香立て
⑬前香炉　⑭鈴　⑮経机

浄土真宗では仏壇に位牌は祀らない。お茶や水はお供えしないが、仏飯は山盛りにする。焼香は1回のみである

宗派別仏壇の飾りかた③

仏壇の飾りかたは同じ宗派でも地域などによって異なります。ここに掲げたのは一例です

浄土真宗大谷派

①本尊　阿弥陀如来（方便法身(ほうべんほっしん)の尊像）の画像
②脇掛け　右に「帰命尽十方無碍光如来」の十名号、左に「南無不可思議光如来」の九名号
③花立て　④華瓶　⑤香炉
⑥仏飯器　⑦花瓶　⑧土香炉
⑨鶴亀の燭台　⑩御文箱　⑪和讃箱　⑫経机　⑬鈴

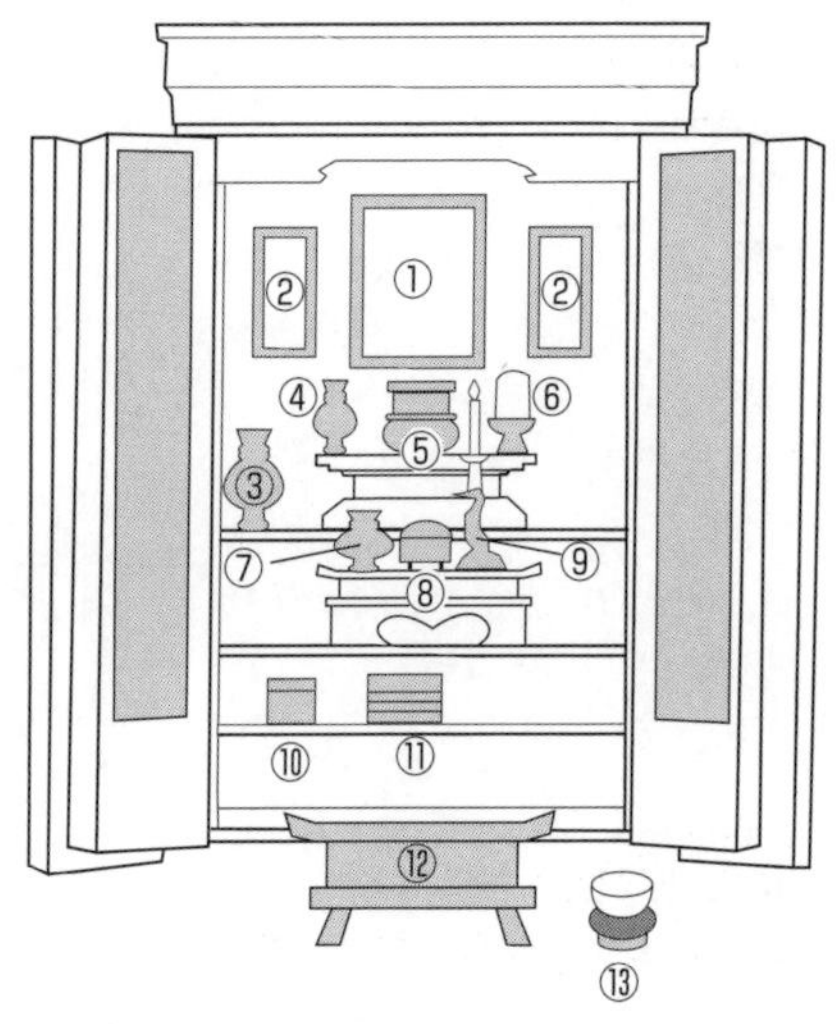

焼香は2回。額に押しいただかずに香炉にくべる。位牌や遺影は飾らない

臨済宗

①本尊　釈迦牟尼如来像
②脇侍　右に達摩大師(だるまだいし)画像、左は本山の開山の画像、観音菩薩像などさまざま
③仏飯器　④茶湯器　⑤高坏
⑥位牌　⑦過去帳　⑧花立て
⑨花立て　⑩燭台　⑪玉香炉
⑫前香炉　⑬線香立て　⑭経机

線香は1本供える。焼香も1回とされる。坐禅と同じ境地で仏壇に向かうことを心がける

宗派別仏壇の飾りかた④

仏壇の飾りかたは同じ宗派でも地域などによって異なります。ここに掲げたのは一例です

曹洞宗

①本尊　釈迦牟尼如来
②脇侍　右に高祖道元禅師、左に太祖瑩山禅師の画像
③仏飯器　④茶湯器　⑤位牌
⑥花立て　⑦香炉　⑧燭台
⑨高坏　⑩過去帳　⑪霊供膳
⑫線香立て　⑬前香炉　⑭鈴
⑮経机
位牌を上段の脇侍の外側に置く例もある

葬儀や法要での焼香は1回か3回。ただし僧侶は2回行なう

日蓮宗

①本尊　釈迦牟尼如来像か釈迦の世界を文字で表わした「大曼荼羅」をかける
②宗祖像　本尊とは別に宗祖日蓮上人の像を置く
③位牌　④過去帳　⑤高坏
⑥湯茶器　⑦仏飯器　⑧花立て
⑨燭台　⑩香炉　⑪鈴
⑫経机

線香は1本か3本。大切なのは朝のお勤めで、必ず南無妙法蓮華経の題目を唱えること

臨済宗はほとんどが釈迦牟尼如来像を中心に右に達摩大師、左に本山の開山の画像。

曹洞宗は釈迦牟尼如来像を中心に、右に高祖道元禅師、左に太祖瑩山禅師の画像。

日蓮宗では釈迦牟尼如来像か釈迦の世界を文字で表わした「大曼荼羅」を本尊とする。また本尊とは別に宗祖日蓮上人の像を置く。

※位牌の種類と祀り方

位牌は中国の儒教が起源という有力な説がある。『太平記』(三五)に、「卓の上に立たりける位牌の裏に……」という表記があるから、室町時代には日本に入っていたようだが、定着したのは江戸時代である。

位牌は死者の霊を祀り、戒名や法名を書いて仏壇や寺院に安置する。しかし、前述のように礼拝の対象はあくまでも本尊であり、故人は本尊に救われていることを思ってしのび、拝するべきである。

位牌の種類としては、「逆修牌」と「順修牌」がある。前者は生前戒名をつけて位牌を作った場合で、後者は亡くなった人のために作るものだ。単に位牌といえば、順修牌を指す。

人が亡くなったらまず白木の位牌を作る。これを「内位牌」という。これは祭壇に祀り、四十九日の忌みが明けたら寺に納める。このとき、黒塗り、朱塗り、金箔塗り、または繰り出し位牌と内位牌を置き換え、家庭の仏壇に祀る。繰り出し位牌は何枚かの位牌が納められるようになったもので、故人が多いときや仏壇が小さいときに使う。

位牌は三十三回忌か五十回忌を終えると墓や寺に納める。

※仏壇を飾る三具足

いままで、仏教における花や香の大事さを折に触れて述べてきた。これらを仏前にささげることを「香華灯明」という。

香華灯明の飾り方の基本は、「三具足」だ。「左灯右華」といい、仏から見て左に灯明、右に花を供える。われわれの位置から見れば右に灯明、左に花となる。その中央に香炉を置いた形が三具足だ。

より丁寧になると、「五具足」になる。外側から花立て一対、ロウソク立て(灯明)一対、真ん中に香炉を置く。

位牌の種類と祀り方

位牌の記入例

戒名の宗派別記載例は281ページ参照

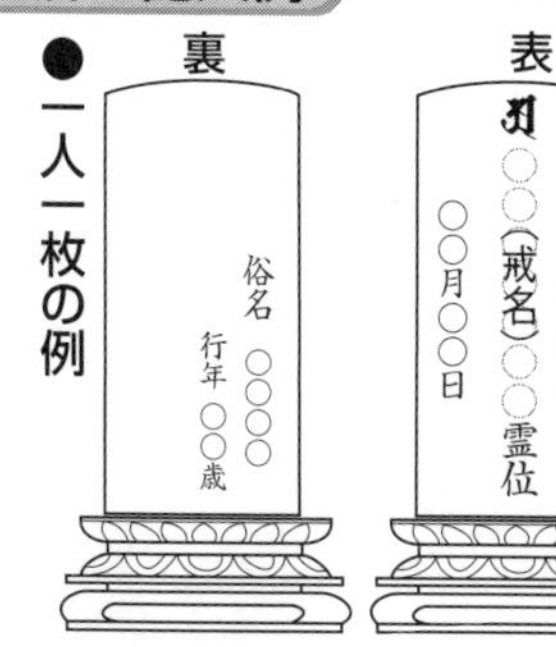

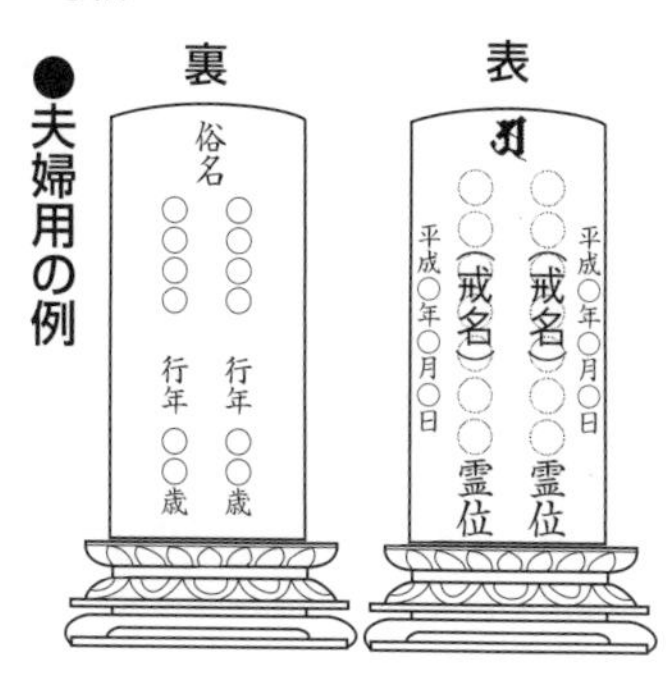

位牌の種類

順修牌（じゅんしゅはい）　故人のために遺族が作る位牌。ふつう位牌といえばこれを指す

逆修牌（ぎゃくしゅはい）　生前に戒名をつけた人の位牌。戒名は朱文字で入れておき、死後、金文字を入れる

内位牌（白木位牌）

通夜か葬儀のときに作った位牌。祭壇に祀り、四十九日が明けたら菩提寺に納める

札位牌

もっとも一般的な位牌。一人１枚だが、夫婦で１枚のものもよく見られる

繰り出し位牌

先祖代々の位牌をまとめて収納する。いちばん新しい位牌が表の窓のところにくる

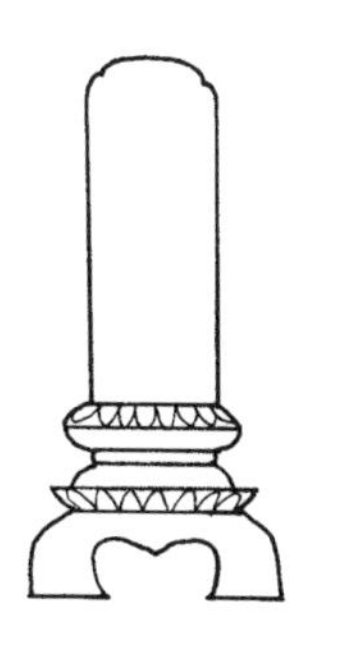

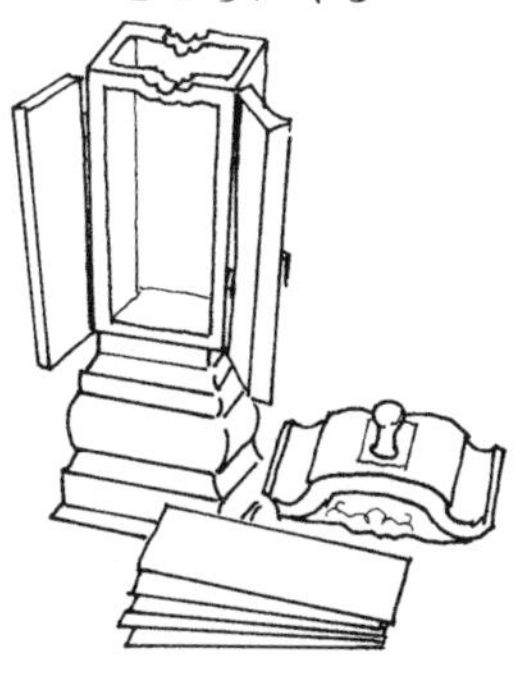

仏壇の飲食物のお供え

三段飾りの仏壇を例に取ると、**上段**に**本尊**、**中段**に**位牌と過去帳**、お仏飯や盛りものなど、**下段**に**三具足**（五具足）を飾る。

中段に飾るのは、ご飯を盛る仏飯器、お茶や湯、水を入れる茶湯器、菓子や果物類を供える高坏、特別な法要に用いる霊供膳（霊膳）などがある。

高坏は受け皿に高い足のついたもの。膳がなかった時代のなごりといわれる。霊供膳は法要に用いられる精進料理を載せる膳で、手前に箸、左にご飯、右に汁物、後ろの左に煮物の壺、右に煮物の平腕、真ん中に腰高坏（煮物）の順が多い。ただし、浄土真宗では用いない。

その他の主な仏具

まず三具足の一つ、線香・抹香をたく**香炉**がある。耳つきのものは耳が仏壇の両側に来るように置く。三足のものは足の一本が手前になるように置く。

やはり三具足の一つ、**花立て**。向かって左側に置く。

三具足の最後、**燭台**。ローソクを立てるが、最近は豆電球つきのものも多い。

灯籠は、仏壇内に置くものと、輪灯というつり下げるタイプのものがある。現在はほとんどが豆電球つき。

線香差しは線香を束で入れておく。

打敷は仏前の前卓（机）を飾る金襴の布。お盆やお彼岸、法要のときに用いられる。一般には長方形だが、浄土真宗のものは三角形。

鈴あるいは**磬**はお勤めの始めや終わり、区切りなどに鳴らす。

経机は教本を載せる机。

木魚は読経のときに用いる。

過去帳は先祖代々の戒名・俗名・死亡年月日などを記した記録。

毎朝の仏壇の拝み方

仏壇に供えるものには、五つの基本がある。**香・花・灯燭・浄水・飲食**の五つだ。

香には線香や抹香、沈香などがあり、いずれでもいいが、線香が長持ちするということで一般的だ。

花は新鮮なものがよく、毒々しいものやトゲのあるもの、悪臭のあるものは避ける。

灯燭は電球よりもローソクが望ましい。ただし、火には十分気を

仏壇に置く仏具のいろいろ

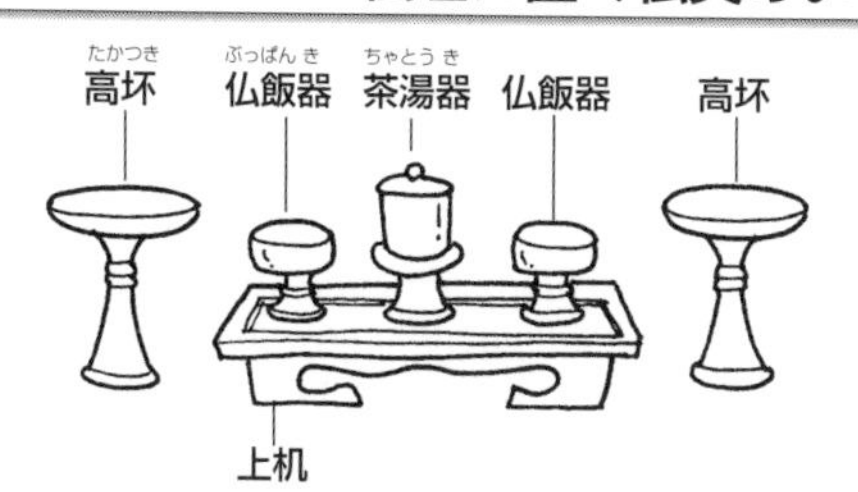

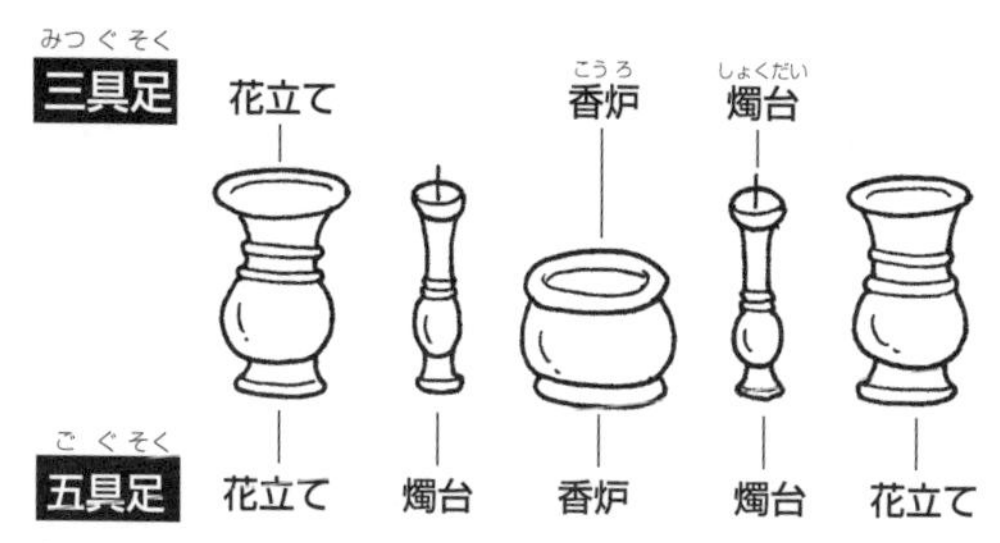

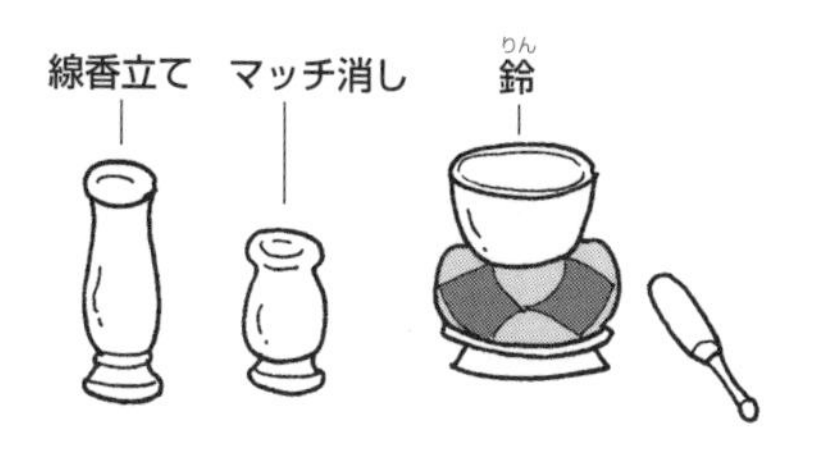

茶湯器 浄水、すなわち入れ立てのお茶、湯、水などを入れる器。先祖の渇きをいやす

仏飯器 ご飯を盛りつける。先祖の飢えをいやす

高坏 古代の土器以来の食器。菓子や果物を盛る

三具足 花立て・香炉・燭台のセット。燭台と花立てが二つずつあれば五具足となる。三具足が仏具の最小限の組み合わせとなる。
花立てには花を、香炉には線香を立てる。線香立ては中央にくるように配置する

仏壇へ供えるものの五つの基本

五供

- **香** — 匂うもの。線香や抹香など
- **花** — 仏壇に向かう人の心を清める。毒々しいものや悪臭のあるもの、トゲのあるものは不可
- **灯燭** — 暗闇を照らす仏の智慧の象徴。消すときは吹き消さず、手であおいで消す
- **浄水** — 「閼伽」とも呼ばれる。水道水でもいい。入れ立ての茶か湯も供える
- **飲食** — 家族の食事前に供えるご飯。なまぐさいもの、においの強いものは避ける

仏壇を祀るマナーと常識

置いてはいけない場所

直射日光のあたる場所

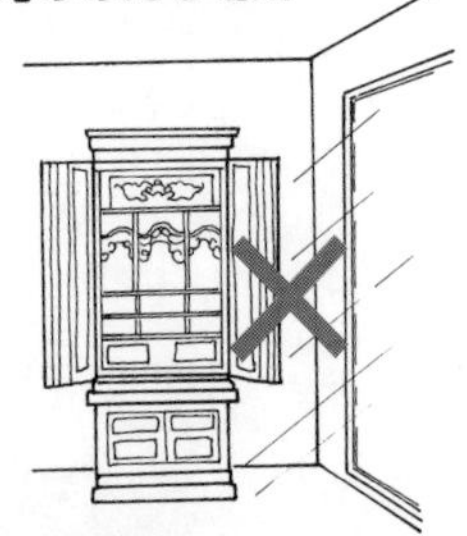

テレビやステレオの上

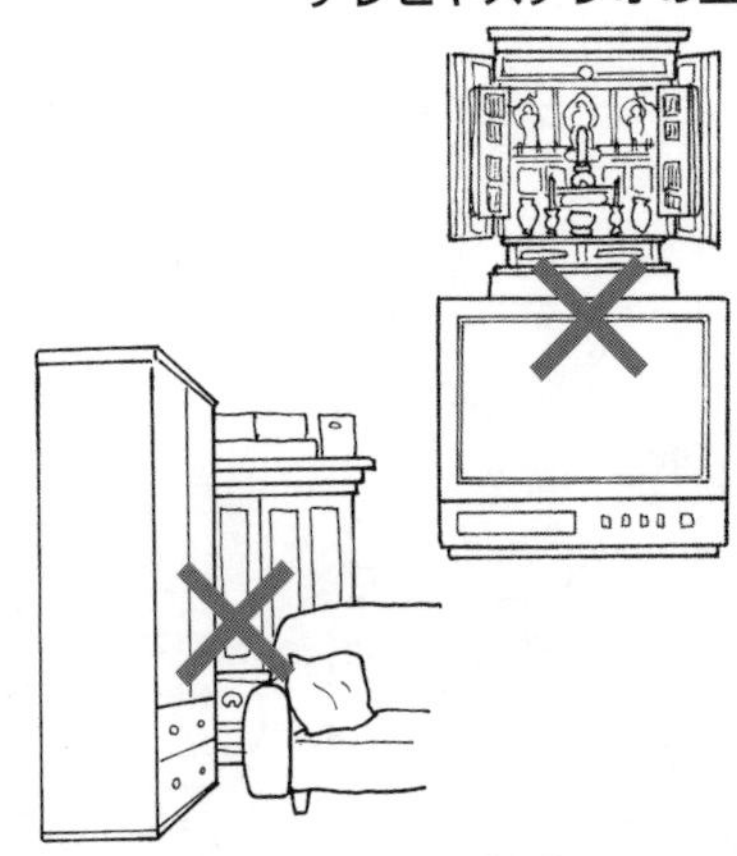

お祈りするのが不便な場所

日々の注意点

●お供えはいつ上げる？
仏壇に供える仏飯、浄水などは家族の食事前に上げておく。お供えしてある花の手入れも同じく朝食前にすませておく

●神棚との関係は？
仏壇と神棚が同じ部屋にあっても問題はないが、できれば向かい合いにならないように。神さまに背を向けて仏さまを拝むことになるので

●仏壇の扉は？
仏壇の扉が一日開けっ放しというのはよく見かけるが、あまりいいことではない。二重扉の場合は昼間は内扉を閉めておき、夜寝るときは外側の扉を閉めること。一枚扉の場合は昼間は開け放したままでよい。

つける。消すときは手で仰ぐかローソク消しを用いる。

浄水（じょうすい）は「閼伽（あか）」と呼ばれる。水道水でもいい。入れ立ての茶か湯も供える。

飲食（おんじき）とは家族の食事前のご飯のこと。なまぐさやにおいの強いものは避ける。

朝食前に仏壇の扉を開き、灯明をともして線香を立てる。仏飯と茶湯を供え、合掌して拝む。

朝食後、あるいは昼食前には仏飯と茶湯をさげ、灯明は消しておく。いただきものは仏前に供える。

内扉のある仏壇は昼の間は閉め、外扉だけを開けておく。就寝前にもう一度礼拝し、火の元に気をつけて扉を閉じる。

週に一度くらいは仏壇の掃除をするようにしたいものである。

第3部

日本のキリスト教と新宗教がわかる

●日本では、幕末維新期に新宗教が一斉に花開く。その原因は日本という特殊な宗教的風土にあった。まずあげられるのは、宗教の習合的性格である。神仏習合だけではなく、陰陽五行や易学的なものも含めた道教的な要素、儒教的なものまでが習合して排除し合うということがない。これは新しい宗教を生む要素となる。

第11章 ◉ キリスト教と新宗教の基礎知識

1 多神教国日本でのキリスト教の展開

戦国大名を風靡したキリスト教

キリスト教の伝来と日本での教化

今まで見てきたように、日本古来の神道は八百万の神を崇拝する多神教であり、仏教もあらゆるものに仏性を認めるいわば多仏教の教えである。

一方、キリスト教は唯一絶対の神ゴッドと、その子であり救世主でもあるイエス・キリストを信ずる宗教である。その開きは大きい。キリスト教はなぜ異教の地日本に進出し、どのように日本人と接触したのだろうか。少しくその軌跡を追ってみよう。

日本にキリスト教が伝来したのは、天文十八年（一五四九）のことである。**イエズス会**の**フランシスコ・ザビエル**が鹿児島に上陸し、布教を始めたのが最初とされる。その六年前の一五四三年には、ポルトガル人が種子島に漂着して鉄砲を伝えているから、日本人にもキリスト教や西洋文明に対するなんらかの知識や関心があったと考えても不思議ではない。

当時、ヨーロッパではカトリック教会の堕落を批判してルターやカルヴァンらによる宗教改革が推進されていた。ローマ教皇の権威は地に落ちていたのである。

これに対して、カトリック教会側も巻き返しの動きを見せた。その中の一つにイグナティウス・デ・ロヨラらによるイエズス会の設立があった。彼らは教皇への絶対服従と全世界への布教を誓い合った。

ザビエルはイエズス会創設者の一人だった。彼は教皇の信任を得てインドのゴアに到着、インド大陸からマラッカ、モルッカ諸島へと教線を延ばした。

一五四七年十二月、ザビエルはマラッカでアンジロー（ヤジローともいわれる）という日本人と出会い、その文化の高さを知って布教を決意した。そして、アンジローの案内で一五四九年に鹿児島に上陸

フランシスコ・ザビエルの東洋布教の足跡

1506年①
ザビエル、スペインのバスク地方に生まれる

1534年②
パリでイグナティウス・デ・ロヨラを中心とするカトリック修道団発足に参画

1539年
修道団、イエズス会の名称を採用

1540年
ローマ教皇、イエズス会を認める

1541年③
ポルトガルのリスボンを出発

イエズス会の紋章

イエズス会は、勢力を強めるプロテスタントに対抗するカトリックの有力な改革派修道団として教皇以下の期待を一身に担っていた

1542年④
インドのゴアに到着。以後1549年までインドからマラッカ海峡に至る地域で布教活動を展開

1548年⑤
マラッカで日本人アンジローに出会い、日本布教を決意

1549年4月⑥
ザビエル、日本に向けゴアを出発

1549年8月⑦
アンジローの故郷、鹿児島に到着

したのである。

※平戸→山口→豊後、ザビエルの日本布教

鹿児島の領主島津貴久は、ザビエルを歓迎した。しかし、その本心は南蛮貿易にあったようだ。大名たちは鉄砲にも関心があったであろう。だが、いくら待っても期待の南蛮船がやってこないので、島津貴久はザビエルを京都に追いやってしまう。

ザビエルは天皇か将軍に会い、布教の許可を得ようと勇んで京都に行った。しかし、彼は天皇にも将軍にも会うことができなかった。一説では献上品がなかったからとも、応仁の乱後の混乱のためともいわれる。また、仏教学の殿堂ともいえる比叡山に上り、宗教論争をたたかわせたいとも思ったが、門前払いにあって実現しなかった。

そこでザビエルは平戸に戻り、たくさんの献上品を用意して当時西の京といわれていた山口の大内義隆を訪ねた。そして布教を許され、日本最初のキリスト教会**大道寺**を造った。

山口には他国からも人々が教えを聞きに集まり、

二カ月で五百人の洗礼を行なったという。

大友宗麟はこの評判を聞き、ザビエルを豊後国の府内（大分市）に招いた。以後、府内は山口、平戸と並ぶキリスト教の重要拠点となる。

こうして日本布教の基盤を整えていったザビエルだったが、アジア全体を教化するためには中国への布教が不可欠であることを実感した。

ザビエルは日本を離れ、いったんゴアに戻ってから一五五二年四月に中国へ向かった。そして広州に近い上川島に着いたが、ここで熱病に感染してその生涯を閉じた。

ザビエル後のキリスト教の隆盛

ザビエルのあとを継いだのは、平戸にいた**トルレス**だった。彼は山口に移って布教に献身し、信者は五年の間に二千人に達したという。

しかし、弘治二年（一五五六）に山口は毛利氏の侵略を受け、布教活動は豊後の府内に拠点を移した。

この間、大村純忠や大友宗麟、有馬晴信など九州の大名たちは、ポルトガルとの交易を求めてキリシタンとなった。動機の真偽は別にしても、キリスト教は布教の好機を迎えていたのである。

トルレスは**ヴィレラ**を京都に派遣し、将軍足利義輝に拝謁させて布教の許可を求めた。そして永禄二年（一五五九）、これを勝ち取った。入信者は増え、この年にゴアで書かれたイエズス会の記録では、信者数が二万五千人に達していたという。

永禄十一年（一五六八）、足利義昭を奉じて入京した織田信長は、キリスト教保護政策を打ち出した。西洋文明への関心もさることながら、当時巨大化していた比叡山や本願寺の勢力と対抗させる意味もあったのだろう。

イエズス会も優秀な宣教師を送り込み、信長の信任を得た。天正四年（一五七六）には、京都に和風三階建ての「聖母被昇天の教会」（南蛮寺）も建立されている。当時、信者数は十万人を超えなんとしていたという。

天正七年（一五七九）に来日したイエズス会巡察使の**ヴァリニャーノ**は、日本でさまざまな改革を行なったのち、天正十年（一五八二）に離日すること

戦国時代におけるキリスト教の急成長

キリスト教の急速な拡大

ザビエル時代
1549〜1551年

京都での布教は失敗 → 根拠地を平戸・山口・府内に移す → 九州の戦国大名が続々とキリスト教に改宗

◀フランシスコ・ザビエル

↓

成長期
ザビエル後の布教
1551〜1568年

ザビエルの後継、トルレスが山口と府内を根拠地として布教を継続 → ガスパロ・ヴィレラを京都に派遣 → 1559年、将軍足利義輝の承認を得て畿内での布教を展開

↓

最盛期へ
天下人・信長の理解
1568〜1582年

新しい天下人、織田信長の理解を得る → 信長は旧仏教勢力の対抗馬としてキリスト教勢力を利用 → 京都に南蛮寺が設立される → 信長の本拠地安土にセミナリョ(学校)が建設される

キリスト教受容の背景

西欧文物への興味
〜特に軍事面で〜

▼

戦国大名のキリスト教への改宗

▲

純粋な信仰的動機

戦国時代のキリスト教関連地図

になったが、そのとき弱冠十三歳ほどの少年たちを伴っていくことになった。これが日本で初めて公式にヨーロッパを訪問した「天正遣欧使節」である。はるかな異教の地から渡欧した彼らは、ヨーロッパ各地で大歓迎を受けた。ローマ教皇との謁見さえも実現させた。

ヨーロッパ文明を肌で知ることができた少年たちは、戦国の日本に帰ってきて母国の進むべき道を示唆するはずの存在だった。しかし、歴史は育つはずの芽を寸断する。

天正十五年（一五八七）、その二年前に関白となったばかりの豊臣秀吉が**キリシタン禁止令**を出したのだ。そのとき、少年たちは帰国の途上にあった。

保護から弾圧への急転回

秀吉によるキリスト教の弾圧

天正遣欧使節の少年たちは、その後病死したり、転向したり、追放されたり、死刑にあったりして劇的な生涯を終えた。

キリスト教に対して好意的ですらあった秀吉がなぜ禁教令を出したのか、今では憶測するしかない。当時、禁止されたにもかかわらず年間一万人もの洗礼者があったという。急速に拡大をつづけるキリスト教が、やがては信長や秀吉が鎮圧に苦労した比叡山や本願寺のような強力な宗教権力に成長するという恐れを、秀吉自身が抱いたとしても不思議はない。あるいは、唯一絶対の神の存在が、日本を統一支配しようとする為政者を否定するものと見えたのかもしれない。さらに秀吉の逆鱗に触れる事件が起こった。

文禄五年（一五九六）、スペインの商船サン・フェリペ号が土佐に漂着した。当時、スペインはポルトガルと争って日本進出を目指していた。そしてイエズス会に対抗し、**フランシスコ会士**を日本に派遣していた。

ここで秀吉がサン・フェリペ号を調べさせると、フランシスコ会士の布教はスペインによる日本侵略の前触れであるという報告が寄せられたのだ。

秀吉はフランシスコ会士六名、イエズス会士三名、

統一政権によるキリスト教弾圧

信長の後継者・豊臣秀吉による政策急転回

1587年、キリシタン禁止令を発布

禁教策は徳川家康に受け継がれ鎖国政策を生む

禁教に走らせた二つの理由

世俗権力は宗教権力の上に立つべきだ

ヨーロッパ諸国は領土的野心を持っている

秀吉
世俗権力

支配・管理

神
宗教権力

▼キリスト教弾圧策に転じた豊臣秀吉

スペインとポルトガルによる世界分割計画への危機感

1596年のサン・フェリペ事件で危機感を強める

日本人信徒十五名、その他二名の計二十六名を十字架の刑に処した。これが日本で初めての殉教である。彼らは「二十六聖人」と呼ばれ、長崎には今でもその死を悼む碑が建っている。

家康から家光、江戸幕府の禁教令

慶長（けいちょう）八年（一六〇三）、徳川家康は征夷大将軍となって江戸幕府を開いた。江戸幕府もまた秀吉の禁教令を引き継いだ。いや、より徹底したと言ったほうがいい。

慶長九年（一六〇四）、家康は南蛮貿易を、朱印状を持った朱印船だけに許可し、宣教師の入国を管理できるようにした。将軍職を秀忠に譲った慶長十七年（一六一二）には、新たな禁教令を出して京都の教会を取り壊し、さらにその翌年には再び禁教令を出して高山右近（うこん）ら百四十八名のキリシタンをマニラなどに国外追放している。

二代将軍秀忠（ひでただ）は、元和（げんな）五年（一六一九）に京都でキリシタン六十余人を火あぶりにし、同八年には長崎で五十余人を死刑にしている。キリシタンの立場から、この出来事は「元和大殉教」と呼ばれている。

キリスト教弾圧は三代将軍家光にも引き継がれていく。日々高まる弾圧の厳しさに、宣教師たちの中にも転びキリシタンが出るようになったという。

寛永十一年（一六三四）、幕府は「寺請制度」を定めた。国民はすべて一つの菩提寺の檀家とならなければならなくなった。みんなが仏教徒であることを強要されたのだ。そして六年後には「宗門人別帳」を作り、それが守られているかどうかをチェックする「宗門改」が実施された。

それより前、寛永五年ごろから長崎で「踏み絵」が始まり、その後全国に広がったという。イエス・キリストのレリーフを用意し、これを踏めないものはキリシタンであるとして処罰したのだ。また、五戸を一組にしてお互いにキリシタンや犯罪者を監視させ合う「五人組」という制度も作った。

寛永十四年（一六三七）には、**島原の乱**が勃発している。島原・天草地方の領主の圧政にたまりかねた農民たちが、キリシタンである**天草四郎時貞**を中心にして反乱を起こしたのだ。

この乱は翌年鎮圧されたが、幕府によってキリスト教の邪教性が喧伝されることとなった。そして寛永十六年（一六三九）、幕府はポルトガル船来航禁止令を出し、キリスト教を完全排除するとともに鎖国を完成させたのである。このような状況のもとで、全国各地に「隠れキリシタン」（潜伏キリシタン）が生まれ、独特の宗教形態を形作って継承されていくこととなる。

信教の自由化時代を迎えて

※明治新政府による禁教策の解除

明治元年（一八六八）、明治維新が挙行されたが、明治政府もまたキリシタン禁令の方針を貫いた。天皇を中心とする中央集権国家を樹立するため、新政府は国家神道に日本の精神的支柱を求めようとしたのである。

しかし、一方で西洋に追いつけ追い越せという文明開化運動を推進しなければならず、国際社会に進出するためにはキリスト教を拒否しつづけられない

明治政府による禁教政策の転換

欧米列強に対抗するための富国強兵 ▶ 西洋文明の摂取が不可欠 ▶ 物質文明とともに精神文明も流入

文明開化 → 欧米諸国との外交　キリスト教禁止の非現実性

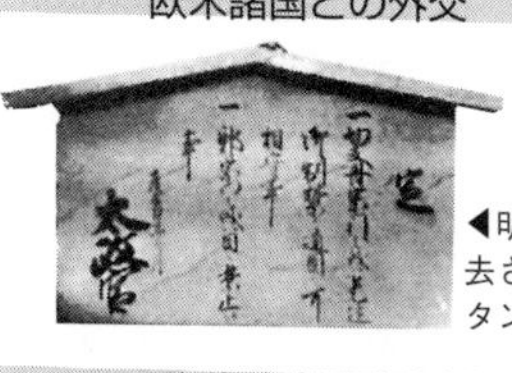

◀明治６年に撤去されたキリシタン禁制の高札

明治6年、政府はキリシタン禁止の高札を撤去することで、なし崩し的に信教の自由化を認めた

王政復古 → 古代律令国家復活の夢　現実の前に有名無実化

尊皇攘夷運動以来の国粋主義の残存 ▶ 国家神道を国の精神的支柱とする ▶ 宗教の自由化に方針転換

という矛盾が日本にはのしかかっていた。

そして明治六年（一八七三）、政府はついにキリスト教禁令を解き、これを受け入れた。

黎明期の日本人の心をとらえたプロテスタント

カトリック教会系も**プロテスタント教会系**も、またロシアの東方正教会系も積極的に日本進出を試みた。しかし、カトリック系は保守的で国家神道とも妥協的だったため、新しい日本を動かしていく原動力として力不足の観があった。東方正教会系は、日露戦争とそれに続くロシア革命によって布教の波が遮（さえぎ）られ、ロシアからの援助も途絶えてしまった。

その点、プロテスタント教会系の活躍はめざましかった。その進取の気質は、借り物ではない自分たちのキリスト教を作っていかなければならないと思っていた若い日本人の真摯（しんし）な気持ちと合致した。

草創期の宣教師としては、**アメリカ監督教会**のリギンズとウイリアムズが長崎に、**改革派教会**のフェルベックが佐賀に、**長老教会**のヘボンや改革派教会のブラウン、バラなどは神奈川に拠点を置いて布教を行なった。札幌農学校の教頭だった**ウイリアム・スミス・クラーク博士**も**内村鑑三**、**新渡戸稲造**らに決定的な影響を与えた。

彼らの教えを受けた若者たちは、「バンド」という信者グループを結成して独自の活動を始める。横浜・熊本・札幌のバンドが知られる。

横浜のバンドからは、植村正久・井深梶之助・押川方義・本多庸一、熊本のバンドからは、小崎弘道・海老名弾正・徳富蘇峰・徳富蘆花、札幌のバンドからは、内村鑑三・新渡戸稲造らが輩出した。

無教会主義にたどり着いた内村鑑三

内村鑑三は後年、「横浜のバンドは教会的、熊本のバンドは国家的、札幌のバンドは精神的」と言った。精神的という意味合いは、日本人の心に沿ったキリスト教を求めつづけたということではないだろうか。内村鑑三と新渡戸稲造は、その点で日本人に大きな自信を与え、日本文化に一つの方向性を示した信仰者といえる。

内村も新渡戸も、札幌農学校では同期で、ともに教頭のクラークの影響を受けた。クラークはキリスト教に身をささげた教育者で、北海道開拓使事務当局が英訳して用意してきた校則をすべて拒絶し、「紳士たれ」(Be gentlman)の一語に尽きると言い放ったという。

彼らはこのクラークの教えを受け、第一期二十三名のうち十六名が「イエスを信ずるものの契約」に署名した。八カ月の任期を終えて札幌を離れるクラークが、師を追って島松駅まで来た少年たちに与えた言葉が、「少年よ、大志を抱け」(Boys be ambitious)だった。

内村は新渡戸らとともに洗礼を受け、バンドを形成して信仰を誓い合った。彼は真っ先に家族を教化している。

その後、内村は結婚に失敗し、またアメリカに留学して心に傷を受ける。ピューリタンの母国のはずのアメリカで、愛の実践にチップが要求されたり、スリにあったり、人種差別をまのあたりにする経験をしたのだ。

内村はこうして「**無教会主義**」の立場を取るよう

二人の日本人キリスト者の生き方

プロテスタントの隆盛

宣教師を中心とした信者グループ「バンド」の発生

横浜バンド	札幌バンド	熊本バンド
教会的	精神的	国家的

札幌農学校クラーク博士の教え子

内村鑑三

アメリカでの差別体験による失望が無教会主義を生む。日本人のアイデンティティーを心の内側に求めた。

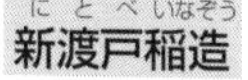

新渡戸稲造（にとべいなぞう）

積極的に日本の思想を海外に発信し、日本人のアイデンティティーを外部に求めた。

▲札幌市郊外に立つクラーク博士の銅像

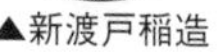

▲新渡戸稲造

▲内村鑑三

になり、日本に神の摂理があることを見いだす。神は日本に再臨すると説き、多くの日本人に自分自身のキリスト教を見つけることの重要性を訴えた。

※日本人のアイデンティティーを示した新渡戸稲造（にとべいなぞう）

内村が日本人のアイデンティティーを心の内に求め、キリスト教を通じて追究した人だとすれば、新渡戸稲造は国際関係という外部の世界に日本人のアイデンティティーを求め、国際社会に訴えた人だといえる。

札幌農学校でクラーク博士の教えを受けたあと、新渡戸は東京帝国大学へ進む。面接のとき、「私は太平洋の橋になりたい」と言ったという。

だが新渡戸はこの学校に満足できず、アメリカ、ドイツに留学する。そして有名な『武士道』という著書を英語で書き、たちまちドイツ語、フランス語、ロシア語などに翻訳されて一躍話題になる。日本でも邦訳され、ベストセラーになった。国際的に負い目のあった日本人を、西洋文明にこびずに追究し、その真の姿を世界に表明したのである。

その後、新渡戸は国際連盟の事務局次長となり、「国際連盟の輝く星」とまで評された。彼は国際社会を日本に紹介し、国際社会に対しては日本人のアイデンティティーをえぐり出して指し示した。内村も新渡戸も、西洋文明との接触によって自己の確立を余儀なくされた日本人の象徴だったのかもしれない。

戦前・戦後の日本人のキリスト教観

※社会主義者とインテリ層への浸透

明治十年代の自由民権運動は、キリスト教の展開と切り離して見ることはできない。その革新性が共通し、信者は運動の指導者となったり議員として社会改革にかかわろうとした。

こうした動きは、自由民権運動が衰えると同時に一時衰退したが、社会主義運動の勃興とともに再び火が注がれる。

明治期の社会主義は、キリスト教と不可分の関係にあった。安部磯雄（あべいそお）、木下尚江（きのしたなおえ）といった**キリスト教社会主義者**は、キリスト教の理想の実現を社会主義に求めたのだ。

労働運動もまた、社会主義者によって先導されていった。キリスト教団体は、孤児院や医療機関の経営、心身障害者への教育というような社会事業に力を入れていった。同時に内村鑑三によって無教会主義が唱えられ、日本的キリスト教の模索が続けられるなど、キリスト教は多方面に浸透していくことになる。

明治三十四年（一九〇一）になると、キリスト教は急速に普及する。三十三年には三万七千人だった信者数が、三十四年には五万人、三十七年には六万六千人に達したのである。

これは、サラリーマンを中心とする都市部の中産知識人階級が形成されたためだといわれる。彼らは近代教育の中で個人主義的な西欧思想に触れ、都市生活で西欧文化の洗礼を受けていたため、キリスト教にも違和感が少なかったものと思われる。以後、日本のキリスト教は彼らが担っていくことになる。

このあと、日本は急速に軍国主義の道を歩き、国家神道が強要されていく。キリスト教や仏教だけではなく、古来の神道や新宗教なども国家神道への協力を余儀なくさせられ、軍国主義を底から支える存在とならざるを得なくなっていくのである。

※占領軍撤退でブレーキがかかったキリスト教

敗戦によって、日本では再びキリスト教が復活した。ただし、これはＧＨＱ（連合軍最高司令部）によって作られた復活だという声もある。

終戦後、キリスト教に対しては特に戦勝国から豊富な援助が与えられ、教会の再建にも軍の放出品が回されるといった厚遇を与えられた。

このような政策によって信者数は急激に増え、昭和二十五年（一九五〇）ごろには頂点を極めた。

だが、ＧＨＱが日本を去ると、その勢いには急ブレーキがかかってしまった。結局、キリスト教ブームは作られたものでしかなかったことを露呈した。

ほんとうの自由を手にしたとき、日本人が求める宗教は表層的なものでも借り物でもなかった。日本人は現在の宗教状況に決して満足していない。いま、日本人は自分のアイデンティティーに根ざしたほんものの宗教を求めているに違いない。

一九七〇年代に活躍した批評家の**山本七平**（やまもとしちへい）は、日本人の宗教を「**日本教**」ととらえ、キリスト教信奉者をその「**キリスト派**」と喝破（かっぱ）したが、われわれはいい意味で自分たちなりの「日本教」を見つけ、また作り出していかなければならないのではないだろうか。

日本の主なキリスト教団

●カトリック・正教会（旧教）系

カトリック中央協議会＼日本ハリストス正教会

●プロテスタント（新教）系

日本聖公会＼日本基督教団＼日本福音ルーテル教団＼日本ルーテル教団＼日本ルーテル同胞教団＼日本キリスト改革派教会＼日本キリスト教会＼日本聖契キリスト教団＼在日大韓基督教会＼カンバーランド長老キリスト教会＼日本バプテスト連盟＼日本バプテスト同盟＼日本バプテスト・バイブル・フェローシップ＼日本バプテスト教会連合＼日本アライアンス教団＼日本アッセンブリーズ・オブ・ゴッド教団＼イエス之御霊教会教団＼日本ナザレン教団＼日本ホーリネス教団＼日本自由メソヂスト教団＼基督兄弟団＼イムマヌエル綜合伝道団＼東洋宣教会きよめ教会＼日本福音教団＼美濃ミッション＼福音伝道教団＼日本イエス・キリスト教団＼活水基督教団＼聖イエス会＼基督心宗教団＼基督教カナン教団＼イエス福音教団＼末日聖徒イエス・キリスト教会＼セブンスデー・アドベンチスト教団＼救世軍＼基督聖協団＼キリスト友会日本年会＼日本メノナイト・ブレザレン教団＼栄光の福音キリスト教団＼日本福音教会＼保守バプテスト日本宣教団＼日本メノナイト・キリスト教会会議＼萬国福音教団＼日本フリーメソジスト教団＼ゼ・エバンゼリカルアライアンスミッション

多種多彩な現代日本の新宗教

現世利益を重視する新宗教

※「新宗教」と「新興宗教」のちがい

「新宗教」というのも難しい言葉である。「新興宗教」「新・新宗教」「カルト宗教」などさまざまな呼び方があり、それらを定義づけようとすればかなりの紙数を費やしてしまう。ここではマイナーなイメージで使われることの多い「新興宗教」という言葉に代わって、中立的な意味合いで「新宗教」という言葉を使用することにする。

新宗教の発生時期は、主に次の三説に分かれる。

一つは幕末維新期。享和二年（一八〇二）に立教された如来教と文化十一年（一八一四）に立教された黒住教を先鞭とし、天保九年（一八三八）に立教された天理教を始まりとする。

二つ目は二十世紀初頭。明治二十五年（一八九二）に立教された大本教以降のものを指すとする説。

三つ目は第二次世界大戦後とするもの。

ここでは、一般に採用されている第一の幕末維新期説によって新宗教の流れを見ていきたい。

※新宗教の先駆けとしての如来教と黒住教

如来教は、農婦だった一尊如来きのによって立てられた。きのの体に金比羅大権現が降臨し、きのをして来世における如来の救いを説かせたという。

如来教では、唯一絶対の最高神を立てる。それが如来である。人間は、本来地獄に堕ちるべき悪の存在だが、如来の慈悲によってその罪から救われるとする。典型的な救済宗教といえる。

黒住教を興したのは、禰宜職の家に生まれた黒住宗忠である。宗忠は天照大神を万物の根元とし、八百万の神を統括する最高神であると位置づけた。人間はこの天照大神の子であり、神から流れ出す陽

幕末期――多彩な新宗教の素顔

幕末の新宗教ラッシュ

現在に連なる新宗教が幕末期に誕生する

1802(享和2)年――如来教
1814(文化11)年――黒住教
1838(天保9)年――天理教
1859(安政6)年――金光教

▲幕末に盛んになった神道講談

幕末期の新宗教の特徴

従来の宗教には見られなかった際だった特徴

- 現世利益主義
- 道徳主義
- 勤労の尊重
- 女性の重視
- 平等主義

現代の新宗教と共通する性格が芽生えている

気を受け止めて生きなければならないとする。そのためには気を明るく持ち、神意に従った生き方をするようにと説く。その意味では、黒住教もまた絶対神の救いを説く救済宗教である。

その他の共通する特徴として、両教とも病気治しを布教の中心手段としてきたことがあげられる。これは、貧・病・争を布教の主軸に置いてきた終戦までの新宗教の手段と一致しており、両教は新宗教の先駆けだったといえる。

新宗教をはぐくんだ日本の宗教的風土

日本では、幕末維新期に新宗教が一斉に花開く。その原因は日本という特殊な宗教的風土にあった。

まずあげられるのは、宗教の習合的性格である。神仏習合だけではなく、陰陽五行や易学的なものも含めた道教的な要素、儒教的なものまでが習合して排除し合うということがない。これは新しい宗教を生む要素となる。

また、修身道徳的なものが民衆に受け入れられたということもあげられる。儒教的なものが受容され、道徳を守ることが人格や生活を高めるという価値観は、新しい宗教の主張と重なりやすい。

さらに、**大本教**や**ほんみち**はミロク信仰の影響を受けて成り立った。これは仏教の弥勒信仰から派生したもので、救世主（ミロク）によって理想の世界が実現し、庶民が救われるという信仰があった。日蓮宗系の在家講の存在も見逃せない。民衆が主体になり、**現世利益**を求めるという新宗教の性質を持ち合わせているからだ。

以上のような風土が、日本の新宗教をはぐくんでいったということができるだろう。

平等を説く天理教と金光教

陽気暮らしの天理教

のちに大教団となる**天理教**は、庄屋の妻だった**中山みき**によって興された。

天保九年（一八三八）、良妻賢母として暮らしていた中山みきに、突然神が降臨した。神は「天の将軍」「元の神、実の神」「大神宮」と自称し、「三千世界を救済するため、みきの体を社としてもらい受ける」と宣言し、みきは天理教を興した。

みきは自分が貧しくならなければ民衆の苦しみはわからないとして、財産を施与し尽くしていった。そして極貧に陥った万延元年（一八六〇）、みきは「帯屋ゆるし」「病気治し」などの救済活動を始めた。「帯屋ゆるし」とは、出産に伴う女性の禁忌を否定したもので、女性解放につながる活動である。

みきによると、創造神**天理王命**は、人間の陽気暮らしが見たいために天地と人間を造ったのに、欲など八つの障礙のために苦しみに遭遇するという。

だから神意に基づく生活を送り、神への奉仕（ひのきしん）に励めば神の救済にあずかり、陽気暮らしができるという。彼女はそれらの教えを「みかぐらうた」「おふでさき」という聖典に記していった。

金神を最高神とする金光教

金光教は、農民だった川手文治郎こと**金光大神**によって始められた。彼は次々と子どもを失うという不幸に遭い、神がかりをして**金神**（天地金

日本の新宗教の系譜

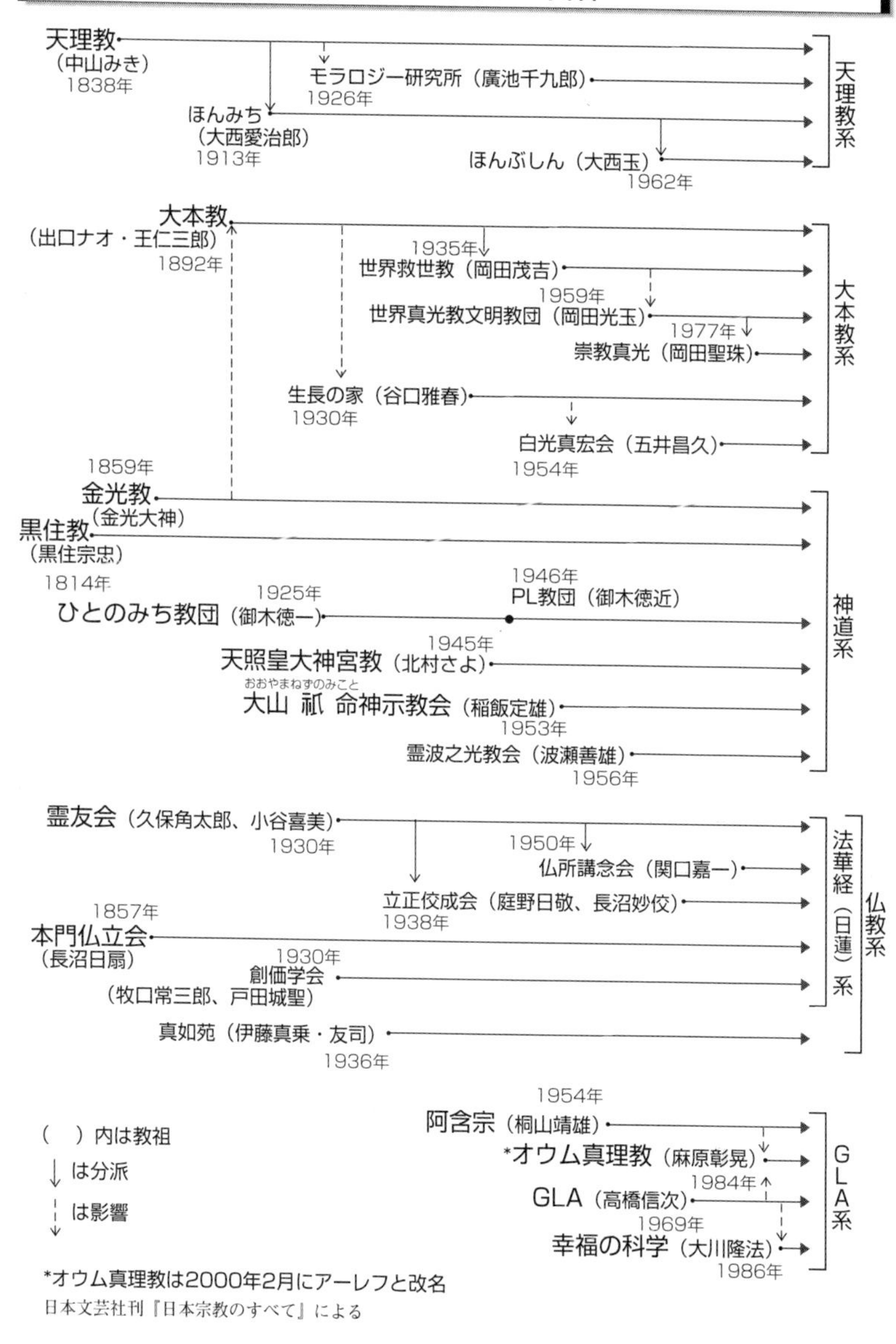

*オウム真理教は2000年2月にアーレフと改名

日本文芸社刊『日本宗教のすべて』による

乃神（のかみ）に仕えるという義弟に参詣を重ねた。

　そのうち自分でも金神の託宣を得られるようになったが、安政（あんせい）六年（一八五九）、神から直接救済活動（取次（とりつぎ））に専念せよとのお告げがあった。そこで彼は農業をやめ、布教と取次を開始した。

　金神とはもともと方位の神で、恐ろしいたたりをなすといわれていたが、金光教の金神はたたり神ではなく、天照大神よりも神格の高い最高神で幸福の神とされる。だから真心から信心すればその人をすぐに救ってくれるという。

　このように、両教は唯一絶対の超越神を立てるので、その神の前では貴族も武士も農民もみな平等となる。

　女性もしかりで、お産などにまつわる禁忌を否定したから、これらの宗教は社会改革の意味を持ち、また女性解放の意味を持つ存在となったのである。

天理教と金光教の共通点

天理教（中山みき）		金光教（金光大神）
祭神		祭神
天理王命（てんりおうのみこと）	唯一絶対神	天地金乃神（てんじかねのかみ）

共通する信仰上の特徴
- 唯一絶対神の前での階級的平等
- 女性解放への方向性を持つ

江戸時代に盛んだった御利益中心の流行神（はやりがみ）にはなかった特色。これが現代に続く隆盛をもたらした

大弾圧を受けた大本教（おおもときょう）と「ほんみち」

大正維新を標榜する大本教

　明治になると、政府は国家神道をもって天皇の権威を絶対化し、中央集権国家の創設を急いだ。「**神仏分離令**」（一八六八）によって仏教を神道から排し、「大教宣布（たいきょうせんぷ）」（一八七〇）を行なって神道に基づく国民教育を実施しようとした。

　また、「**教派神道**（きょうはしんとう）」を定め、これに仏教・キリスト教に属さない宗教を所属させた。黒住教や天理教、

大本教と「ほんみち」弾圧事件

大本教
教祖・出口(でぐち)ナオが金光教から分派独立。弟子の出口王仁三郎(でぐちおにさぶろう)とともに大本教を急成長させる

日本の終末を予言
救済のために天皇に代わって教祖による神政を目指す

ほんみち
教祖・大西愛二郎が、みずから幹部を務めていた天理教に反旗を翻して分派独立

天皇制との衝突

国家による大弾圧
大本教：1921年と1935年
ほんみち：1928年と1938年
いずれも解散に追い込まれる

▲大本教の教祖出口ナオ（左）と王仁三郎（右）

▶破壊された京都府綾部の大本教本部

金光教などは、教派神道に属さないと活動ができなくなってしまったのだ。そのような状況の中、**大本教**は生まれる。

大本教は、貧しい大工の妻だった**出口(でぐち)ナオ**によって興された。明治二十五年（一八九二）二月、ナオに突然**艮(うしとら)の金神(こんじん)**が憑依(ひょうい)し、**「立替立直(たてかえたてなお)し」**を説きはじめた。金銭に支配された世を最高神である金神が破壊し、理想のミロクの世を造るというのだ。

ナオは金光教のもとで布教を行ない、病気治しをしながら教化活動を続けていったが、六年たったときに独立した。

大本教は、ナオと**出口王仁三郎(でぐちおにさぶろう)**との出会いによって飛躍的に発展する。王仁三郎は、もとは上田喜三郎という貧農の子だったが、独学で修行したのち、静岡の稲荷講社(いなりこうしゃ)本部で布教師をしていた。そのころナオを知り、訪ねていったのである。

ナオは以前から「**筆先(ふでさき)**」という神託を書き記していたが、王仁三郎はこれをもとに『大本神論』をまとめた。金神が出現して真の皇道が実現するとし、大正維新を標榜した。そこには、みずからを真の天

皇とする王仁三郎の意図が隠されていたのである。

教祖による神政を説く「ほんみち」

ほんみちを興したのは、天理教の地方幹部だった**大西愛治郎**である。農家出身だった彼は、家族の病気をきっかけに天理教に入信、学校をやめてまで熱心に布教活動に挺身した。財産をすべて寄付して教団に認められ、出世もしたが、次第に天理教に疑問を感じるようになった。

大正二年（一九一三）旧暦七月十五日、家に引きこもっていた彼は突然神の啓示を受け、自分が生きた甘露台になったことを察した。甘露台とは、天理王命が鎮座しているという天理教の神殿の中心にある台のことだ。つまり、天理王命が自分の体を甘露台として降臨したということである。

大西は天理教と警察の迫害を受けながら布教し、昭和三年（一九二八）に『研究資料』をまとめた。これは「ほんみち」の教義を説いたものである。『研究資料』には、日本に大災害が近づいており、天徳を失った天皇に代わって大西が国を統治し、神政を行なうべきだと書かれている。

大西はこれを警察や国会議員に送り、五百人の信者たちとともに検挙された。

弾圧を生き延びた大本教と「ほんみち」

このように、両教団は終末の予言と教祖による神政を主張している。当然のごとく国家権力の弾圧を受け、大本教も大正十年（一九二一）には警察の一斉検挙を受けている。神殿も破壊された。しかし、両教祖は教義を捨てず、教団は発展を続けた。

王仁三郎は弾圧を受けると『霊界物語』という新しい教典を著述し、**立替立直し**を理論化した。そして軍閥や右翼と手を結んでいった。

「ほんみち」は『研究資料』をもとにした『書信』をまとめ、大西の神政を主張した。

このため両教団は徹底した弾圧を受け、教団破壊という憂き目にもあった。

それでも両教団は退かず、法廷闘争を行なった。結果、控訴中に終戦を迎え、両教団は勝利を収めることになる。

戦後における新宗教の流れ

終戦直後の混乱

宗教法人令
極端な自由化でインチキ宗教法人続出

↓

宗教法人法(1951年)
認可制。手続きも複雑になり、不正な宗教法人が減少

日蓮宗系団体の発展

創価学会
政界に進出し、国会内で勢力を得る

霊友会
1970年代に若者に向けて勢力を拡大

立正佼成会
国際交流と文化活動に力点を置き勢力を拡大

第三次宗教ブーム　1973年以降に急増する新宗教

物質主義・現世利益主義から**精神主義**への回帰

・修行と超能力への傾斜
・カルトの色彩を強める

オウム真理教のサリン事件勃発 → 宗教界全体への深刻な影響をもたらす

▲山梨県上九一色村のオウム真理教施設を捜索する機動隊

戦後に展開された新宗教各派の活動

ひとのみち教団と創価学会

大本教も「ほんみち」も非公認教団だったが、戦時中に興って非公認新宗教として弾圧を受けた教団に、御木徳一によって興されたひとのみち教団と、牧口常三郎よって立てられた創価学会がある。

ひとのみち教団は天照大神を祭神とし、「教育勅語」を教典とした。のちにこの教団はＰＬ教団となっていく。

創価学会は日蓮正宗系の在家団体としてスタートし、戸田城聖、池田大作と会長が継がれていったが、平成三年に日蓮正宗と対立し離別に至った。

宗教法人の設立ブームと宗教法人法改正

戦時中は治安維持法や宗教団体法により、各宗教団体は管理統制され、自由な活動はほとんどできなかった。しかし、昭和二十年（一九四五）に戦争が終わると、連合軍の占領のもと、言論の自由と信教

の自由が保証され、治安維持法と宗教団体法は廃止された。その代わりに宗教法人令が制定され、宗教法人は登記と簡単な手続きで設立されることになった。このため宗教法人の設立がブームとなり、「七日に一つの教団が生まれる」とさえいわれた。

このような情勢のもとで、脱税を目的とした新教団の設立が相次いだ。これは社会問題にさえなり、ついに昭和二十六年（一九五一）、**宗教法人法**が制定された。宗教法人は認可制となり、届け出も細目が定められて設立は簡単ではなくなった。

第三次宗教ブームへ至る道

戦後話題になった新宗教に、**長岡良子**が立てた**璽宇教**（大本系）と**北村サヨ**が立てた**天照皇大神宮教**（習合神道系）がある。両教とも、天皇に代わって教祖が宗教的権威になることを主張した。璽宇教は衰退したが、天照皇大神宮教は拡大した。

また、前述の創価学会が猛烈な勢いで教線を延ばしたのもこの時期である。同じ日蓮宗系の在家団体である**霊友会**から分派した**立正佼成会**も、飛躍的な発展を遂げていった。そのほか戦後教団を拡大させていったところとしては、**谷口雅春**の興した**生長の家**（大本系）や前述のPL教団、**伊藤真乗**の興した**真如苑**（仏教系）などがある。

昭和四十八年（一九七三）のオイルショックを境として、新たな宗教ブームが起こった。これを「**第三次宗教ブーム**」といい、この前後に成立した宗教を「**新・新宗教**」などと呼んでいる。**桐山靖雄**の立てた**阿含宗**、**高橋信次**の興した**GLA**（仏教系）、**岡田光玉**の立てた**崇教真光**（大本系）、**大川隆法**の立てた**幸福の科学**（仏教系）などがある。

大きな問題を起こした**麻原彰晃**の**オウム真理教**（現アーレフ）もその一つだ。オウム真理教も含めて、第三次宗教ブームというものがなんだったのか、総括すべき義務をわれわれは背負っている。そこには、単に宗教という領域だけでは解けない複合的な原因や要因がからんでいるだろう。今後、宗教は周辺諸領域の学問とも協同し、宗教的諸現象を社会の心奥の表出としてとらえ返して私たち一人ひとりにフィードバックされていかなければならない。

〔主な参考文献〕

『仏像の見方がわかる小事典』松濤弘道著 PHP新書
『お経の基本がわかる小事典』松濤弘道著 PHP新書
『だれでもわかるお経の本』花山勝友 オーエス出版
『ちょっとくわしいお経の本』花山勝友 オーエス出版
『日本の仏様がわかる本』松濤弘道著 日文新書
『日本宗教の常識100』小池長之著 日文新書
『日本の神社がわかる本』菅田正昭著 日文新書
『日本の神道がわかる本』本田総一郎著 日文新書
『はじめてわかる宗教3 死と来世の本』学研
『すぐわかる世界の宗教』町田宗鳳監修 東京美術
『日本の神様を知る事典』阿部正路監修 日本文芸社
『仏教「早わかり」事典』藤井正雄監修 日本文芸社
『面白いほどよくわかる 神道のすべて』菅田正昭著 日本文芸社
『面白いほどよくわかる 仏教のすべて』金岡秀友監修 田代尚嗣著 日本文芸社
『面白いほどよくわかる ユダヤ世界のすべて』中見利男著 日本文芸社
『日本宗教のすべて』瓜生中・渋谷申博著 日本文芸社
『仏教のことが面白いほどわかる本』田中治郎著 中経出版
『よくわかる仏教入門』田中治郎著 佼成出版社
『岩波仏教辞典』中村元ほか編 岩波書店
『佛教語大辞典』中村元著 東京書籍
『コンサイス佛教辞典』宇井伯壽監修 大東出版社

＊

このほか多くの文献を参照しました。紙面をお借りして深く感謝いたします。

—ま行——◆◆

—や～ら行——◆◆

—は行——◆◆

—た行——◆◆

—な行——◆◆

—さ行——◆◆

◆主要語句索引◆

この索引は、本文中に太文字で示された重要語句を50音順に並べたものですが、紙巾の都合上、収録語を適宜選択したことをお断りいたします

—あ行——◆◆

—か行——◆◆

【監修者紹介】

山折哲雄（やまおり・てつお）

宗教学者。1931年生まれ。東北大学文学部印度哲学科卒業。同大学院文学研究科博士課程単位取得退学。駒澤大学文学部助教授、東北大学文学部助教授、国立歴史民俗博物館教授、京都造形芸術大学大学院長などを経て、国際日本文化研究センター所長。05年5月、任期満了のため退職後、同研究センター名誉教授に。日本宗教学会、日本民俗学会などの会員。宗教学・思想史の分野での第一人者。
主著書に、『仏教とは何か』(中公新書)、『日本人の霊魂観』(河出書房)、『死の民俗学』『近代日本人の宗教意識』『近代日本人の美意識』(岩波書店)、『愛欲の精神史』(小学館、和辻哲郎文化賞)、『さまよえる日本宗教』(中央公論新社)などがある。

【著者紹介】

田中治郎（たなか・じろう）

1946年、宮城県生まれ。横浜市立大学を卒業後、㈱資生堂に入社。3年後、鈴木出版㈱に転じて主に児童書、仏教書の編集に携わり、現在編集プロダクション㈱みち書房を経営するかたわら、仏教書、エッセイ、小説などの執筆にあたる。
主著書に、『英語で話す「仏教」Q&A』(講談社インターナショナル)、『釈迦の本』『禅の知恵』『般若心経の本』(学研・共著)、『鉄人蓮如』『超人空海』(世界文化社・共著)、『図解・仏教のことが面白いほどわかる本』(中経出版)などがある。

学校で教えない教科書

面白いほどよくわかる
日本の宗教

*

平成17年6月25日　第1刷発行
平成17年12月25日　第3刷発行

監修者
山折哲雄
著者
田中治郎
発行者
西沢宗治
DTP
株式会社キャップス
印刷所
誠宏印刷株式会社
製本所
小泉製本株式会社
発行所
株式会社日本文芸社
〒101-8407　東京都千代田区神田神保町1-7
TEL.03-3294-8931[営業],03-3294-8920[編集]
振替口座　00180-1-73081

*

乱丁・落丁などの不良品がありましたら、小社製作部宛にお送りください。
送料小社負担にておとりかえいたします。
Printed in Japan　ISBN4-537-25289-8
112050625-112051215Ⓝ03
編集担当・吉野
URL　http://www.nihonbungeisha.co.jp